JN072709

ハウス・ディフィニティヴ
増補改訂版

# Contents

# 改訂版序文

2014年の『ハウス・ディフィニティヴ』刊行から早くも9年が経ち、情報のアップデートの必要性も増していることから、この度、増補改訂版を刊行することとなった。

本書では、ハウス・ミュージックの市販開始とされる1984年から時代を遡り1974年を起点として、ハウス・ミュージックと同様にキック・ドラムの反復する4つ打ちというフォーマットを持ったダンス・ミュージック、ディスコを広義のハウス・ミュージックの雛形と捉え、世界各地に伝播し、変容と発展を遂げてきたハウス・ミュージックの重要と思われる音源を、旧版から延長して2022年までを、各年を象徴する一枚を導入に置き、時系列に沿って紹介している。

シカゴのクラブ・シーンから誕生し、40年近くに及ぶ歴史を持つに至ったハウスには他の音楽ジャンルと同様に様々なスタイル、サブジャンルが派生し、トレンドの盛衰を重ねてきた。こと日本においてハウスとはニューヨークのディスコ／クラブ・シーンからの輸入によってもたらされた文化であり、当初はソウル／ディスコというブラック・ミュージックの文脈に準拠した視点が強調されて考察されてきたが、実際のところ、USブラック・ミュージックの文脈に欧州ニューウェイヴの音楽性が流入したことがハウス誕生の決定的要因であり、誕生の時期をほぼ同じくするデトロイト発祥のジャンル“テクノ”と音楽的にも相互に影響を及ぼし合い、UKにおけるレイヴの登場により世界的な伝播と認知を獲得することとなったのは周知の通り。

その後、必ずしもクラブ環境での体験を必要としないパーソナルな指向性を重視する方向にも枝分かれしていったテクノに比べれば、よりコミュニティーにおける一体感と多幸感を追求してきたダンス・ミュージックとしての性格が強いハウスは、メジャー・アーティストによるハウス・リミックスの導入、大箱クラブに最適化したハード／プログレッシヴ・ハウスの誕生など、90年代から00年代に掛けて市場的規模のピークを迎えるが、同時に喧騒から距離を置き、内省に向き合うディープな表現、ルーツ回帰志向の表現も増えてくる。中でもデトロイトからのムーディーマンとセオ・パリッシュの登場は画期的であり、現在に至る後進への影響力の大きさも鑑みて、本書でも大きく章を割いている。その後の欧州各国でのローカライズされた発展の有様、欧米からの影響とそれぞれのルーツを掛け合わせた欧米外の世界各地からの動きは旧版よりもさらに踏み込んだ部分である。インターネットの充実と共にナードな属性を持つ音楽ファンと制作者による10年代後半のシーンを挟み、ビヨンセの話題作『Renaissance』を導入に、女性、LGBTQ+による活況を紹介して章を閉じるが、ハウスが誕生した場所が持つ性質、マイノリティが集うセーフティ・スペースとしての歴史の持つ意味を改めて問いつつ、さらに多様性に満ちた表現が生まれつつある現在と未来を想像できる形で終われたことは感慨深い。新型コロナ禍に抑圧された欲求の解放が日増しに強く求められる昨今の日常生活のお供になれば幸いである。

今回は新たな執筆者の方々も迎えて、素晴らしいテキストが集まった。

そして旧版と同様、三田格氏と野田努氏には本書でも重要な示唆、アシストを頂き、感謝は尽きない。

また改訂作業に共に携わった猪股恭哉氏と編集部の小林拓音氏にも謝辞を述べたい。お二人の尽力がなければ、到底完成には至りませんでした。本当にありがとうございました。

2023年4月24日　西村公輝

photo by Yasuhiro Ohara

# Disco

## 1974–1983

ジャズやロック、あるいはヒップホップは「(腰を) 揺らす」というセックスの隠語が転じて音楽のジャンル名となっている。ディスコやハウス、あるいはガラージは風営法の加熱ぶりとは対照的に、ただたんに建物の名称に由来するだけ。ディスコティークもウェアハウスも人が集まる場所であり、それはジャズやロックのように個人主義的に聴く要素を阻害することもある。ディスコからハウスへと受け継がれた「多幸感」は個人ではなく、コミュニティが生き延びるために必要とされたポリティクスなのだから。

# 1974

## MFSB

### TSOP (The Sound Of Philadelphia)

**Epic 7”**

ギャンブル＆ハフが71年に設立したフィラデルフィア・インターナショナル（PIR）はモータウンやファンクを洗練させたばかりか、ベイカー＝ハリス＝ヤングの強力なリズム隊を擁していた。モータウンはスネアの4つ打ちだったが、ヤングはバスドラを4つ打ちした。ディスコビートの誕生である。「TSOP」は『ソウル・トレイン』のテーマ曲として74年の春にR&Bチャートとポップ・チャートの1位になった。「TSOP」と比べてジャズ寄りで、ストリングスが劇的に展開するB面の「Love Is the Message」は上昇の真っ直中にあったディスコ・アンダーグラウンドのアンセムとなった。ことデヴィッド・マンキューソにとってそれは自分の曲だった。（野田努）

「TSOP」は20年後にジョニー・ヴィシャスがパーカッション・リミックスを試みたけれど、ケニー・ドープやセオ・パリッシュが編集盤に入れたりしたのはセカンド・アルバムの冒頭を飾ったカーティス・メイフィールドのカヴァー。すっかり垢抜けたヴァージョンになり、ヴォーカルではなくサックスなどがソロをつなぐ。（三）

**MFSB**
MFSB
Philadelphia International Records (73)

# PHILADELPHIA SOUL

**Harold Melvin & The Blue Notes Feat. Teddy Pendergrass**

Wake Up Everybody

Philadelphia International (75)

「Don't Leave Me This Way」をNY系のDJはもちろんシカゴのロン・ハーディもプレイ。朝方に沁みる表題作も最高。収録外だが「The Love I Lost」をセオ・パリッシュがサンプリング。テディのソロ作では「You Can't Hide From Yourself」「The More I Get, The More I Want」も大定番。(N)

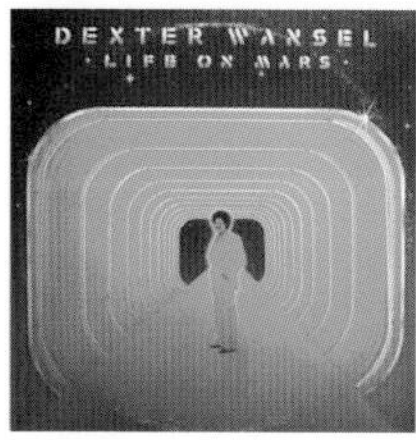


**Dexter Wansel**

Life On Mars

Philadelphia International (76)

イエロー・サンシャインでのキーボード担当、またパティ・ラベル「The Spirit's in It」のアレンジなど、フィリーの数多くの名盤に関わった彼の個人名義1作目。サルソウル移籍前のインスタント・ファンクやMFSBも参加した表題作は傑作。また収録外だが「The Sweetest Pain」はとにかく美しい名曲。(N)

**The O'Jays**

I Love Music

Philadelphia International (78) 12"

オージェイズの名曲で、トム・モウルトン・リミックス。両面最高だが、特に「I Love Music」はエンジニアとしての偉業をよく表している。イントロのパーカッションはネタとしても有名。原曲を大切にダンスフロア仕様に作られたロング・ヴァージョンの数々は、彼の才能だけでなく12インチの存在意義をも証明した。(N)

**Tom Moulton**

Philadelphia International Classics: The Tom Moulton Remixes

Harmless (12)

フィリー・ソウルの代名詞フィラデルフィア・インターナショナルの40周年記念盤。「TSOP」などハウスの素地となったMFSBのドラム・パターン、ギャンブル&ハフの作曲、そしてトム・モウルトンが、このレーベルから大量の古典を作った。ジョーンズ・ガールズやジーン・カーン、イントルーダーズ、トランプスなど多数収録。(N)

# DISCO CLASSIC

## Various

David Mancuso Presents The Loft

Nuphonic (00)

初期NYディスコ・アンダーグラウンドはイタリア系アメリカ人が牛耳っていた。フランシス・グラッソ、スティーヴ・ダクィスト、マイケル・カッペロの3人のDJが先駆者で、語尾が「O」のディスコなるイタリア語風名称もこの背景に由来する。そしてもう一人の「O」、施設育ちのマンキューソにとってのパーティは家を意味した。(野)

## Various

Nicky Siano's Legendary 'The Gallery' - The Original New York Disco 1973 - 1977

Soul Jazz Records (04)

NYのニッキー・シアーノは2台のターンテーブルのピッチコントローラーを使ってミックスした最初のDJ、ゲイ文化限定だったディスコをストレートな客にも伝えたDJだ（彼の元でDJミックスを学んだのがラリー・レヴァンとフランキー・ナックルズ）。彼の黄金期の編集盤で、ギャラリーでかかっていたファンクやソウルが17曲収録。(野)

## Tom Moulton

A Tom Moulton Mix

Soul Jazz Records (06)

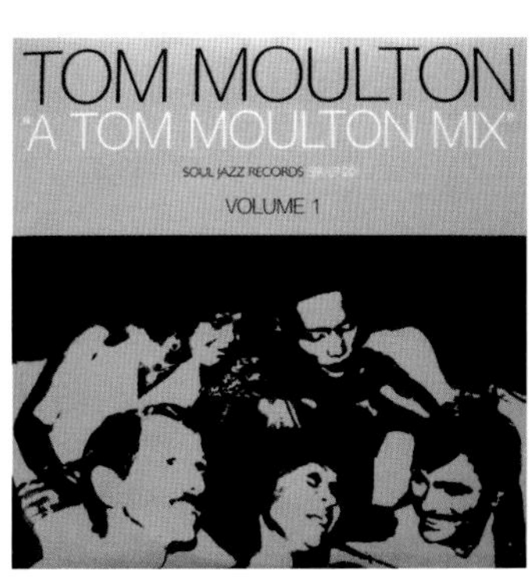


トム・モウルトンはディスコのためのミキシングを施した先駆者だ。モウルトン以前のダンス・レコード（平均3分弱）はフロアでかけるには短すぎた。B.T.エキスプレスやダウニングのディスコ・ミックスは5分以上に拡張された。70年代半ばでは革命的なことだった。リミックスという概念の誕生だ。リミキサーの始祖たるモウルトンの貴重な音源集。(野)

# DISCO CLASSIC etc

**James Brown**

Give It Up Or Turnit A Loose

King Records (69) 7"

ファンクの始祖、ジェイムズ・ブラウンの曲は黎明期のゲイ・ディスコ・アンダーグラウンドにおいて好まれている。「Papa's Got～」もさることながら、60年代末のJBのファンクは踊るための音楽として強力だったのだ。ことに『Sex Machine』に収録された「Give It Up～」は大ヒット曲。(野)

**Booker T. & The MG's**

Melting Pot

Stax (71) 7"

黎明期ディスコ・アンダーグラウンドはずいぶんとソウル／ファンクの世話になっている。ジェイムズ・ブラウン、スティーヴィ・ワンダー、ダイアナ・ロス、エディ・ケンドリックス……メンフィスの名門スタックスのお抱えバンド、ブッカーT. & MG'sがNYで録音した「Melting Pot」も例外ではない。(野)

**Manu Dibango**

Soul Makossa

Atlantic (72) 7"

マヌ・ディバンゴの陶酔的なアフリカン・ジャズ「Soul Makossa」は、メジャー配給ではなく輸入盤業者が入荷した1枚だったが、DJたちがプレイするとアンダーグラウンド・ヒットした。エコーのきいたヴォーカルと反復するこのビートはいまでも魅力だが、重要なのはラジオではなく、クラブでヒットしたことだった。(野)

**Barrabas**

Wild Safari

RCA Victor (72) 7"

大きな声では言えないが90年代後半にこの海賊盤が12インチとして出回り、筆者はそれを買った。マンキューソのお気に入りの1枚で、それはDJカルチャーがチャート音楽の支配から自由であることを意味した。スペインのロック・バンドのミニマルでトライバルなリズムは、しかしアンダーグラウンドでは誰もが知るところとなった。(野)

# DISCO CLASSIC etc

初代ディスコ・クイーンはグローリア・ゲイナー、二代目がドナ・サマー、続いてロレッタ・ハロウェイ……。ゲイナーはしかし、トム・モウルトンのミキシングを歓迎したわけではなかった。それでも彼は2分強の曲を3曲ミックスして18分に拡張した。クラバーがより長い時間曲が続くことを望んでいると彼は知っていたからだ。(野)

**Gloria Gaynor**

Never Can Say Goodbye (LP)

MGM Records (74)

DJ、ミキシングの技術、照明や音響……、世間の目に触れないゲイ文化に端を発したディスコは、1974年の時点でほぼ完成されていた。プロデューサーのヴァン・マッコイはこのトレンドに目を付けて、オーヴァーグラウンドのポップ・チャートに送り込んだ。このとき、ディスコは異端にとどまることを止め、ポップの表舞台に躍り出た。(野)

**Van McCoy**

The Hustle

ビクター (75) 7"

アフロビートが発見されたとき、この催眠的な反復ビートがディスコで愛されるのは自然な流れだった。フェラ・アニクラポ・クティ&アフリカ70の名作『Zombie』のオリジナルのリリースは76年だが、欧米のレーベルから流通したのは77年。12分以上にもおよぶタイトル曲におけるゾンビーとは、軍隊のこと。(野)

**Fela Anikulapo Kuti & Africa 70 Organization**

Zombie

Celluloid1 (76)

ナイル・ロジャース率いるシックの楽曲は、いまでも多くのハウス・トラックのネタになっている。「Dance, Dance, Dance」はバンドにとって最初のヒット曲で、ハウス・ファンの間ではパル・ジョイの「Dance」のネタとして有名だ。筆者も90年代初頭のデリック・メイが使っていたこの曲を通じてオリジナルを知った。(野)

**Chic**

Dance, Dance, Dance

Atlantic (77) 12"

# DISCO CLASSIC etc

**Grace Jones**
Portfolio
Island Records (77)

ディスコ＝セレブというイメージはスタジオ54というクラブによって確立されたが、ジャマイカ出身のモデルのグレース・ジョーンズはその顔役となり、トム・モウルトンのプロデュースの元、レコード・デビューする。デビュー作にあたる本作には「I Need a Man」をはじめ、「Sorry」などヒット曲を収録。(野)

**Sylvester**
Over and Over
Fantasy (77) 7"

ゲイの反乱、ストーンウォールの暴動に触発されたサンフランシスコのシルヴェスターは、女王となり、やがてパトリック・コウリーらとともにハイエナジーと呼ばれるゲイ・ディスコ、セックス・ダンス・ミュージックの先駆者となった。「Over and Over」は2枚目のシングルで、デビュー・アルバムの1曲目。(野)

**Manuel Göttsching**
E2 - E4
Inteam GmbH (84)

エレクトロニックによるミニマリズムとギターという方法論自体は『Inventions for Electric Guitar』(75) で完成されているが、それから9年後に発表された本作こそベルリンのロック・ギタリスト、マニュエル・ゲッチングの（本人も予期しなかった）ディスコ・ヒット／永遠のクラシックとなった。(野)

**Walter Gibbons**
Jungle Music (Mixed With Love: Essential & Unreleased Remixes 1976-1986)
Strut (10)

華麗なストリングスにダンスのリズム、そのヴァリエーションがディスコだとしたら、そこにドラッギー・サウンドというコンセプトを追加したのがウォルター・ギボンズだったと言える。ダブル・エクスポージャーをはじめ、グラディス・ナイト、アーサー・ラッセル等々、ストラットが編集した本作には未発表まで収録。(野)

# SALSOUL RECORDS

**Various**
## Disco Madness
(79)

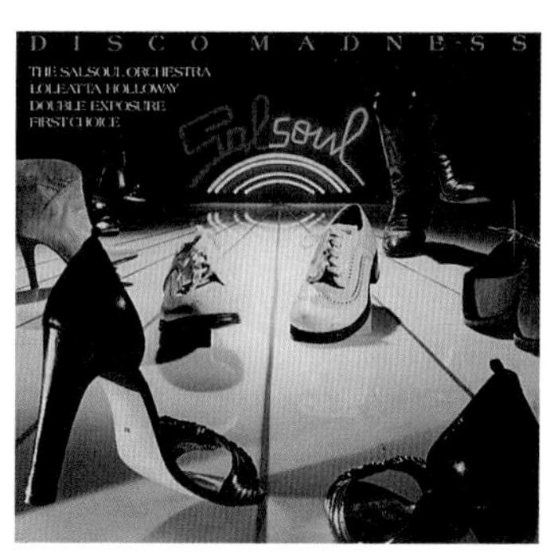


DJによるリミックスを収めた12インチとしては世界初市販作品とされるダブル・エクスポージャー「Ten Percent」のインストやサンプリングされまくった名曲ファースト・チョイス「Let No Man〜」などウォルター・ギボンズが手掛けた6曲を収録。フィリー・ソウルにラテンの躍動感を加えてパワフルに更新させた原初のピュアさ。(西)

**Candido**
## Dancin' & Prancin'
(79)

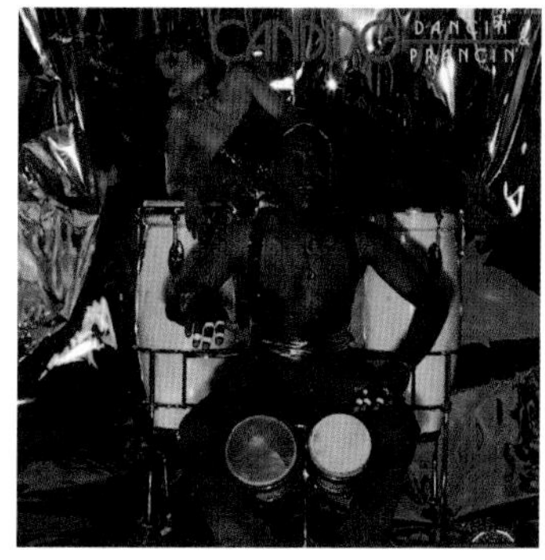


ディジー・ガレスピーらとのセッションで知られるキューバ出身のパーカッショニストによるディスコへの挑戦。オラトゥンジのカヴァーで熱気ムンムンのトライバル・チューン「Jingo」が最も有名で、リミックス、カヴァー、サンプル元とした楽曲多数。さらにチルなディスコ「Thousand Finger Man」が素晴らし過ぎる。(西)

**Skyy**
## Skyy
(79)

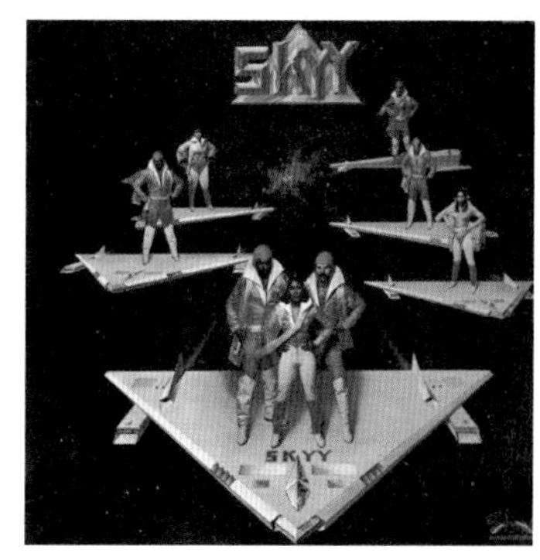


ブラス・コンストラクションのプロデュースで知られるキーボード奏者ランディ・ミュラーを中核としたスカイは本作から84年までに7枚ものアルバムをサルソウルに残した屋台骨的存在。スリージーなブギー・ファンク「First Time Around」が白眉(12インチ・シングルにはラリー・レヴァンによるエクステンデッド・リミックスも)。(西)

# SALSOUL RECORDS etc

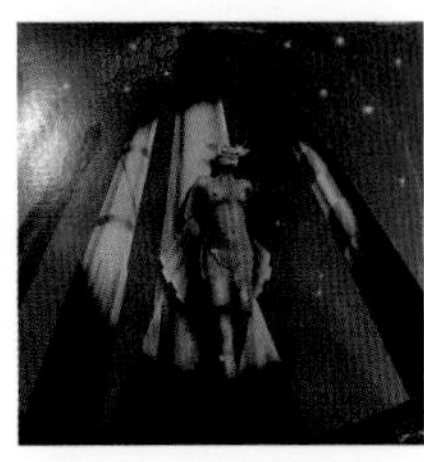

**O.R.S. (Orlando Riva Sound)**

Body To Body Boogie

(78) 12"

アマンダ・リア他のプロデュース作ヒットで知られるアンソニー・モンの率いたスタジオ・ユニットによる傑作シングル。ダニエル・バルデリのプレイリストにも挙げられ再評価されたスローモーでキュートな「Body To Body Boogie」に、多幸感溢れるアップテンポのスペース・ディスコ「Moon-Boots」。(西)

**Destroyers**

'Lectric Love

(79) 12"

スパークスをプロデュースしたこともあるが、地味な2人組ジェフリー・レッサー&ルバート・ホルムズが手掛けたシングル。ギター／ベースによるスリージーな主旋律とエレピが唐突な飛翔を見せるサビの反復から成るシンプルなブギーは、筆舌に尽くし難く素晴らしい。近年出たリエディットは全く良くないので、オリジナル盤がオススメ。(西)

**Jimmy Briscoe And The Beavers**

Into The Milky Way

(79) 12"

あまり脚光を浴びない1枚だが、個人的には聖杯級と思う1曲。71年にバルティモアで結成されたキッズ・ヴォーカル・ソウル・グループによるラスト・シングル。パーカッシヴなリズムに乗せて壮麗なストリングス／ホーン・セクション、中性的なヴォーカルがねっとりとメランコリーを呼び起こす。ダニエル・ウォンのプレイで知りました。(西)

**The Strangers**

Step Out Of My Dream

(83) 12"

『Juicy Fruits』のヒット以前にエムトゥーメイと袂を分かったドラム、ギター、キーボード（後にD・トレインにてブレイクするヒューバート・イーヴズ）による傑作。80年代ブラック・コンテンポラリーそのものと言えるアーバンな哀愁ヴォーカル物。シェップ・ペティボーンによるダブがクールに冴える「Dream Version」が最高。(西)

# PRELUDE RECORDS

ディスコ・ブームのなかでも洗練されたサウンドが特長のプレリュード作品は、NYの最重要パーティ、ロフトのDJデヴィッド・マンキューソが好んで掛けていた楽曲も多い。特に「Keep On」はロフトの大定番で、DJ Noriがプレイする瞬間も最高。ほかには「You're the One for Me」「Walk on By」など。(N)

**"D" Train**

You're The One For Me

(82)

こちらもロフト・クラシックス。ディスコ／ダンス・クラシックスのレーベルは数多いけれども、こういった絶妙に優しくてメロディアスで自然と笑顔になれる作品が多いのはプレリュードの特長。なかでもこの曲の密度は素晴らしく、次々と現れるフレーズはまるで友だちが交互に声を掛けてくるような楽しさで、パーティそのもの。(N)

**The Nick Straker Band**

A Little Bit Of Jazz

(81) 12"

「I Hear Music in the Streets」や「Searching to Find～」がクラシックス。他にもミュジーク、シャロン・レッド、フランス・ジョリなどの定番系や、ウーフ・チケットやエレクトリック・ファンクなどの個性派も含め、プレリュードらしいアーティストって、本当にたくさん思い浮かんで、困ります。(N)

**Unlimited Touch**

Unlimited Touch

(81)

忘れてはならないのは、フランソワ・ケヴォーキアンがエンジニアを担当していたこと。膨大な数の作品に関わっているが、なかでもこのインストは特別。自身のパーティ、ディープ・スペースを03年から始動、そのときに掲げたコンセプトがダブであり、彼にとってのダブとは何かを考えたとき、この曲はその理解を手助けしてくれます。(N)

**Michael Wilson**

Groove It To Your Body (Instrumental Mix)

(82) 12"

# WEST END RECORDS

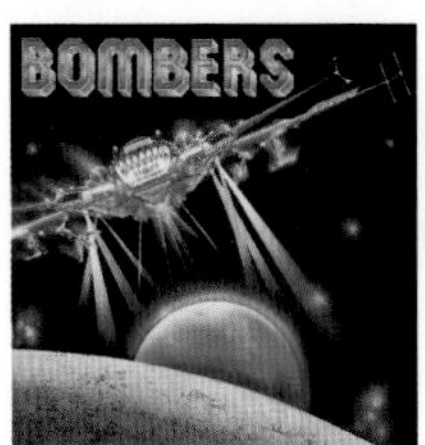


**Bombers**
Bombers
(78)

ケベック・エレクトリック、ドッグズ・オブ・ウォーを手掛けたパット・デサリオが絡んだモントリオールのユニット。半分がスーパーマックス（クルト・ハウエンシュタイン）の楽曲で、コズミック・ディスコ文脈的にも評価の高いスペーシーな内容。だが最も有名なのがベイブ・ルース版とともにBボーイたちの定番となった「The Mexican」。（西）

**Taana Gardner**
Taana Gardner
(79)

ラリー・レヴァンに才能を見出されたケントン・ニックスがパラダイス・ガラージの息吹を存分に浴びて制作したアルバム。「When You Touch Me」「Work That Body」という2大ヒット曲を収録。この3者の組み合わせは翌々年に当時のディスコ・ナンバーとしては例外的にスローな「Heartbeat」を発表、大ヒットする。（西）

**Master Boogies Song And Dance**
When The Shit Hits The Fun
(80) 12"

セッソ・マット「Sessomatto」、ボンバーズ「The Mexican」、バーバラ・メイソン「Another Man」などBボーイに人気を博したヒットもちらほら輩出したなか、これも同趣向。ラテン・フレイヴァーが楽しいディスコ・ラップ。ジョーイ・ネグロがリエディットを発表したり、DJスピナがウェスト・エンド音源ミックスにて使用。（西）

**Various**
The West End Story
(93)

メル・シェレンが76年に発足した名門レーベルのベスト・コンピレーション。ターナ・ガードナー、ロウ・シルク、スパーク、ストーン等の楽曲の、ラリー・レヴァン、ニック・マルティネリ＆デヴィッド・トッド、フランソワ・K、ティー・スコットといった名手たちによる80年代前半のダビーでエレクトリカルなミックスが楽しめる。（西）

# LARRY LEVAN

## Larry Levan

### Larry Levan's Paradise Garage

Salsoul Records (96)

様々な面で現在のハウスの源流であるラリー・レヴァン。彼がパラダイス・ガラージでプレイした曲＝ガラージ・クラシックの中にはサルソウル音源が多いが、この1枚はそのサルソウル音源でコンパイルしたもの。付属の英文ライナーはフランソワ・K、リマスタリングはトム・モウルトンと、当時からラリーと親交があった2人によるもの。（島）

## Larry Levan

### Larry Levan's Classic West End Records Remixes Made Famous At The Legendary Paradise Garage

West End Records (99)

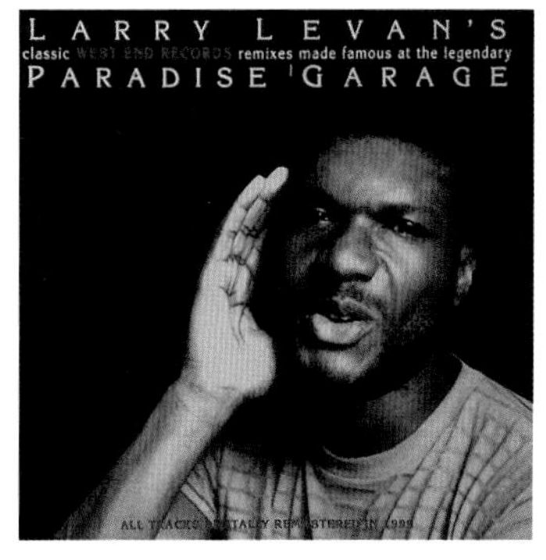


メル・シェレンが設立したNY名門ウェスト・エンド・レコーズにもガラージ・クラシックが多く残され、ラリー・レヴァンは製作面においても多くかかわっていた。「Heartbeat」「Is It All Over My Face」などお馴染みの楽曲、ラリーがフランソワ・K. とともにミックスした名曲「When You Touch Me」も収録。（島）

## Various

### Journey Into Paradise: The Larry Levan Story

Rhino Records (06)

サルソウル、ウェスト・エンド以外のガラージ・クラシックスを多く収録。監修はかつてアトランティック・レコーズでA&Rを務め、ジョニック名義でヘンリー・ストリートから多くの作品を発表していた人物、ジョニー・D。ポジティヴな雰囲気の楽曲が多い中、ラリー・レヴァンのユニット、マン・フライデーのハウス・トラックも押さえている。（島）

# LARRY LEVAN etc

**Inner Life**

Ain't No Mountain High Enough

Salsoul Records (81) 12"

イントロからエンディングまで力強い高揚感に導かれる、ガラージ・クラシックの中でも屈指の名作。ダイアナ・ロスの曲をインナー・ライフ（パトリック・アダムス、グレッグ・カーマイケル、ジョセリン・ブラウン）がカヴァー、ラリー・レヴァンによる完璧なまでのミックス。歌詞に込められたメッセージはマイノリティたちを勇気づけたことだろう。（島）

**New York Citi Peech Boys**

Life Is Something Special

Island Records (82) 12"

ラリー・レヴァンが在籍／プロデュースしたニューヨーク・シティ・ピーチ・ボーイズによる最も有名な楽曲で、こちらも素晴らしいダブ処理を味わえる1枚。パラダイス・ガラージやNYアンダーグラウンド・ダンスのドキュメンタリー映画『マエストロ』のサントラCD（DJミックスはダニー・クリヴィット）でも聴くことができる。（島）

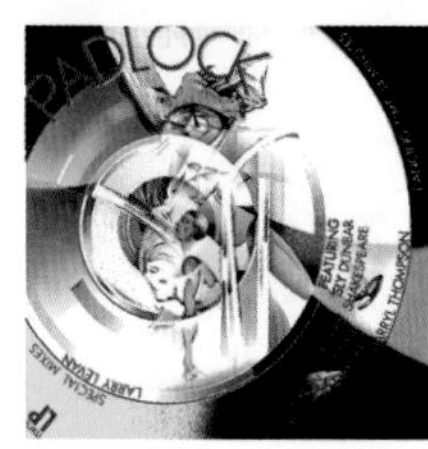


**Gwen Guthrie**

Padlock (Special Mixes)

Garage Records (83) LP

スライ＆ロビー・プロデュース、1983年にリリースされた2ndアルバム『Portrait』収録曲と「Getting Hot」（1stアルバム収録）をベースに、ラリー・レヴァンがミックスをし直した歴史的名盤。音の抜き差し、エコー、ディレイなど凄まじいダブ処理がトラックの細部にまで施され、リスナーの意識を心地よく飛ばしてくれる。（島）

**Larry Levan**

Live At The Paradise Garage

Strut (00)

1979年に録音されたというクレジットだが、その生活様式同様にアグレッシヴなDJスタイルのイメージを覆す、驚くほどにスムーズなビート・ミックスとクリアな音質に、じつは某DJが影武者で録音したものだ、という噂も立った聖地実況録音盤。しかし、紛れもなくディスコの天国が現出した名作ミックス。（西）

# 1975

## Silver Convention

Fly, Robin, Fly

**ビクター 7"**

70年代中期から台頭するジョルジョ・モロダーを筆頭としたユーロ・ディスコ勢力。有力生産地のひとつとして知られる、（当時の）西ドイツはミュンヘンを拠点としたプロデューサー・コンビ、ステフェン・プラハ（ミヒャエル・クーンツェ）＆シルヴェスター・リヴァイが仕掛けたガールズ・トリオによるセカンド・シングルにして最大のヒット。ストリングスが主役のサビこそ壮麗な展開を見せるが、楽曲の大半を占める武骨なベースライン（後にリル・ルイスが「Nyce & Slo」に流用）とシンプルなコーラスによるミニマルな展開が渋くて印象的、スリージーなミッドテンポの名曲。（西村公輝）

フランス人プロデューサー、セローヌのデビュー曲「Love In C Minor」は、16分の妄想の乱交パーティ。ドナ・サマーよりどスケベなフレンチ・ヴァージョン、「彼ったら、ヤーねー」などと3人の女の猥談からはじまり、場面はそのままベッドの上。曲の後半では「止めないで～」などと彼女たちのあえぎ声へと展開する。（野）

**Cerrone**

Love In C Minor

Malligator (76)

# EURO DISCO

## Space

### Carry On, Turn Me On

Hansa International (77)

UKでヒットした「Magic Fly」に続いてフレンチ・アンダーグランド・ディスコの中でも一番カッコいいコズミック・クラシックス！　妖艶な女性ヴォーカルとスペーシーな上音が交錯して独特の官能的なムードを作り出す。B面の「Tango In Space」はディスコ・ダブの隆盛で再評価されたオブスキュア・ディスコ・トラック。（アレ）

## Herman's Rocket

### Space Woman

Disques Ibach (77) 7”

フランスの音楽プロデューサー、ミュージシャン＆作曲家、ジャン・ピエール＝マッシエラによる唯一のエレクトロニック・ユーロ・スペース・コズミック・ディスコB級アルバムからシングル・カット。宇宙の女をテーマにしたSFサウンドにファンキーなミッドテンポ・グルーヴをフィーチャーした面白いマイナー・クラシックス。（アレ）

## Black Devil

### Disco Club

OUT (78)

ベルナール・ファーブルによるエレクトロニック・ディスコ・プロジェクトの1作目で、オブスキュアな6曲入りカルトEP。時代に先駆けたイマジネーション溢れるフランスのSF映画のサウンドトラックに聴こえる愉快でアップビートなコズミック・エレクトロ・ディスコ。中ではDJでもプレイされている「One to Choose」が大好き。（アレ）

# EURO DISCO etc

ジェームズ・ブラウンやサンタナに影響を受けたというベレス兄弟がコロンビアからスペインに渡って大ヒットさせたアフロ・キューバン・ジャズ・ファンク。ポール・オークンフォルドとジョン・ロッカによるエレクトラ名義のカヴァー・ヴァージョンが14年後にバレアリック・ビートを宣言することになる。現ボリウッド。(三)

**Elkin & Nelson**
Jibaro
CBS (74) 7"

アグネッタ、ビョルン、ベニー、アンニ＝フリッドの頭文字を並べたスウェーデンのポップ・グループが放った大ヒットで、冒頭からサビで煽りまくり。彼らなりにソウル・ミュージックを解釈したものだろうけれど、以後、ユーロ・ディスコの典型として知られることに。初演はグスタフ16世の結婚披露宴で。(三)

**ABBA**
Dancing Queen
Polar (76) 7"

スウェーデンから電子音楽のパイオニアがミュジーク・コンクレートやバレエ音楽を経て、ついにディスコまで。幻想的な作風はそのまま受け継がれ、SEが飛び交う、おとぎの世界へ連れ去られる。なにをやってもさすがです。20年後にセレキからイェスパー・ダールバックらによる『Discophrenia Remixes』も。(三)

**Ralph Lundsten And The Andromeda All Stars**
Discophrenia
Harvest (78)

ジョルジョ・モロダーの別名義（DJヘルがセカンド・アルバムのタイトルに)。ラリー・レヴァンやルイ・ヴェガのフェイヴァリット、「Get On The Funk Train」を冒頭に置き、全体にファンキーで調子のいいソウル寄りの作風。ドナ・サマー「Love To Love You Baby」の別ヴァージョンも。(三)

**Munich Machine Introducing The Midnite Ladies**
Munich Machine
Oasis (77)

# 1976

## Cloud One

### Atmosphere Strut

**P&P Records**

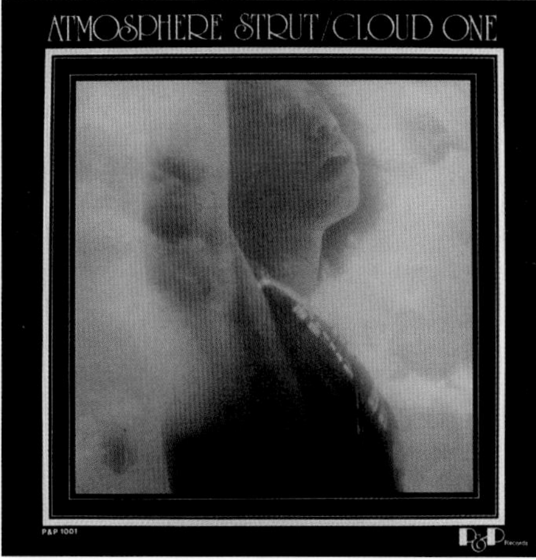


サウンド・オブ・ニューヨーク、ヒット・メイカーズ・オブ・アメリカなど多くの傘下を持つレーベルP&P（＝ピーター・ブラウンと妻のパトリシア・ブラウン）。そして、自らの楽曲をアンダーグラウンド・ディスコと名付けたパトリック・アダムス。表題曲や「Spaced Out」、「Disco Juice」での印象的なMinimoogシンセは、ユニヴァーサル・ロボット・バンド「Dance And Shake Your Tambourine」やM・アクーニャ「Dance, Dance, Dance」にも見られ、後のディスコ・ダブ勢に代表される00年代以降のアンダーグラウンドのハウスDJたちに直接的な影響を及ぼすことになる。（猪股恭哉）

**Various**

Disco Juice

Counterpoint Records (00)

DJニック・ザ・レコードが編纂したNYC下町ブギー帝王ピーター・ブラウン入門編として最適な傑作選。夢見心地なクラウド・ワン、熱血ファンク・ロックなジェシー・グールド、ドス黒いトライバル・グルーヴのジョンソン・プロダクツ、など名作ばかり。（西）

# 1977

## Donna Summer

I Feel Love

**Casablanca Records 12"**

G・モロダーとP・ベロットはかねてからシンセサイザーでポップスをつくってみたいと考えていた。たまたまミュンヘンを訪れていたサマーとともに渡米した2人はディスコ・ブームにのってアルバムを量産、50年代を意味する『I Remember Yesterday』のラストに3時間でつくった「I Feel Love」を収録。B・イーノが「未来のサウンドだ」とD・ボウイに告げたと言われる曲は本人たちにとっては遊びのつもりだったようで、マスターも廃棄。レーベルのボスがこれに耳を止めたことで、初めてエレクトロニック・サウンドだけで作られたディスコ・サウンドはシングル・ヒットし、「向こう15年のクラブ・ミュージックを変えてしまう」(イーノ)ことに。(三田格)

「I Feel Love」と同時期に製作されたソロ5作目。オープニングからシンセサイザー全開で、コズミック黄金時代の1枚とされる。Aサイドは当時でいうノン・ストップ・ミックス。「First Hand～」など曲も粒ぞろいで、未来都市をイメージさせる「Utopia」はフロア・クラシック。(三)

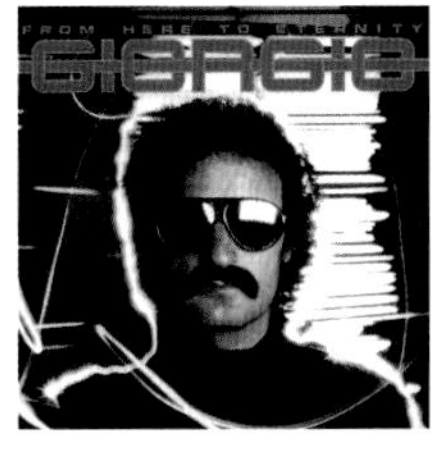


**Giorgio**

From Here To Eternity

Oasis (77)

# 1978

**Sylvester**
## You Make Me Feel (Mighty Real)
**Fantasy**

ハウス・ミュージック、ひいてはディスコにおける抵抗と解放という意味で、LGBTQカルチャーが果たしたことはとても重要だろう。アーティストとしてゲイを公言し、ハーヴェィ・ミルクの友人でもあり、ドラァグクイーンでもあったシルヴェスター。本作は、アシュフォード&シンプソン「Over And Over」をカヴァーしヒット、次なる一手として、まだ無名だったパトリック・カウリーを迎えて放った代表曲。幼少期ゴスペル聖歌隊だった経験を活かしたファルセット・ヴォーカルとパトリックらしい高揚感あふれるシンセサイザーがミックスされたハイエナジー・ディスコ。後にハイエナジー古典「Do Ya Wanna Funk」をリリース、1988にエイズにより他界。（猪股恭哉）

**Patrick Cowley**
Megatron Man
Megatone Records (81)

シルヴェスターのライヴ・バンドに参加していた元ドラマーによるデビュー・アルバム。ジョルジョ・モロダーをメタル化させたというか、ソウルとは地続きだったディスコと違って宙に浮くよりは大地を踏みしめる感触があり、後にハイエナジー化していくのも納得。ドナ・サマー「I Feel Love」のリミキサーとしても知られる。（三）

# 1979

**M**

## Pop Muzik

**MCA Records 12”**

パンクかぶれのフォーク・ミュージシャンからポップ・レゲエを経てシンセ・ポップに辿り着いたロビン・スコットによるセカンド・シングルで、ポスト・ディスコ・アンセムとされた大ヒット曲（英2位、米1位）。ファンキーでアッパーな演奏にはブリティッシュ・ファンク・ブームの先駆けとなっていくレヴェル42からキーボードにワリー・バダルーほかが参加。12インチ・シングルは2重溝にカッティングされ、エンディングが異なっていたことも話題に。U2によるカヴァーが有名で、トリッキーとサイプレス・ヒルのDJマグスによるカヴァーが極上のホラーコア。09年、作風の似てきたトッド・テリエやディーヴォが参加した『30th Anniversary Remixes』もリリース。（三田格）

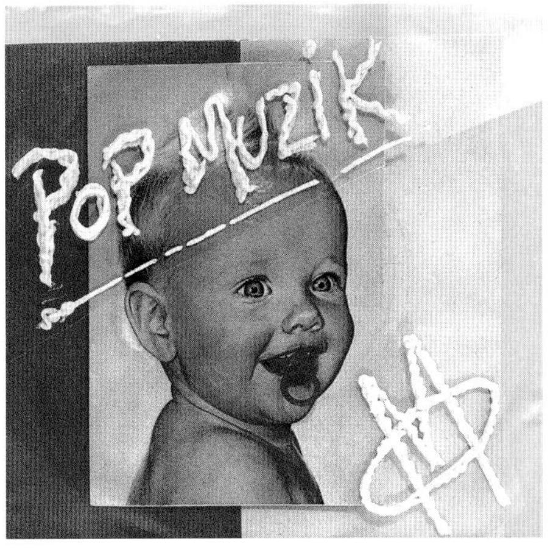


アレックス・マリェイロス、イヴァン・コンチ（2023年逝去）の両巨匠で知られるブラジリアン・ジャズ・ファンク・バンド。MPBやサンバ、ボサノヴァをジャズ・ファンクと融合させたサイケデリックなダンス・ナンバーで、リーダーの故ホセ・ロベルト・ベルトラミのキーボードは、ロフトのデヴィッド・マンキューソを始めとするDJたちに愛されている。（猪）

**Azymuth**

Jazz Carnival

Milestone (79)

# *NEW WAVE*

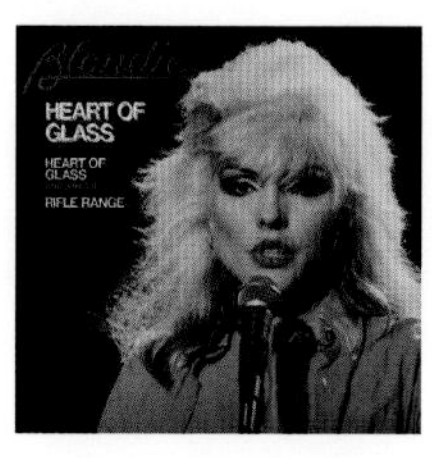


**Blondie**
Heart Of Glass
Chrysalis (78) 12"

パンクの意匠を捨て60s調のポップ・バンドに様変わりしたサード・アルバムからさらに意表をついたディスコ・ヒット。前年の「I Feel Love」とは対照的に控えめなベース・シークエンスは明らかにイタロ・ディスコの呼び水に。超高値がついたイタリア盤はロナルド・ソープによってロング・エディットされていた。(三)

**Soft Cell**
Tainted Love
Some Bizzare (81) 12"

モータウンを激しくしたようなグロリア・ジョーンズによるオリジナル(65)をマーク・アーモンド&デイヴ・ボールがカヴァーし、ギネスブックに載るほどのロングラン・ヒットとなったサード・シングル。全体に滑らかにアレンジされ、12インチ・ヴァージョンに凝りまくる彼らはここでも9分ものトリップ・モードに仕立て上げた。(三)

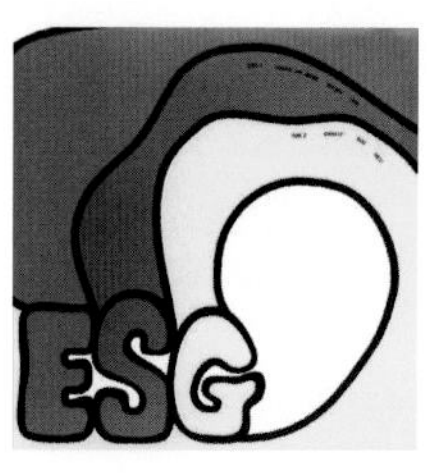


**ESG**
ESG
99 Records (81) 12"

A面の3曲はマンチェスターにてマーティン・ハネット(ジョイ・ディヴィジョンの仕事で知られる)がプロデュース。サウス・ブロンクスのESGは、リキッド・リキッドとともにディスコ・ファンク・パンクの領域を拓いた。「UFO」は散々ヒップホップのネタにされ、「Moody」はチップ・Eの「Like This」になった。(野)

**Various**
Mutant Disco: A Subtle Discolation Of The Norm
ZE Records (03)

パンクはディスコと最も遠い存在、敵同士だったが、その両者を混ぜたのが76年にNYにやってきたマイケル・ジルカだった。彼はZEレーベルを設立すると妻のクリスティーナ・モネ=バラチにディスコを歌わせた。プロデューサーはジョン・ケイルだった。こうしてダンス文化に新しい領域が拓かれ、マドンナが登場する準備が整った。(野)

# 1980

## Sylvia Striplin

Give Me Your Love

**Uno Melodic Records 12"**

NYハーレム出身のシンガー、シルヴィア・ストリップリン。ディスコ／ガラージ・クラシック「You're A Star」で知られるノーマン・コナーズ率いるアクエリアン・ドリームのシンガーで、本作でソロ・デビュー。ヴィブラフォン奏者／コンポーザーのロイ・エアーズがプロデュース、彼のレーベルUno Melodicから。キュートでソウルフルな歌声と、太くグルーヴィーなベースラインでダンサーを虜にするモダンブギー傑作「Give Me Your Love」。アナザー・サイドの「You Can't Turn Me Away」もスロウなメロウ・ソウル名曲としておなじみで、エリカ・バドゥもカヴァーしている。両曲ともに度々フロアで耳にする永遠の名曲。（猪股恭哉）

90年代のハウス愛好家の間ではデヴィッド・マンキューソの定番を収録したブートレッグシリーズ「Loft Classics」でその存在を知った人も多いはずのUKジャズ・ファンク名曲。繊細なダブ的音響処理も冴え渡るクールでエレガントな演奏が素晴らしい。（西）

**Atmosfear**

(Dancing In) Outerspace

Elite (79) 12"

# 1981

## Tom Tom Club
Wordy Rappinghood
**Sire 12”**

トーキング・ヘッズのリズム隊による（当初は）サイド・バンドによるデビュー・シングル。本体のヒット曲となった「Once in a Lifetime」からギターのカッティングを残し、冒頭のシンセサイザーをタイプライターのキーパンチに、コーラス部分をモロッコの童謡に、さらにはデヴィッド・バーンによるポエトリー風のヴォーカルを「歌いたくなかった」という理由で「Wordy」（＝長ったらしい）ラップに置き換えたディスコ・ナンバー。結果的にグランドマスター・フラッシュ「The Message」よりも早いラップ・ヒットとなり、当時のNYでキッド・クレオールやZEレコーズが流行らせたファンカラティーナの影響も濃厚。03年にチックス・オン・スピードがエレクトロクラッシュにリメイク。（三田格）

**Talking Heads**
Once In A Lifetime
Sire (80) 7”

アフリカン・ファンクをシンセ・ポップに移し変えた『Remain In Light』からの先行シングルで、当初、12インチはイギリスのみ。紛い物の王道を突っ切ったというのか、チープ極まりないシミュレートには80年代の空気を呼び込む余地が無限にあったとしか思えないほど広く深くシーンに浸透していった。（三）

# 1982

## Dinosaur L

### Go Bang! #5

**Sleeping Bag Records 12"**

アーサー・ラッセルはチェロ奏者であり、現代音楽（ことミニマル・ミュージック）とディスコ（そしてポップス）を往復する希代の作曲家だった。彼のミニマリズムおよびファンクと管楽器を用いた編曲はトーキング・ヘッズにも影響を与えている。「Go Bang!」は、彼自身も運営に関わるレーベル、スリーピング・バッグ（寝袋——路上生活者を暗示させる名前）からリリースされた。「何があろうと爆発したい」と繰り返し挑発するこの曲の素晴らしさは、イントロのファンキーなパーカッションを聴いただけでも充分にわかる。ダイナソー・Lの「L」とは、当時エイズ患者を疎外したレーガンが共産主義者と並んで敵視した「自由主義」の「L」、敗北者の「L」という説がある。（野田努）

トーキング・ヘッズの『Fear of Music』の「これはパーティではない／ディスコではない」の歌詞にラッセルが憤慨するのも無理はない。79年に録音された本作は「I Zimbra」の、デヴィッド・バーンが後に展開するハイブリッド・ファンクの青写真なのだから。嘘だと思うのなら、1曲目を聴いてみたまえ。（野）

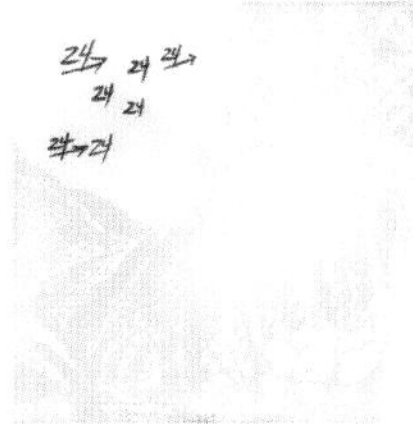

**Dinosaur L**

24 → 24 Music

Sleeping Bag Records (81)

# ARTHUR RUSSELL

## Loose Joints

### Is It All Over My Face (Larry Levan Remix)

West End Records (80) 12”

DJのスティーヴ・ダクィストとのプロジェクト、ルーズ・ジョイントの代表曲で、オリジナルは当時としては「踊りにくかった」ためラリー・レヴァンが踊りやすく、いや、ダンスフロアの乱交のために再構築した。「オーヴァー」はゲイのスラングで「最高」を意味した。快楽主義とユーモアが詰まったクラシック。(野)

## Arthur Russell

### Let’s Go Swimming

Rough Trade (86) 12”

「ディスコ史上どんな音とも違っていた」とデヴィッド・トゥープが述べているように「Let’s Go Swimming」にはじつに多くが混合されている。アフロ、前衛、ジャズ、ファンク、ダブ、ヒップホップ……それらを混ぜながら、ラッセルは完璧に踊れる曲を描いた。いや、踊るには哲学的過ぎる、『NME』はそう評した。(野)

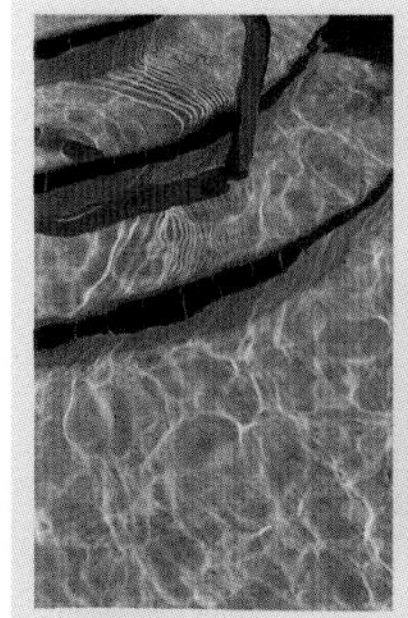


## Arthur Russell

### The World Of Arthur Russell

Soul Jazz Records (04)

アーサー・ラッセルの実験的なダンス・ミュージックを知るにはもってこいの好コンピレーション。「Is It All Over My Face」「Pop Your Funk」「Let’s Go Swimming」をはじめとする、人気曲が収録されているほか、インディアン・オーシャン名義の作品など、代表曲はほぼ網羅されている。(野)

# 1983

## Alexander Robotnick

Problèmes D'Amour

**Fuzz Dance 12"**

元々ディスコには興味がなく、ニューウェイヴに心酔していた青年モウリツィオ・ダミが生み出した、イタロ・ディスコ当たり年の1983年を代表するエレクトロ。クラフトワーク的電子音とコケティッシュなコーラスによるシンプルなグルーヴが魅力的。80年代後半のシカゴ、デトロイト、ニューヨークにおけるアンセムであり、数々のブートレッグ・リエディットも派生。カール・クレイグもデザイナー・ミュージック名義でリミックス「Problemz」をこっそり発表。2007年と2022年にはロボトニック公認リリースが為された。（西村公輝）

ブリット・ファンク・バンド、フリーズがアーサー・ベイカーとの邂逅でエレクトロ化した「I.O.U.」を発表した翌年のフロントマンによるソロ・シングル。ほとんどハウスと言える音だが、1987年のファーリー・ジャックマスター・ファンクによるハウス・リミックスで本格的にクラブ・ヒット。（西）

**John Rocca**

I Want It To Be Real

Beggars Banquet (84) 12"

# ITALO-DISCO

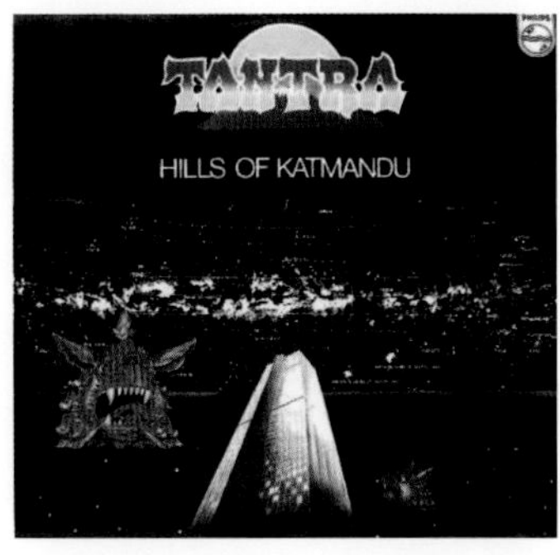


## Tantra
### Hills Of Katmandu
Philips (79)

アゾート、パッセンジャーズなどイタロ・ディスコ初期を代表するユニットの数々を手掛けたチェルソ・ヴァリによる金字塔。ピークタイムの熱狂にふさわしい電化ロッキン・トランス・ディスコ名曲は、1988年にリリースされたパトリック・カウリーによる「Megamix」も人気。2020年にはさらにレアなミックスも復刻された。（西）

## Klein & M.B.O.
### Dirty Talk
Zanza Records (82) 12"

イタロ・ディスコ史の重要人物のひとりマリオ・ボンカルドとニューヨークでDJとして活動（後にハウス・シーンでも活躍）していたトニー・カラスコによるユニットの代表曲。退廃的なメランコリーと冷涼な電子音のコンビネーションはUSクラブ・シーンでも大好評を博した。（西）

## B.W.H.
### Livin' Up / Stop
House Of Music (83) 12"

ローマ出身のDJ／プロデューサー、ステファノ・ズィト（ブラックウェイ）とシンガーのヘレンの夫婦による3rdシングルにしてイタロ・ディスコ史上屈指の名盤。サビしかないハイテンション・チューンの「Livin' Up」も良いがズブズブとスリージーなアルペジオと拙い英詩ヴォーカル、ロマンティックなピアノの三位一体ミッドテンポ「Stop」が至高。（西）

# *ITALO-DISCO etc*

カナディアン・ディスコを代表するプロデューサーによる1stアルバム。ニューヨークのディスコ・シーンでも定番人気だった軽快なシングル・ナンバー「Dancer」が間違いなく代表作だが、アルバムを締めくくる「There's A Woman」におけるヒプノティックなシンセと混声コーラスによるハーモニーが圧巻。デトロイト・テクノ的な未来感。(西)

**Gino Soccio**
Outline
Celebration (79)

ミュンヘンからスタジオ・エンジニアによるデビュー作。ジョルジョ・モロダーを大袈裟にしたような作風でキラキラとそれは輝きっぱなし。ギター・ソロも入りまくりでアシュラの俗流解釈とも。ワンダー・ドッグの名義でリリースされた「Ruff Mix」は名義どおり、犬の声に音階をつけた爆笑アイディアもの。(三)

**Harry Thumann**
Underwater
Baby Records (79) 12"

ダン・ハートマンの定番古典「Vertigo / Relight My Fire」をモチーフに展開する、ファニーなエレクトロ・ディスコ。ヴォコーダー・ヴォーカルの哀愁が良い。モーガン・ガイスト(メトロ・エリア)の編纂による電化ディスコ名作選『Unclassics』に取り上げられたことで00年代にリヴァイヴァル・ヒット。(西)

**Dance Reaction**
Disco Train
Friends Records (81) 12"

フィラデルフィアのレーベルから生まれたスペーストアウト・ブラック・ディスコ珍品。チョッパー・ベースは煽るがシンセとヴォコーダーがとにかく寂しいインストを推します。ケヴィン・グリフィス主催アイル・オブ・ユラからの再発盤に収録された、ほぼ90'sハウスな未発表曲「Keep It Strong」も衝撃的。(西)

**"Q"**
The Voice Of "Q"
Philly World Records (82) 12"

# EARLY ELECTRO

**Kasso**
Key West
Delirium Records (82) 12"

ゴブリンのキーボーディスト、クラウディオ・シモネッティによるディスコ・バンド、カッソは名曲が多いが、こちらはエレクトロ人気の立役者のひとり、マドンナの元恋人ジェリービーンがミックスを担当した異色作。無機質なリズムボックスとメロウな鍵盤の対比がほぼハウス。陽気な「Walkman」は86年にシカゴにてハウス・リミックスも出た。(西)

**Sun Palace**
Winning
Passion (83) 12"

エレクトロを語る上では無視してもいいだろうが、初期のハウス・シーンに与えた影響を鑑みて取り上げてみた。ビートが強調されたB面「Rude Movements」がロフト・クラシックとして定着した、ロマンティックなブリット・ファンク・エレクトロの逸品。美しい。(西)

**Strafe**
Set It Off
Jus Born Records (84) 12"

ディスコ・ミックスの祖ウォルター・ギボンズがミックスを手掛けた、ガラージ・クラシックとしても名高いドープなエレクトロ。翌年に同レーベルから出たハーレクィン・フォーによるカヴァーもまた濃厚でカッコイイ。(西)

**Anne Clark**
Our Darkness
Ink Records (84) 12"

プロトEBMなパンキッシュ・エレクトロ。ロン・ハーディー、セオ・パリッシュ、ジャマル・モス、米中西部クラブ・シーンにいまだに与え続ける途方もないインスピレーションの源。トラック制作はジャー・ウーブルとのパルス8でも知られるデヴィッド・ハロウ。(西)

# Chicago House

## 1984–1987

ヴァン・マッコイが黒人音楽にもたらしたものはクラシックの知識だったとよく言われる。彼にはそれを学べるだけの財力があった。レーガン政権によって分断された黒人社会はやがてバッピーをドレス・アップさせ、後にロシアでオリガルヒがメイン・ターゲットとなったように、シカゴではディスコ・ミュージックの快楽性が培養されていく。さらにはそれがトリップ・ミュージックとしての様相も帯びる。株の先物商品でもつねにウォール街の先を行くシカゴは、過剰な実験場と化していった。

# 1984

## Jesse Saunders

On And On

**Jes Say Records 12"**

既にヴィンス・ローレンスのユニット、ゼット・ファクターに参加し録音を重ねていたDJ、ジェシー・サンダースが84年に発表した"ハウス"世界初レコード化作品。元々はジェシーがDJの秘密兵器としていたディスコ・メガミックス・ブートレッグ、リミックスト・バイ・マッハ「On And On」が盗まれてしまい、その代用品として録音されたもので、マッハ版同様にプレイバック「Space Invaders」のベースラインを骨子としたディスコ再々生産トラック。その激安な生い立ちには拍子抜けだが、マーシャル・ジェファーソンを筆頭としたプロデューサー予備軍たちの発奮材料("これなら俺の方が全然マシ!")として効果抜群だったことが意義深い。(西村公輝)

**Midnight**

In A Heartbeat

Jes Say Records (85) 12"

ヴィンス・ローレンスと組んだ別名義で、ガラスの割れる音をスクラッチさせたり、ヴォーカルがリレーされたりと、かなり混沌とした印象を残す変り種。間奏で唐突に差し挟まれるシンセサイザーの流麗さも唐突ながら、全体に散漫な印象は残さない。2人はグウェンドリン名義でも面白いリズムを編み出している。(三)

# JESSE SAUNDERS

## Z-Factor Featuring Jesse Saunders

Dance Party Album

Mitchbal Records (84)

「On And On」以前にレコード化された「Fast Cars」(83)も含む、ヴィンス・ローレンスとの共作で、ヴィンスの父親が経営するミッチバル・レコーズから発表。R&B／ニューウェイヴ／エレクトロのフリーキーなミクスチャー、08年にミニマル・ウェイヴの姉妹レーベル、シティトラックスから再発されるのも納得のキッチュな味わい。(西)

## Jesse Saunders feat. The Badd Chicks

Funk - U - Up

Jes Say Records (84) 12"

当時のシカゴ・クラブ・シーンで猛威を振るっていたイタリア物をはじめとしたシンセ・ディスコからの影響が如実に感じられる、エレクトロニックでシンプルなトラックにR&B指向の男女掛け合いヴォーカルが載ったヒット・チューン。インダストリアル版プリンスといった趣は、ハウスが音楽ジャンルとして確立される直前の闇鍋的な面白さを感じます。(西)

## Fresh

Dum Dum

Precision Records (84) 12"

ファンカデリック、プリンス、シーラ・E、マーティン・サーカスなどをコラージュ的に散りばめた、「On And On」と同様のメガミックス・スタイルの傑作。大のお気に入りだったハーヴィーは後にダ・レベルズ「House Nation Under A Groove」(97) のプロモ・リミックスにて大胆なパクリ、もといオマージュを披露。(西)

# 1985

## Ron Hardy

Sensation

**Trax Records 12"**

シカゴ・ハウスの発展に大きく寄与したクラブ、ミュージック・ボックスのレジデントとして知られる伝説的DJ による唯一の正規発売作品は、悪名高いラリー・シャーマンの主宰したトラックス・レコーズからヴィンス・ローレンスとの共同プロデュースにより発表されている。ダークでインダストリアルな質感のシンセ・リフと黒い女性ヴォーカルのミックスは、ロンの貪欲なミクスチャー・プレイが結実した、ひいてはハウスの性質そのものを体現したものと言えるだろう。10年にはラッシュ・アワーから正規再発されたが、マーシャル・ジェファーソンによる演奏だという未発表ヴァージョンがブートレッグで発表されている。(西村公輝)

### Jackmaster Hater

Your Mind (Passion)

Warehouse Box Tracks Records (08) 12"

シカゴを訪れたとき「誰が○○のアセテートを持っている」とか「アイツの家にアンリリースドのテープがある」とかそういった噂話をたくさん聞いた。これはシカゴのレコード・ショップ、ケースタークのオーナー所有の音源らしい。キング牧師演説ネタをロン・ハーディーがエディット。(島)

# RON HARDY

## Ron Hardy

### Muzic Box Classics Volume One

Partehardy Records (05) 12"

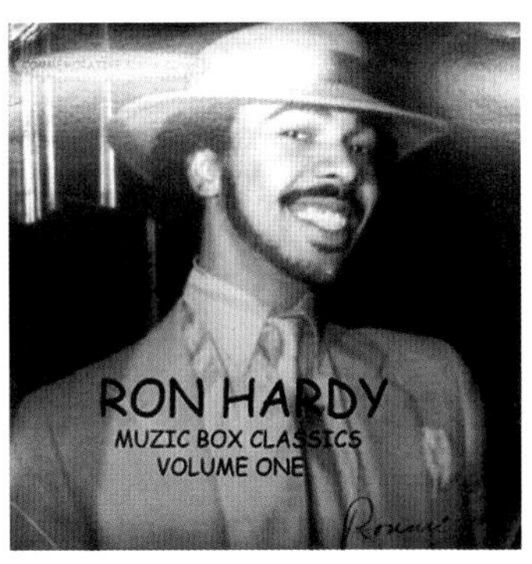


リエディット（リールテープを切り貼りし楽曲を引き伸ばす）でも有名だったロン・ハーディ。こちらはブルー・マジックとナイトライフ・アンリミテッドのエディット。ロンの甥であるビル・ハーディが、ロンの実家の地下で見つけたリールテープから音源を起こしアナログ化。エディットによるフロアでの効果を追求していた息遣いが伝わってくる。（島）

## Ron Hardy

### Muzic Box Classics Volume Two

Partehardy Records (06) 12"

彼がDJとして活動していた80年代初頭はディスコからハウスへと移行する過渡期。「新しい音」を積極的に取り入れるためシカゴ・ハウスのデモテープをピッチコントローラー付きカセットデッキでプレイしていたことは有名。この『Volume Two』ではアーリー・シカゴ・ハウスにフォーカス、マッドでドラッギーなヴァイブが立ち込める。（島）

## On The House

### Pleasure Control

Bright Star Records (86) 12"

スタジオワークに目を向けると、楽曲制作やリミックスよりも多く仕事をこなしていたのがミックス作業。DJだけではなく制作の裏方としてもシカゴのハウス・シーンを支えていた。マーシャル・ジェファーソン率いるオン・ザ・ハウスによるこの１枚では、粗悪な音質のイメージがつきまとうシカゴ・ハウスを覆す音の分離性が実証。（島）

# FRANKIE KNUCKLES

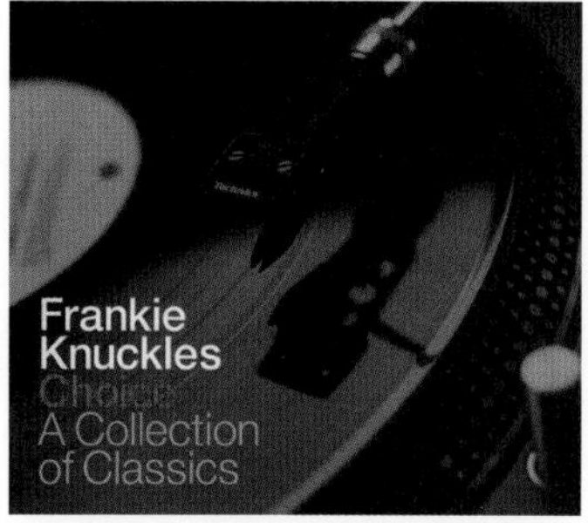


## Frankie Knuckles

Choice - A Collection Of Classics

Azuli Record (00)

ハウス・ミュージックの語源にもなった「ウェアハウス」でレジデントを務めたフランキー・ナックルズ。そこでプレイされていたクラシックスを収録しているのが、自身のルーツを紹介するミックス・コンピレーション『Choice』。シカゴならではのアーティストもいるが、多くはNYのダンス・シーンでプレイされていた曲。(島)

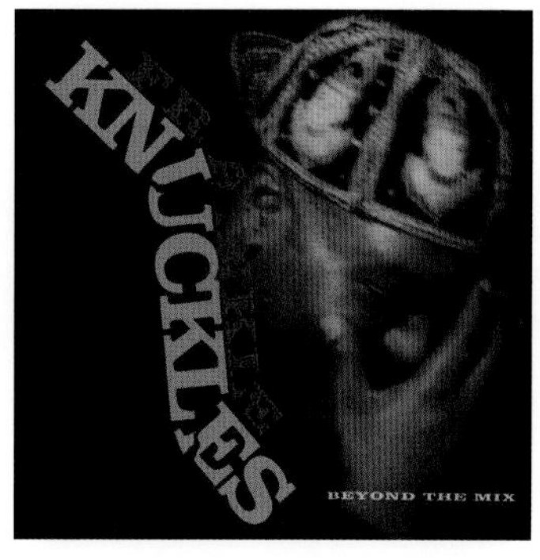


## Frankie Knuckles

Beyond The Mix

Virgin (91)

制作を始めてから6年、活動拠点をシカゴからNYに移しヴァージン・レコーズからリリースされた1stアルバム。本来アンダーグラウンドなダンス・ミュージックであるハウスが、一般層にまでリーチできるよう多様性を帯びた内容。説明不要のマスターピース「The Whistle Song」の他にサトシ・トミイエとの「Rain Falls」も収録。(島)

## Frankie Knuckles Presents Satoshi Tomiie

Tears

FFRR (89) 12"

フランキー・ナックルズへ届けられた1本のデモテープがきっかけでデフ・ミックス・プロダクションズへ加入したサトシ・トミイエのデビュー・シングルにして不滅のハウス・クラシック。ロバート・オウエンズのヴォーカル、制作面ではデヴィッド・モラレスやエリック・カッパーと豪華すぎる面子が名を連ねる。(島)

# FRANKIE KNUCKLES etc

もうひとりのゴッドファーザー・オブ・ハウス、チップ・Eの手ほどきを受けて初めてフランキー・ナックルズが制作したデビュー・シングル。テディー・ペンターグラスのシカゴ・ハウス・カヴァーだがアップリフティングなミックスからは、ダンストラックを制作したいという明確な意思と初期衝動を感じることができる。(島)

**Frankie Knuckles**
You Can't Hide
D.J. International Records (86) 12"

ロン・ハーディのフェイヴァリットでもあったフランキー・ナックルズの初期ヒット作。エレクトロ・ビートにファニーなキーボード・リフと、相反するマイナーコードのシンセの組み合わせが妙に耳に残る。「Your Love」でもヴォーカルを務めたジェイミー・プリンシプルによる味のあるセクシーな声がこのトラックの印象を決定づけた。(島)

**Frankie Knuckles**
Baby Wants To Ride
Trax Records (87) 12"

フランキー・ナックルズが活動初期に使っていた唯一の別名義、ナイト・ライターズによるヒット・シングル。カウベルのループがもたらす覚醒と陶酔を経て、込み上げるようなキーボードとヴォーカルが熱く展開。翌年にはUKのジャック・トラックスからもリリース。ロン・ハーディからDJハーヴィーまでレジェンドたちがプレイした曲。(島)

**Night Writers**
Let The Music (Use You)
Danica Records (87) 12"

年代もジャンルも幅広いハウス・ミュージックの中で「どこから聴いたらいいのかわからない」と、もし思っている読者の方がいたら、ぜひこの曲を探してほしい。体を包み込む柔らかなボトムと浮遊感が漂うポジティヴなメロディー。フランキー・ナックルズの代表的なシングル、一家に1枚と断言できる素晴らしい曲。(島)

**Frankie Knuckles**
The Whistle Song
Virgin (91) 12"

# MARSHALL JEFFERSON

## Virgo

### Free Yourself

Trax Records (86) 12”

マーシャル・ジェファーソンは「Your Love」や「On And On」など、黎明期のシカゴ・ハウスに影響を受けて作品を作りはじめた第1人者。A面はフランジャーがかかったハイハット、エフェクティヴなパーカッション、ドリミーなシンセが宇宙空間にトランスポートしてくれるじつに美しい傑作。アドニスがプロデュース。(野+アレ)

## Jungle Wonz

### Time Marches On

Trax Records (87) 12”

ディープ・ハウスのもうひとりの創始者と言われるハリー・デニス(ラリー・ハードとのジ・イットのメンバーでもあった)とジェファーソンとの2人によるプロジェクト。時は進む、容赦なく……刹那を喜ぶハウス・ミュージックにおいて、「Time Marches On」はその裏側にある生きる空しさを主題としている。(野)

## Marshall Jefferson

### The House Music Anthem

Trax Records (86) 12”

マーシャル・ジェファーソンの中でも最も有名かつ不動のクラシック「Move Your Body」。ピアノのパワフルな旋律とカーティス・マクレーンのヴォーカルが織りなすソウル。でき上がった曲をロン・ハーディが気に入り、レコードとしてリリースされるまでにフランキー・ナックルズ、ラリー・レヴァンらがプレイし続けた。(猪)

# D.J. INTERNATIONAL RECORDS

## J.M. Silk

### Music Is The Key

D.J. International Records (85) 12”

後にメジャー・レーベル、RCAからアルバム・デビューすることにもなるJ.M. シルク（ジャック・マスター・シルク）ことスティーヴ・シルク・ハーレイのデビュー盤。キーボード・リフのアイディアは翌年リリースされるジェイミー・プリンシプル「Your Love」へも受け継がれる。USダンス・チャートのトップ10にもランクインしたヒット作。（島）

## Steve “Silk” Hurley

### Jack Your Body

Underground (86) 12”

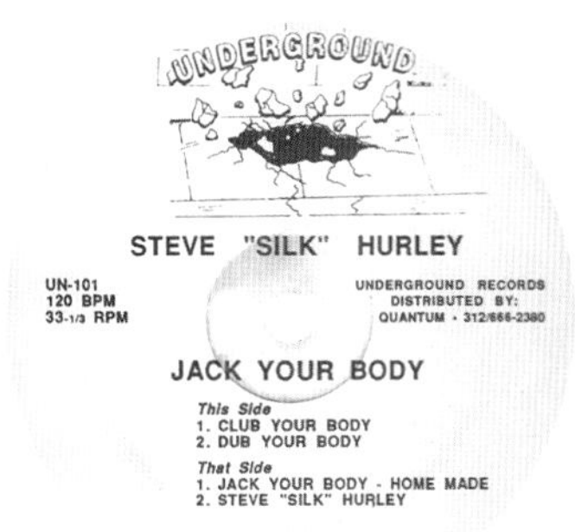


フリーキーなベースラインとチージーなキーボード、いなたいシャウトで人気を博した、シカゴ・ハウスのオリジネーターのひとり、スティーヴ・シルク・ハーレイの代表作。シカゴ・アンダーグラウンドを軽く飛び越えUKでもシングル・チャート2週連続1位というセンセーショナルなヒットを記録、ハウスがUK全土へ広がる起爆剤ともなった重要作。（島）

## E.S.P.

### It’s You

Underground (86) 12”

DJトミー・サムとダニエル・エリントンによって結成されたエッセンシャル・サウンド・プロダクション・サウンド・システムがリリースしたディープ・ハウス・カルト・クラシック。シンプルでドープなベースライン、暗闇での怪しい男性ヴォーカルによるラヴ・メッセージ、深遠なシンセパッドをフィーチャーした官能的でミステリアスな……（アレ）

# D.J. INTERNATIONAL RECORDS etc

**Chip E. Inc. Featuring K. Joy**

Like This

D.J. International Records (85) 12"

ターンテーブルを売り払い、機材をレンタルして楽曲制作を始めた後に、フランキー・ナックルズやラリー・ハードたちへ楽曲制作の手ほどきをしたことでも知られているチップ・Eの初期ヒット作。ヴォイス・サンプル連呼で人気を博したジャック・ハウスで、ドイツのDJヘルも「Like That!」でサンプリングした。(島)

**Chip E. The Godfather Of House**

Time To Jack

Underground (86) 12"

グレン・アンダーグランドが「ハウスはチップ・Eのことだ」と言っていたように、アーリー・シカゴにおける彼の制作スキル、オリジナルな要素が詰め込まれている。不穏なベースラインとドラム・プログラミング、ヴォイス・サンプルのコンビネーション。それはクリエイターとして絶対的な「ゴッドファーザー」であることを証明している。(島)

**House People**

Godfather Of House

Underground (86) 12"

サイマンデ「Bra」のベースラインをフリーキーに展開、煙く重いグルーヴとともにディスコとダブをハウスへ見事に昇華させたこの1枚は、ラジオ局WBMXでも頻繁に流され多くのDJたち、シカゴのキッズたちを虜にした。ロン・ハーディ、フランキー・ナックルズはもちろん、NYではラリー・レヴァンもプレイ。(島)

**The It**

Donnie

D.J. International Records (86) 12"

マーシャル・ジェファーソンとともにジャングル・ワンズ名義で活動していたハリー・デニスと、ラリー・ハードによるジ・イット名義。アシッド・ハウス前夜の狂気性を帯びた雰囲気もするが、初期はこういった作品もじつは多い。チップ・Eとロバート・オウエンズのヴォーカル、リミキサーはロン・ハーディと豪華だ。(島)

# D.J. INTERNATIONAL RECORDS etc

ヴィニー・ディヴァイン率いる3人組ユニットとアドニスが組んでつくったダークなディープ・ハウスで、人生における「自由」、「個性」、「ユニティー」などをテーマにしたジェイミー・クリストファーによる感情的な語りによるメッセージがフィーチャーされている。「Factory Mix」と「Crucial Mix」がオススメ。（アレ）

**The Children**

Freedom

D.J. International Records (87) 12"

この曲なしでハウス・ミュージックは語れない。いまだにプレイされ続けるこの傑作は、宗教的な意味合いもあって、国、人種、戦争について、アンソニー・トーマスの素敵で信仰的なヴォーカルをフィーチャーした気持ちいい空間的なユニヴァーサル・メッセージ・ハウス・ソング！世界中のダンスフロアで、人々を希望に導いてくれる。（アレ）

**Joe Smooth Inc. Featuring Anthony Thomas**

The Promised Land

D.J. International Records (87) 12"

DJピエールと同じシカゴのゲットー地区イングルウッド出身のオリジネイター、マイク・ダンによるエム・ディー・スリー名義。「Personal Problem」は彼らしいストレートな303の音色が特徴。英メディアによるベスト・アシッド・ハウスに選出されたり、クローンから再発されたりとヨーロッパでの人気は絶大。（島）

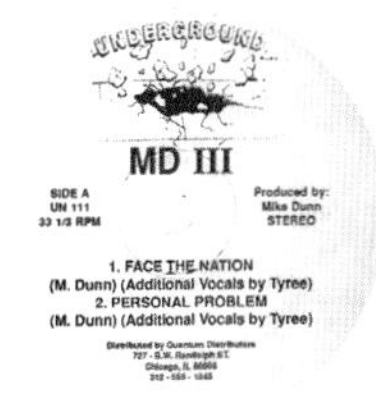

**MD III**

Face The Nation

Underground (88) 12"

ソ連アフガン侵攻についての歌詞で始まる平和への祈りを託したセカンド・サマー・オブ・ラヴ・アンセムで、後にペット・ショップ・ボーイズもカヴァーしたヴォーカル・ハウスの名曲。プロデュースで参加しているマーシャル・ジェファーソンも、過去コラボした歌手の中でもパリス・ブライトレッジの歌唱力を大きく称えている。（猪）

**Sterling Void & Paris Brightledge**

It's All Right

D.J. International Records (87) 12"

# DANCE MANIA

## House Master Boyz And Rude Boy Of House

House Nation

(86) 12”

チップ・Eとともにジャック・スタイルの作品をリリースしていた重要人物ファーレイ・ジャックマスター・ファンクの別名義、ハウス・マスター・ボーイズ。ドラムマシンと多用したヴォイス・サンプルが特徴的で、UKやヨーロッパでも大ヒットした1枚。緊張感のあるフロアメイクを約束、セオ・パリッシュのフェイヴァリット。（島）

## Vincent Floyd

I Dream You

(91) 12”

「I'm So Deep」と「Cruising」の名作に続いて、謎のプロデューサーによる3枚目となるEPのハイライトは間違いなく「I Dream You」。夢のようにスムース&ディープな世界がくり広げられ、メロディアスでラヴリーなハウスのエデン状態。この後、ダンス・マニアはシカゴ・ゲットー・ハウス・サウンドを代表する存在となる。（アレ）

## Parris Mitchell

Life In The Underground

(94) 12”

シカゴから生まれたハウス・ミュージックがメインストリーム化していった中、シカゴの第2世代による逆襲といえるゲットー・ハウス。この2枚組12インチではDJファンク、ジャミン・ジェラルドらゲットー・ハウスの主要パーソンも参加、ユーモアとナスティ、躍動感と初期衝動にあふれるトラックたち。アリー・アスのゲットー・カヴァーまで。（猪）

# DANCE MANIA etc

シンプルで無機質極まりないミニマルな構成がフロアのテンションを確実に高めるグルーヴに昇華された、スティーヴ・ポインデクスター以降のベースメント系トラックの先駆的傑作。欧州テクノ・シーンでの好反応を知るや、アルマーニはイタリアACVを拠点にハードなシカゴ・テクノ・サウンドを確立してゆく。(西)

**Robert Armani**
Ambulance
Dance Mania (91) 12"

ベースメント系トラックに猥褻なイメージも加味した直截的パーティー・グルーヴが極まったゲットー・ハウス、という新たな活路をシーンおよびレーベルに見出させた功労者による初期の名作。「Work That Body」での連打されるクラップとタイトル・コールが醸す焦燥感は永遠にヤバい。(西)

**D.J. Funk #1**
Street Traxx II
Dance Mania (94) 12"

DJファンク、ポール・ジョンソン、ジャミン・ジェラルドなどのオリジネーターと並ぶシカゴ・サウスサイドの匠による1st EP。ハウスの第一世代とは明らかに位相の異なる刹那的なスピード感は、ジュークの登場まであと一歩。「House-O-Matic」「Akceier-8」と、ハウス・シーンよりもテクノ・シーンからの支持を集めた古典を収録。(西)

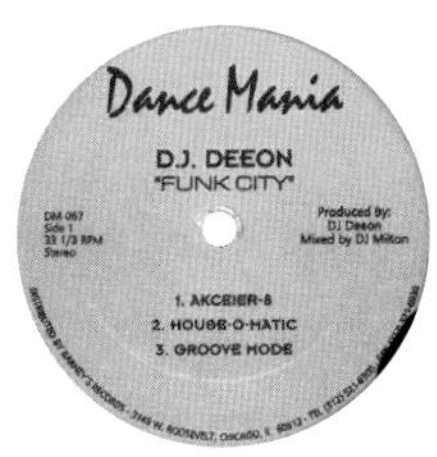


**D.J. Deeon**
Funk City
Dance Mania (94) 12"

現段階で唯一カタログで聴くことができるダンス・マニアのベスト盤2枚組（アナログは12曲）。ディスク1では初期シカゴ・ハウス、ディスク2では中期以降のゲットー・ハウスをセレクト、重要なタイトルはほぼ網羅されている。ゲットー・ハウスはジュークのルーツのひとつに数えられているので、是非そういった視点でもチェックを。(島)

**Various**
Hardcore Traxx: Dance Mania Records 1986-1997
Strut (14)

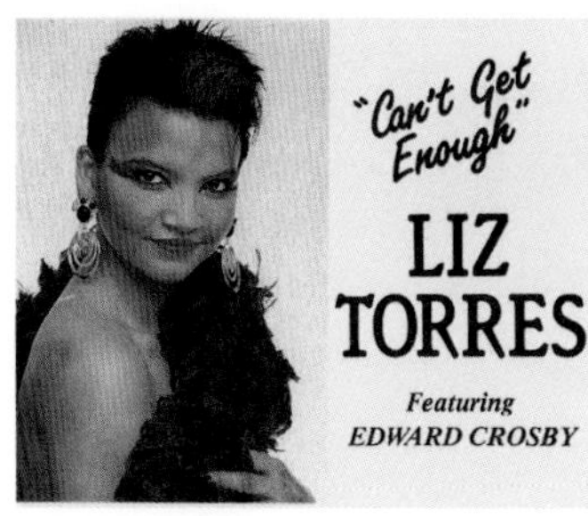


**Liz Torres Featuring Edward Crosby**

Can't Get Enough

State Street Records (87) 12"

エドワード率いるマスターC&Jのプロデュースでシカゴ・ハウスを代表する女性ヴォーカルとなったリズ・トレス。この曲は歌の完成度と超個性的なベースラインが特長の代表作だが、同時期に出た「In the City」や「Face It」(ダブもチェックして)も凄い。パラダイス・ガラージの最終夜でライヴ・パフォーマンスの逸話は有名。(N)

**LNR**

Work It To The Bone

House Jam Records (87) 12"

ロン・ハーディはもちろん、シカゴを軽く飛び越えてラリー・レヴァンほか誰もがプレイしてきたシカゴ・ハウス・クラシック。94年に再発され、またレディオ・スレイヴのレーベルから出たランナウェイ「Brooklyn Club Jam」でもネタに使われるなど、20年を越えても色褪せることはない、最高峰のフロア・トラック。(N)

**Knight Action Feat. Sedenia**

Single Girl

Let's Dance (84) 12"

イタロ・ディスコとシカゴ・ハウスの切っても切れない関係性を如実に物語るユニークなシンセ・ポップでありプロト・ハウス重要作。84年にリリースされていた事実が衝撃的で、同時期の最初期ハウス(と呼ばれる)どの曲よりも完成度が高い。作者のドウェイン・サムJr.関連作は近年、ジェローム・デラージのスティル・ミュージックが復刻している。(西)

# *CHICAGO HOUSE etc*

諸説あるが、ハウス・ミュージックという言葉が生まれて最初にリリースされたレコードがこの曲だ。チップ・Eは制作機材の工面のためにターンテーブルを売り払い、完成した音源をオープンリール・テープに収めロン・ハーディへ届けた。その夜パイオニア製のリールデッキでそのデモがミュージック・ボックスでプレイされた逸話を持つ。(島)

**Mirage Featuring Chip E.**

Jack Trax

Gotta Dance Records (85) 12”

シカゴのFM、WBMXやウェアハウスでのDJでその名を知られているファーレイ“ジャックマスター”ファンクがアイザック・ヘイズの「Love Can't Turn Around」をカヴァー。また彼がミックスしたフリーズ「I Want It To Be Real」はダニー・クリヴィットらがかけ続けるピアノ・ハウス。(N)

**Farley “Jackmaster” Funk & Jessie Saunders**

Love Can't Turn Around

House (86) 12”

マーシャル・ジェファースンがプロデュースしたシカゴ・ヴォーカル・ハウス超重要曲。いま世界は冷えきっているが、いつか皆が家族のように生活できる日が来る、といった内容をシー・シー・ロジャースはパワフルかつ優しく歌い上げる。暗いフロアで聴くと、言葉が胸の奥深くに沁みる。当時この歌がとても愛された理由がよくわかる。(N)

**Ce Ce Rogers**

Someday

Atlantic (87) 12”

シカゴ・ハウス量産体制のなかで、ひと際、力強い個性を放ちパラダイス・ガラージでもプレイされたスリリングな曲。乱れ打つパーカッションと不穏なベース、セクシーな女性ヴォーカルに加えSEのように飛び交う笑い声など、ひきつける要素が盛りだくさん。ティミー・レジスフォードがアンオフィシャルでリミックスをしたことも。(島)

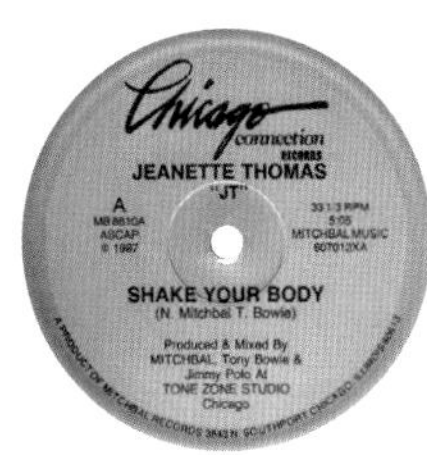


**Jeanette Thomas**

Shake Your Body

Chicago Connection Records (87) 12”

**Ralphi Rosario Featuring Xavier Gold**

You Used To Hold Me

Hot Mix 5 Records (87) 12"

愛に欲深い女の業に圧倒される、ザヴィア・ゴールドが歌うこの曲はラルフィ・ロザリオの代表曲。途中で語りが入るのも含めて、リズ・トレスに似た構成。シカゴの女性は強そうだ。ラルフィは他「Timbalin」が素敵なピアノ・ハウス。またザヴィアは92年にMAW「Gonna Get Back To You」で再ヒット。(N)

**DA Rebels**

D.I.U. (Deep In Underground)

Clubhouse Records (89) 12"

後にカジミア名義で活動を始めるカーティス・アラン・ジョーンズと、トラックス・レコーズで活動していたリデル・タウンセルのユニット、ダ・レベルスのカルト・ディープ・ハウス。97年にDJハーヴィーがリミックス、00年以降はリカルド・ヴィラロボスのルーティン・プレイに加わるなどつねに再評価を受けている1枚。(島)

**Steve Poindexter**

Work That Mutha Fucker

Muzique Records (89) 12"

アルマンドが設立したレーベル、ミュージック・レコーズの代表作、数々のサンプリング・ネタとして使われる「Work That Mutha Fucker」があまりにも有名。地を這うようなグルーヴにタイトル通りマッドでプリミティヴなアシッド・シンセが全面に押し出されたマイク・ダンの「Computer Madness」がドープ。(島)

**Joe R. Lewis**

Love Of My Own

Target Records (87) 12"

後にリリーフに多くの作品を残すことになるジョー・ルイスのデビューEP。オリジナル盤はシカゴ・ハウスの中でも最高レベルの価格で取引されていて、ブートレグ、クローンからのリイシューもある。オリジナル盤のA面のみ、ラリー・ハードがプロデュースしており、彼らしいシンセ・ストリングスの旋律が味わえる。(猪)

# 1986

## Mr. Fingers

### Washing Machine

**Trax Records 12"**

ジャズ・バンドのドラマーだったラリー・ハードは電子音楽に未来を感じ、給料を自宅スタジオにつぎ込んだ。シカゴではハウスが爆発していた。85年、最初に作ったのは「Washing Machine」と「Mystery Of Love」。前者はアシッド・ハウスの青写真、後者はディープ・ハウスの発端となった。彼はドラッギーではなくディープな方向性を志向した。カップリングの「Can You Feel It」には複数のヴァージョンがある。オウエンズの歌入りヴァージョン、リズム・コントロール「My House」の牧師調の説教をミックスしたヴァージョン……、キング牧師の演説をミックスしたヴァージョンはセカンド・サマー・オブ・ラヴの真っ直中にリリースされた。(野田努)

この曲が出たとき、ロンドンのクラブは依然としてレアグルーヴのファンクに支配され、その優雅さを理解できる者がいなかったとジョン・サヴェージは回想している。ラリー・ハードとロバート・オウエンズによって生まれたこの曲は、いまでは大クラシック。後にプロモ盤に収録されたジ・イットのドゥーワップ・トーチ・ソング「Donnie」も素晴らしい。(野)

**Mr. Fingers**

Mystery Of Love

Alleviated Records / D.J. International (85 / 86) 12"

# LARRY HEARD

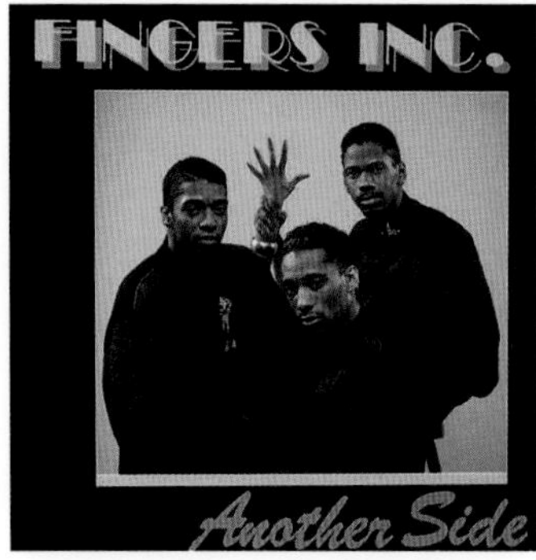


## Fingers Inc.
Another Side
Jack Trax (88)

ラリー・ハード、ロバート・オウエンズ、そして、ロン・ウイルスンによって結成され、ディープ・ハウスを生み出したシカゴの伝説的ユニット。UK編集による2枚組で、ハウスの流れを大きく変えた歴史的な芸術作品。ここまでエモーショナルでソウルフルなサウンドが機械から生まれたことに圧倒されました。渋くてなけます！　自分の宝物。（アレ）

## Mr Fingers
Introduction
MCA Records (92)

ミスター・フィンガーズ唯一のメジャー・レーベルからのアルバム。ジャズ／フュージョンの要素を取り入れながら、シカゴ・ハウスを洗練させた音楽性はディープ・ハウスとAORとの境界線にまで迫ろうとする。しかし、ゴスペル調のコーラスが活かされているように、この音楽はスピリチュアルな方向性を片時も忘れない。（野）

## Larry Heard
Alien
Black Market International (96)

1994年の『Sceneries Not Songs』以降、『Dance 2000』（97）、『Ice Castles』（98）、『Genesis』（99）などなど、ラリー・ハードはアンビエント・テイストを取り入れ、抽象的でエレクトロニックな響きの、SF的な主題を持ったアルバムを出す。『Alien』はそうしたなかの人気作で、90年代のハードの方向性を決定づけた1枚。（野）

# LARRY HEARD etc

この名義では唯一のリリース。ブラックストリートからヴォーカルを迎えているものの、圧倒的に人気なのはインストゥルメンタル。可愛いタッチというのか、ほんのりと幻想的で、ラヴリーこの上ない。様々な面を持つプロデューサーだけど、意外と知られていない一面というか、本人もこの資質を伸ばそうとは思わなかったようで……（三）

**Blakk Society Featuring David Hollister**

Just Another Lonely Day

Alleviated Records (89)
12"

88年、89年とガーキン・ジャークス名義の2枚のEPはいわばリズムの実験で、3台のドラム・マシン（606、707、909）がパーカッシヴに使われている。これはデリック・メイが「The Beginning」（90）で試みたことでもある。シンセも旋律ではなく、リズムを刻む。2013年に未発表を3曲加えたCDとして再発された。(野)

**Gherkin Jerks**

The Gherkin Jerks Compilation

Alleviated Records (13)

「Black Oceans」は94年発の作品で、裏面のジ・イット「Endless Flight」は90年の作品。この時期のラリー・ハードらしく、アトモスフェリックで、コズミックな響きを持った前者はとくに人気が高く、中古は高値で取引されていた。そしてブラック・マーケットの再発によってこの名作も広く届けられることになった。(野)

**Larry Heard**

Black Oceans

Black Market Records (12)
12"

じつに27年ぶりに発表され、ハウス・フリークはもちろん多くの音楽リスナーを魅了したシカゴ・アンビエント・ハウス。テナー・サックス、アコースティック&エレキ・ギター、そしてラリーによるキーボードとベース。リード曲「Full Moon」をはじめとするヴォーカル曲など、一定の境地に達した音楽家にしか持ち得ないソウルが本作にはある。(猪)

**Mr Fingers**

Cerebral Hemispheres

Alleviated Records (18)

# ROBERT OWENS

## Robert Owens
### Bring Down The Walls
Trax Records (86) 12"

何回聴いても飽きることない、そして、ディスコと呼ぶにはじつにアグレッシヴなベースラインから、「壁を倒せ」とオウエンズの歌が入る。オリジナル盤ではフィンガーズ・インク名義になっているが、再プレス以降はロバート・オウエンズ名義。ラリー・ハードの初期の名作でもあり、デリック・メイも好むシカゴ・クラシックの1枚。(野)

## Robert Owens
### I'll Be Your Friend
RCA (91) 12"

プロデューサーとリミキサーにデヴィッド・モラレス、鍵盤はサトシ・トミイエとエリック・カッパー、官能的でエレガントなオウエンズの歌とNYガラージとの最高の出会いの瞬間。4th &ブロードウェイでメジャー・ソロ・デビューを果たしたその翌年のシングルで、RCAからの唯一の作品。日本でも大ヒットした。(野)

## Jus' Friends
### As One
Massive B (92) 12"

グルーヴィーで軽快なピアノ、ずっと遠くで演奏されているように聴こえる優雅なフルート、そして誰もが手の届かない深い場所で歌っているかのように感じられるオウエンズの感情がたっぷりこもった歌。ボビー・コンダースのジャス・フレンズ名義の唯一のシングルで、この1曲だけ。B面のダブ・ミックスも素晴らしい。(野)

# MAD MIKE

## Underground Resistance w/ Yolanda

### Living For The Night

Underground Resistance (91) 12"

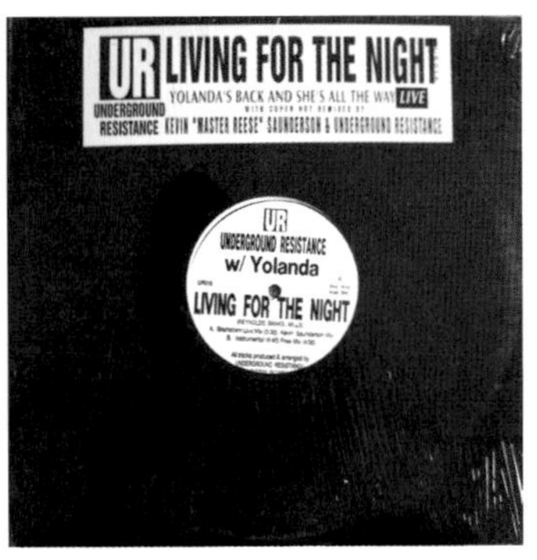


デトロイトのUR＝マイク・バンクスと言えばハードなテクノで知られるが、ソウルフルなハウスも多く手がけている。デトロイト・スタイルの力強いビートと鍵盤のリフ、反復するヨランダ・レイノルズ（マイクやジェフ・ミルズも関わっていたメンバーズ・オブ・ハウスの元メンバー）の声が激しく展開。UR流ガラージの名作。（野）

## Jamerson

### Got To Give It Up

Happy Records (92) 12"

ハッピー・レコーズはサブマージ傘下のハウス・レーベル。これはモータウンのベーシスト、ジェイムズ・ジェマーソンの息子のEPで、「伝説は続く（THE LEGACY CONTINUES）」と記載。4曲中3曲でURが、1曲でマイク・クラークがミックスを担当。声は「Living For The Night」のサンプリング。マイクのピアノ演奏が素晴らしい。（野）

## Davina

### Don't You Want It

Happy Records / Soul City (92) 12"

ハッピー・レコーズからリリース、96年ソウル・シティから再発されてようやく評価されたが、いまとなってはURが手がけたガラージ・ハウスのなかでも最高の1枚に挙げられる。キック・ドラムはURそのものだが、展開も……URそのものだが、ダヴィナの歌とアレンジは他に類を見ないほど高く舞い上がるようなディープ・ハウスへと展開する。（野）

# *EARLY DETROIT*

## Rythim Is Rythim
### Nude Photo
Transmat (87) 12”

デリック・メイとはフランキー・ナックルズとロン・ハーディという巨匠からハウスの洗礼を受け、デトロイトに熱く伝えた人物でもある。ベースとシンセ、パーカッションがシンコペートするかのように重なる「Nude Photo」はずば抜けてクール。D・ウィンとの共作の「The Dance」は、ドラムマシンに血が通っているみたいだ。(野)

## Inner City
### Good Life
10 Records (88) 12”

デトロイト・ハウスの金字塔。その後、何回も再発／再リミックスされているが、誰がどういじろうとB面のデリック・メイのリミックスを超えるものはない。ケヴィン・サンダーソンとパリス・グレイによるインナー・シティは、時代のポジティヴなエネルギーを自分の力とする。アンダーグラウンドだけではない、ポップ・チャートでも認められた。(野)

## Blake Baxter
### EP
Incognito Records (88) 12”

ブレイク・バクスターが、ケヴィン・サンダーソンのレーベルから発表した「Sexuality」収録盤。フランキー・ナックルズ「Baby Wants To Ride」などシカゴの要素を感じるが、ベースの重さとゲットー感が違うインダストリアル・アシッド。ケニー・ドープも『The Kings Of House』でピックアップ。(島)

# EARLY DETROIT etc

スネアの連打、派手なシンセのリフ、まさに時代の音。ケヴィン・サンダーソンとサントニオ・エコールズの共作（リーズ＆サントニオ名義でも知られる）。声はサンダーソンの妹。MKとシェ・ダミエも関わり、デリック・メイやマイク・ウィルソンがリミックス。クラフトワーク「Numbers」をサンプリング。(野)

**Reese**

Rock To The Beat

KMS (89) 12"

バーデン兄弟によるオクタヴ・ワンのデビューEP。この時代のデトロイトは「テクノ」と呼ばれるスタイルの、速めのBPMが主流だったが、陶酔的な女性の囁きとピアノのリフが印象的な「I Believe」は、その回転数を落とせば完璧なディープ・ハウスになる。A面にはホアン・アトキンスのリミックスが収録されている。(野)

**Octave One Featuring Lisa Newberry**

I Believe

Transmat (90) 12"

個人的にこの曲は長いあいだハウスの王座にいた。どんな曲もこれを超えることはできない。クラフトワークにもモロダーにも手が届かない場所がある。10年ぶりにじっくり聴いてみてなおそう思える。デリック・メイは自分の才能をここで使い果たしたのだろうか。こんなことを言ったら怒られるが、それでもこれを残したのだ。(野)

**Sueño Latino**

Sueño Latino (Derrick May Remixes)

DFC / Buzz (92) 12"

94年までのカール・クレイグの手がけた作品およびリミックスには外れがない。93年だけでアーバン・カルチャー「The Wonders Of Wishing」、ナオミ・ダニエル「Stars」などクソ名盤ばかり出している。が、1枚選ぶなら壮絶なこれだ。泣くことも騒ぐことも許さない。何も言えない。ただ黙るしかない。(野)

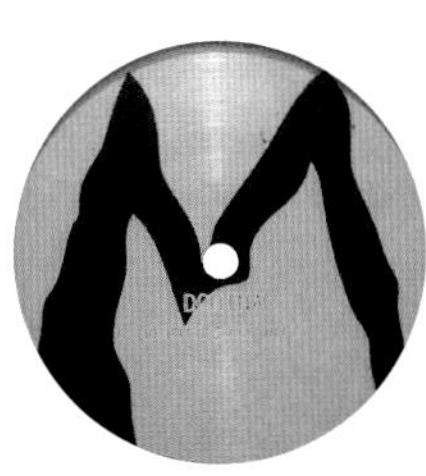

**Maurizio**

Domina (C. Craig's Mind Mix)

Maurizio (93) 12"

# CARL CRAIG

## Carl Craig Presents Paperclip People

### Throw / Remake (Uno)

Open (94) 12”

ロレッタ・ハロウェイ「Hit And Run」の短いループを軸に14分間を使ってフロアにおける忍耐と解放のダイナミクスを余すことなく表現した「Throw」は、UK盤はロンドンの代表的大箱ミニストリー・オブ・サウンド運営レーベルの1番として出されたことに象徴されるように、カール・クレイグの名をクラブ・シーンに広く認知させた大ヒット。(西)

## Naomi Daniel

### Stars

I Ner Zon Sounds (93) 12”

プラネットE前身レトロアクティヴからも名曲「As Time Goes By」(02年に再発)を発表しているカール・クレイグは女性ヴォーカルの活かし方を心得ている。後進の星ジェイ・ダニエルの母、ナオミと録音した本作(Mr.フィンガーズ同名曲をサンプリング)と「Feel The Fire」はエレガントなヴォーカルとオーセンティックなトラックとの相性も抜群な名曲。(西)

## Designer Music

### Remix Vol. 1

Planet E (95) 12”

セルジオ・メンデスをネタにしたザ・グッド・メンの大ヒット「Give It Up」に触発されて制作したリミックス「Good Girl」は版元フレッシュ・フルーツからはリリースが見送られたという、強烈なバトゥカーダ・チューン。デリック・メイなどのプレイで人気を博したが、当初はプロモ扱いの希少盤だった。04年に再発。(西)

# 1987

## Phuture
### Acid Tracks
**Trax Records 12"**

ハウスがトリップ・サウンドへと大きく変化するきっかけとなった曲で、DJピエール、スパンキー、ハーブ・Jの3人が壊れたTB-303のベース・ラインをそのまま活かして仕上げたときは「In Your Mind」と題されていた。これをロン・ハーディがミュージック・ボックスでプレイしたところ、クラウドから「Acid Tracks」と呼ばれはじめ、シカゴだけではなく、88年までにはイギリスでもアシッド・ハウス・フィーヴァーを巻き起こすことになっていく（限定盤は透明のマーブル・ブルー）。冷静に考えれば、それまでとは打って変わって暗い曲調であり、価値観を逆転させたことは間違いない。「メンタル！」（当時の合言葉）。（三田格）

セカンドは1発屋では終わらないという気迫の1枚。ダレル・ルイスのヴォーカルをのせたタイトル曲も「Slam!」も前作とは打って変わってTB-303を重く沈むビートと組み合わせ、フィジカル性をかなりアップさせている。「Spank-Spank」では303も使われず、ハーブ・Jはこの後、ロイ・デイヴィス・ジュニアと交代。（三）

**Phuture**
We Are Phuture
Trax Records (88) 12"

# DJ PIERRE

## Pierre's Pfantasy Club Featuring J.R.

### Fantasy Girl

SRO (87) 12"

DJピエールがフューチャーと平行して進めていたソロ・プロジェクトで、ヴォーカルにJ・R・ジョーダンをフィーチャーした超アッパー・チューン。アシッド・ベースが縦横に乱れ飛ぶ「Acid Mix」は言わずもがな、マイク・ヒットマン・ウイルスンによる「Club Mix」でも果てしなくテンションが持続する。(三)

## D.J. Pierre

### Love Trax

Strictly Rhythm (92) 12"

シカゴからNYに移って1作目は穏やかなヴォーカル・ハウス……かと思ったものの、白眉はBサイドに納められたワイルド・ピッチ・ヴァージョン。タイム感を重視したミニマルとでもいえばいいのか、催眠的なリフの繰り返しとテンポの異なるビートが相乗効果で酩酊感を煽りまくる。13分強があっという間に過ぎ去っていく。(三)

## DJ Pierre

### DJ Pierre

Strictly Rhythm (94)

ストリクトリー・リズムでA&Rを務めながらワイルド・ピッチと呼ばれるスタイルを編み出した時期の（実質的な）シングル・コンピレイション。オーディオ・クラッシュやジョイント・ヴェンチャー名義に加えて冒頭に置かれたフォトン・インク名義「Generate Power」がでじわじわとスパイラル状に昇り詰めていく。(三)

# TRAX RECORDS

## Jungle Wonz

The Jungle

(86) 12"

ハリー・デニスとマーシャル・ジェファーソンによって創造された、都会のジャングルに深く沈みこむ、信じられないほどの最高傑作！　個人的な体験を言って恐縮だが、東京のクラブ、ザ・バンクでこの曲を初めて聴いてハウスにハマり、人生が変わったと言ってもおかしくない。永遠に愛し続ける渋い名作。（アレ）

## Jackmaster Dick's Revenge

Sensuous Woman Goes Disco

(86) 12"

DJハーヴィーのモイスト・クラシックスにも数えられ、DJラハーンなど現行シカゴDJにも愛されるファーレイ・ジャックマスター・ファンクの別名義作。一切キックが入らず淡々と刻まれるランニング・ベース、『The Sensuous Black Woman Meets The Sensuous Black Man』からの卑猥なスポークン・ワード。ファック連発。（島）

## Virgo

Virgo

(89)

このアルバムを見つけるのに、何も情報がなく、数年かかりました。エリック・ルイスとマーウィン・サンダーズによる「もうひとつのヴァーゴ」で、UK編集によるデビュー・アルバム。全曲、傑作です。初期シカゴ・ハウスのファンはマストです。NYCでライヴを見たときは感動しました。2010年にラッシュ・アワーが再発。（アレ）

# TRAX RECORDS

**Le' Noiz**

Wanna Dance ?

(85) 12"

トラックス・レコーズの記念すべき初の12インチ・シングルを手がけたのはレ・ノイズ名義でのジェシー・サンダースだった。プレ・ハウス時期のジェシーは作風に捉われず果敢な制作意欲に満ち溢れていた。本作ではいわゆるオーセンティックなシカゴ・ハウスというよりアート・オブ・ノイズのアウトテイクのようだ。(島)

**Adonis**

No Way Back

(86) 12"

ハウス・クリエイターになる以前はファンク系のベーシストだったアドニス。彼がこのデビュー作「No Way Back」で披露したシンプルで肉体的なベースラインが持つ魔力は、現在制作されているハウス〜テクノにまで受け継がれている。トラックス・レコーズを代表する不滅のシカゴ・ハウス・クラシック。(島)

**Maurice Joshua With Hot Hands Hula**

I Gotta Big Dick

(88) 12"

「This Is Acid」のヒットを持つモーリス・ジョシュア。セクシャルな言葉を落とし込んだりサンプリングするのは90年代初頭のダンス・マニアでご存じの通りだが、これはそのルーツのひとつ、「Housenation」同様サンプリングが産み出したリズムのズレが楽しめる。ロバート・アルマーニもカヴァーしている。(島)

**Sleezy D.**

I've Lost Control

(86) 12"

ドラッグによるバッド・トリップを再現したという、最悪のアンダーコントロールをレコードに閉じ込めた極左アシッド・ハウス。303のベースラインと808のハンドクラップ、ハイハット。ストロボが瞬く暗黒のフロアに反響する絶叫。共同プロデュースはマーシャル・ジェファーソン。ロン・ハーディーのミュージック・ボックス・クラシック。(猪)

# ACID HOUSE

## Various
### Acid LP
Hot Mix 5 Records (88)

80年代シカゴのシーン形成において重要な役割を担ったラジオ局WBMXの人気ラジオ・ショーを手がけていたファーレイ・ジャックマスター・ファンクなどが組織したDJグループがホット・ミックス5。彼らのレーベルからリリースされたこの1枚はラリー・ハード史上、最もドープなアシッド・ハウス「The Juice」を収録している。(島)

## Farley "Jackmaster" Funk
### No Vocals Necessary
House Records (88)

J・サンダース、V・ローレンスとの共作「Love Can't Turn Around」の大ヒットでお馴染み、WBMX FMの人気DJチーム"ホット・ミックス・5"の一員でもあったファーリー・キースの1stアルバム。テクノトロニック「Pump Up The Jam」にアイデアを流用されたアシッド・ハウス史上屈指の名曲「The Acid Life」収録。バム・バム「Where's Your Child?」に匹敵するダークネス。(西)

## Various
### Rockin' House Tracks
Rockin' House (87) 12"

21年に逝去したロドニー・ベイカーが主催したレーベルのコンピEP。何と言ってもフレッド・ブラウンの「Roman Days」。レゴウェルトが影響を受けたであろうことは明白な陰惨な音響の非TB-303系アシッド・ハウスは、ベルギーのニュー・ビート・シーンでもピッチを-8に落として頻繁にプレイされていたらしい。(西)

# *ACID HOUSE etc*

**Steve Poindexter**
Short Circuit
Housetime Records (89)
12"

音楽一家に生まれ10才でDJを始めたというある意味エリートな彼が生んだ肉厚シカゴ・アシッドの傑作「Mainiac」を見逃すなかれ。波打つ303ベースとクラップの絶妙なズレ、キックによるゆらぎの迫力。表題曲「Short Circuit」含め、ドラムマシンの魅力をこの上なく引き出している。(猪)

**Bam-Bam**
Give It To Me
Westbrook Records (88)
12"

「Acid Trax」によってダークなベースラインが流行るなか、アッパーなベース・ループを印象づけたクリス・ウエストブルックによる異色作。シェイメン「Transcendental」のリミックスも同時期で、これはプライマル・スクリーム「Loaded」に2年先駆けていた。ダブル・トラブルによるリミックス盤も楽しい。(三)

**Armando**
Land Of Confusion
Westbrook Records (87)
12"

白血病により若干26歳でこの世を去った早逝の天才アルマンド・ギャロップ。日本で言えば高校球児である17歳が、このようなフリーキーでクレイジー、突然変異的な曲を作ったことの驚き（元リトルリーグ選手）。ロン・トレントをデビューさせ、友人でもあったポール・ジョンソンを音楽の道へ導いた、偉大なるオリジネイター。(猪)

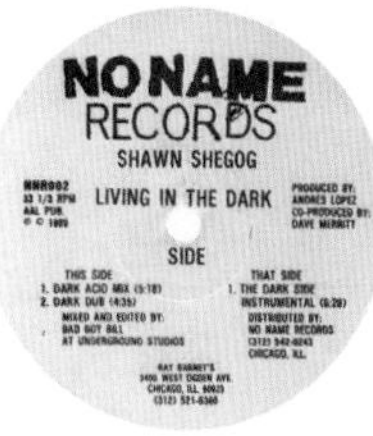


**Shawn Shegog**
Living In The Dark Side
No Name Records (89)
12"

マーク・インペリアル（ローレントX）とのノー・ネームでもリリースがあるショーン・シェーゴによる2作目で、シカゴ・アシッドのクリシェを踏襲しつつも、タイトル通り、ダーク・サイドにフォーカスし、限りなく不安感を増幅させた1曲。地の底から湧き上がるようなシンセサイザーが圧巻。(三)

# ACID HOUSE etc

ヒップ・ハウスの代表曲「Turn Up The Bass」でも知られる彼のキャリア最初期アシッド・ハウス古典。12” 収録の4ヴァージョンの内、長年愛され続けている「Piano Mix」は303のアシッド・ベースと執拗に打ち込まれるピアノ・リフが美しくMAD。ジョー・スムース、ロッキー・ジョーンズもプロデューサーで参加。（猪）

**Tyree**

Acid Over

Underground (87) 12”

ヒップ・ハウスを広めたファスト・エディーの代名詞がこの「Acid Thunder」。A1収録のジョー・スムースによる女性ヴォーカル入りヴァージョンではなく、B1の「Fast Thunder」がクラシック。303ベースによるグルーヴの組み上げ方は後のハードフロアの青写真ともいえ、テクノDJにもプレイされ続けている。（猪）

**Fast Eddie**

Acid Thunder

D.J. International Records (88) 12”

シカゴ・ハウス史の隠れたヒーロー、ジェイムズ・マーティン（90年に急逝）が88年に発表した1st EPに収録の「Only Wanted To Be」（共作者はアドニス）、それのUKでプロモ盤のみ出回ったアシッド・ヴァージョンを復刻。アルマンドやDJピエールに勝るとも劣らない、卓越したTB-303さばきが素晴らしい。（西）

**James “Jack Rabbit” Martin**

There Are Dreams And There Is Acid

Still Music (14) 12”

ディープ・ハウスという言葉のなかった時期（87）の名曲、リスクIII「Essence Of A Dream」で頭角を表したK・アレクシがトランスマットから放った一枚。エロティックな「All For Lee-Sah」、デリック・メイの十八番だったサイケデリックなミニマル・アシッド「My Medusa」。（西）

**K. Alexi Shelby**

All For Lee-Sah

Transmat (89) 12”

# TODD TERRY

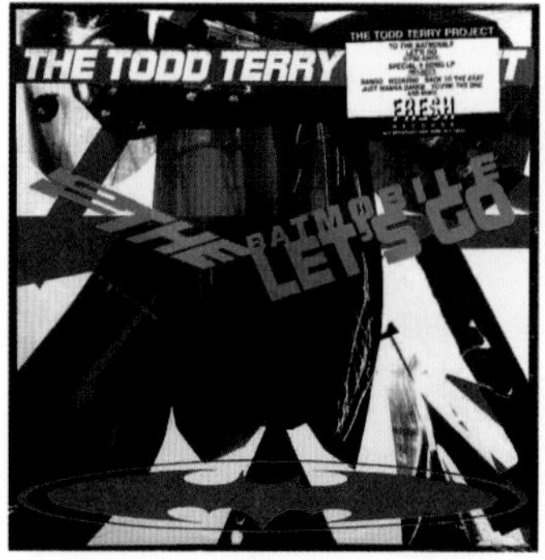


## The Todd Terry Project

To The Batmobile Let's Go

Fresh Records (88)

ブルックリンの縄張り争いに見切りをつけ音楽の道を選んだトッド・テリーの初アルバム。ヒップホップのインスト含め大ネタをサンプリングしまくっており、当時のストリートの空気感が伝わってくる。ハウス・サイドでは「Go Bang!」を再構築した「Bango」で注目を集めた。リズムマシンはSP1200を特別に愛用している。(N)

## Royal House

Can You Party

Idlers (88) 12"

サンプリング・ハウスの最高傑作。ファースト・チョイス「Let No Man Put Asunder」やシカゴ古典「Move Your Body」などを切り刻みコラージュし、ジャクソン5「Can You Feel It (Live)」をリフレイン。本作にジャングル・ブラザーズがラップを乗せ「I'll House You」(88) が誕生した。(N)

## Todd Terry Presents Martha Wash & Jocelyn Brown

Keep On Jumpin'

Logic Records (96) 12"

パトリック・アダムスが手がけるミュージークの大定番をカヴァー。94年にサンプリングしただけでは飽き足らず、(ミュージークのメンバーでもあった) ジョセリン・ブラウンとマーサ・ウォッシュを豪華にもフィーチャーして大ヒット。この強力タッグで作られた「Something Goin' On」は心を揺さぶる強力なハウス・クラシック。(N)

# TODD TERRY etc

2枚組12インチで、AB面をマスターズ・アット・ワークとトニー・ハンフリーズ、トッド・テリーが共作という豪華プロジェクト。なかでも「Spagatini Mix」は、音楽の持つポジティヴな力を歌っていることも相まって、NY系のDJがいまもプレイし続けている。またC面にはラリー・ハードのミックスを収録。(N)

**Desiya**
Comin' On Strong
Mute (91) 12"

重く跳ねるビートの上には、アンリミテッド・タッチ「I Hear Music in the Streets」(80) のサンプリング。デヴィッド・モラレスがミックスで参加している。トッド・テリー特有の絶妙な黒いグルーヴをトニー・ハンフリーズはとても気に入っていて、この曲もキッスFMやザンジバーでヘヴィー・プレイされた。(N)

**Gypsymen**
Hear The Music
E Legal (92) 12"

コンガス「Kongas Fun」(74) ネタ、MAWのミックスも収録したトライバル・ハウス。トッドがルイ・ヴェガにブルックリン仲間のケニー・ドープを紹介したというエピソードは有名。彼はケニー同様ヒップホップも作っていて、フリーズと傘下TNTから「Unreleased Project」「Sound Design」シリーズで発表。(N)

**House Of Gypsies**
Sume Sigh Say
Freeze (93) 12"

M・ジャクソン、ジャネット、ダフト・パンク、ビョーク、ジャミロクァイ、アリーヤなど、メジャーの楽曲を数多くリミックスしているトッド・テリーだが、本人が気に入っていると公言しているのがこのクラブ・ミックス。原曲がもつ喪失感や深い哀しみが、ハウス・ビートの作用でより際立ってくる。R&Bハウスのお手本。(N)

**Everything But The Girl**
Missing
Atlantic (94) 12"

# BROOKLYN UNDERGROUND

**Arnold Jarvis**

Take Some Time Out

Fourth Floor Records (87) 12"

トミー・ムストが手掛けたアーノルド・ジャーヴィスのデビュー曲。ローランド・クラークに近く、ロバート・オウエンズほど奇抜ではないが、その耳に残る声はパラダイス・ガラージの最後の夜にプレイされたことで人々の脳裏に刻まれた。代表作はサトシ・トミイエとの「And I Love You」や、「Inspiration」。(N)

**Subliminal Aurra**

A Decongestant For The Mind

Fourth Floor Records (90) 12"

オゾン・レイヤー名義ではエレクトロをやっていたヴィクター・シモネリとレニー・デーによるブルックリン・ファンク・エッセンシャルズに兄弟らしきフラン・シモネリが加わった1作目。ハウスを知った喜びというのか、プリミティヴな感覚が非常に瑞々しい。無機質な感触を強調したカップリングを冒頭に置いてXLがライセンス。(三)

**Musto & Bones**

The Future Is Ours

City Beat (90)

シングルはフロウマスターズの名義だったフランキー・ボンズとトミー・ムストによる1作目。「808ステイトに未来を感じた」という言葉通り、表面的な影響もあるけれど、揺れのないリズムは明らかにブルックリンのそれで、基本はまだマントロニクス。それにしてもここまで「フューチャー」を連呼するというのは……(三)

**Afrimerican Coalition**

No More Weeping

Big Big Trax (94) 12"

グルーヴ・コミッティーやインスタント・イクスポージャー名義でヒットを飛ばしたヴィクター・シモネリがライズ・ロボッツ・ライズのマック・クエールと組んだアフリカン・テイストあふれる1作。複数のパーカッションが縦横に交錯するのはもちろん、朗々としたチャントが『ジャングル大帝』。(三)

# Second Summer Of Love

## 1988

ハウス・ミュージックの存在を世界に知らしめたのはイギリスのレイヴ・カルチャーだった。1万人を超すパーティで、しかも、音楽は「モノマネでいい」という認識が物語るように、サッチャー・チュードレンにとって、それは音楽よりもムーヴメントだった。移民たちが敵視され、中産階級が警察沙汰に巻き込まれるという意味では、もはや暴動だった（イギリスの報道機関は70年代にスキンヘッズが起こした騒ぎを一般に報道したことはない）。そして、イタリアはこの気運を見逃さなかった。

# 1988

## A Guy Called Gerald

Voodoo Ray

**Rham! 12"**

ロンドンで最初にハウスをプレイしたDJはノエル・ワトスン（レヴェル3）だとされているけれど、その頃、イギリス北部でハウスはすでに圧倒的な広がりを見せていたとグレアム・パーク（ハシェンダ）は語っている。その通り、イギリス発のハウス・ヒットはマンチェスターから808ステイトを脱退したジェラルド・シンプスンがもたらした。「Voodoo Rage（怒り）」と名づけたかったけれど、メモリー不足で「光線」にしたことで呪術的なニュアンスに傾いたとも。87年に全英1位となったJ・M・シルク「Jack Your Body」から緊張感を取り除いたような曲調で、アメリカ産にはないアット・ホーム性は後のUKディープ・ハウスにもずっと引き継がれている。（三田格）

**A Guy Called Gerald**

Trip City

Velocity Press (21) 12"

トレヴァー・ミラーによる同名SF小説のサウンドトラックとして89年にカセットでリリースされていた音源の初のヴァイナル化復刻。カットアップ・エディット炸裂の「FX」を筆頭に「Voodoo Ray」のムードそのままにスリージーでユーフォリックなアシッド・ハウスが詰まった傑作。（西）

## T-Coy
### Cariño
Deconstruction (87) 12”

ハシエンダのDJ、マイク・ピカリングと、ポスト・パンク・バンド、ア・サーティン・レイシオのサイモン・トッピング、キーボードのリッチー・クローズからなる3人組の名作古典。ハウスにラテン風味とファンクを加えたマンチェスター・ジャズ・ダンス。明るくてやさしい多層的なリズムと優雅なリフレインが爽快感のある恍惚に連れていく。(水)

## S’Express
### Original Soundtrack
Rhythm King Records (89)

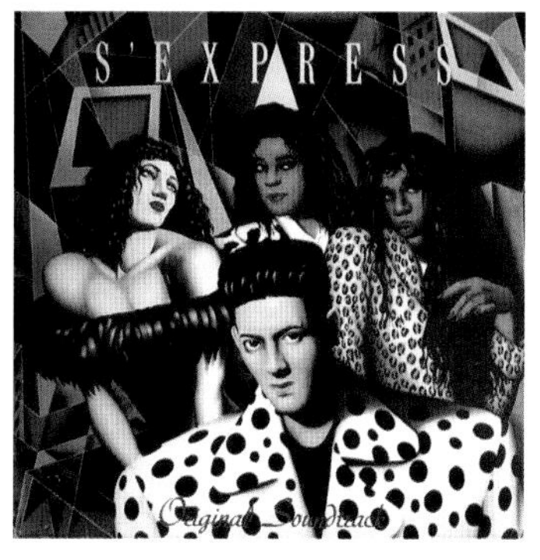


マルカム・マクラーレンのお抱えDJだったマーク・ムーアによるイタロ・ハウス・リヴァイヴァルのデビュー・アルバム。シングル・カットされた「Theme From S’Express」はチャートのトップに。デビー・ハリー、ビーチ・ボーイズなど、60年代から80年代までのナンバーを自在にサンプリング。華やかでドラマチックかつハッピー。(水)

## Jesus Loves You
### The Martyr Mantras
More Protein (90)

ボーイ・ジョージの変名プロジェクト。ハウス・ミュージックにマントラを重ねたのはスピリチュアル趣味だけでないセンスか。バラードあり、ラテン調あり、前プロジェクトで同性愛規制条例に反対する「No Clause 28」も再収録。ヴォーカルもサウンドも温かく柔らかい中にもの寂しさや気だるさが交錯。英チャートでは振るわず米国でヒット。(水)

# *BALEARIC BEATS etc*

**Humanoid**

Stakker Humanoid

Westside Records (88) 12"

ビデオ・ゲーム『Berzerk』からイヴィル・オットーのサンプル「Humanoid」を元に名付けられたロッキングなブレイクビーツUKアシッド・ハウス&レイヴ・クラシックス！　93年にリヴァイヴァル・ヒットし、フロアでダンサーたちをワイルドにさせる東京のザ・バンクでもヘヴィ・プレイ。後のフューチャー・サウンド・オブ・ロンドン。（アレ）

**D-Mob Featuring Gary Haisman**

We Call It Acieeed

FFRR (89) 12"

連呼する"アシィィィッド！"で、イギリス中にその意味を知らしめながら15以上のヴァージョンがリリースされる。カップリングは「Trance Dance」と、まさに当時のUKシーンをストレートに活写。陰りなく陽気で華やか、勢いに乗ったらあとはそのまま素直に踊る、素直にアガれ、と誘う全英3位の大ヒット・チューン。（水）

**Mandy Smith**

I Just Can't Wait 'The Cool & Breezy Jazz Version'

PWL Empire (87) 12"

お騒がせモデルがハイ・エナジーのヒットメーカー、ストック・エイトキン・ウォーターマンのプロデュースで放った1stシングル。リミックスはヴォーカルは控えめ、ブリージンなギターカッティング、ファンキーなベースラインが特徴のバレアリック・ヒット。DJハーヴィーはいまでもかけてる。（西）

**Delkom**

Futur Ultra

Delkom Club Control (90)

ウェストバムとともにベルリンでいち早くアシッド・ハウス・パーティを繰り広げたガビ・デルガド（DAF）と当時のパートナー、サバ・コモッサによるアルバム。アシッド・ハウスとニュー・ビートの影響を等しく受けたヘヴィ&ヒプノティックな仕上がり。彼らはリエゾン・ダンジュールズ「Los Ninos Del Parque」のリミックスも何度も発表。（西）

# WARRIORS DANCE / KID BATCHELOR

ソウルIIソウルとの親交も厚いラゴス出身のトニー・アディスが所有したアディス・アベバ・スタジオを拠点としたレーベルを代表するヒットで、トニーとガーナ出身フレッド・マクパブロが制作したアフロ・トライバル・ハウスの先駆的作品。一度聞いたら耳から離れなくなるチャントの中毒性よ。ミックスはバン・ザ・パーティーのキッド・バチェラー。(西)

**No Smoke**

Koro-Koro

Warriors Dance (89) 12”

キッド・バチェラー、キース・フランクリン、レスリー・ローレンスのUKブラック・トリオによる世界的ヒット。跳ねる電子アフロビートにねっとりと妖艶なヴォーカルがバッチリ映える。12年のストラット発コンピ『This Ain't Chicago』には御大トム・モウルトンによる長尺のエディットが収録された。(西)

**Bang-The Party**

Bang-Bang You're Mine (Re-mixes)

Warriors Dance (89) 12”

「Why Why Why」のバレアリック・ヒット以降、クラブ/レイヴ・シーン/DJカルチャーに傾倒したウッデントップス(ロロ・マクギンティ)とバン・ザ・パーティーのコラボ。キッド・バチェラーによるダブが最高過ぎる未来派アフロ・アシッド大傑作。必聴。(西)

**The Woodentops vs. Bang The Party**

Tainted World

Hyperactive Records (91) 12”

18年の突然のレーベル復活作。ディガーによる熱い視線を浴びるUKストリート・ソウル文脈でも人気のヴォーカル曲のB面はマックスD(ビューティフル・スイマーズ)による洗練されたエディットで収録。アディス・アベバ・スタジオのエンジニアだったイアン・トレゴニングによる新ミックスのA面は無愛想極まりない痺れるミニマル仕立て。(西)

**No Smoke / Watt Noize**

Koro-Koro / It's My Life

Warriors Dance (18) 12”

# *NEW BEAT*

**Ro Maron**
Collected
Musique Pour La Danse (15)

ザ・ザ・ラ・ブーム、エドワーズ&アルマーニ、2ボディーズ、ル・ミステリーなど数多くの名義でハイクォリティなニュー・ビート、ハード・ビート作品を量産したロー・マロン（17年に逝去）の傑作を網羅したコンピレーション。粗製濫造さが魅力でもあるニュー・ビートにおいて稀有な作家性が伺える。（西）

**Danton's Voice**
Kick Your...
Zazaboem (89) 12"

ア・サンダー・オーケストラ、ホワイト・ハウス・ホワイト名義のリリースも評価の高いダーク・ド・セーヴァーによる、KKレコーズ傘下からの三枚目。『エクソシスト』からダーティーなセリフをサンプリング、ヘヴィに揺れるベースラインがファンキーで良い。（西）

**Ei Mori**
Vetettem Violat
World Today (88) 12"

ニュー・ビートの撹乱的匿名性を象徴したプロダクション・チーム、モートン・シャーマン・ベルッチによる使い捨て名義のうちのひとつ。当時のワールド・ミュージック・ブームに便乗、ブルガリアン・ヴォイスを早回しでサンプリング（33RPMだと正常ピッチになる）。身も蓋もなくインスタントな作品だが、なぜか気品が感じられる。（西）

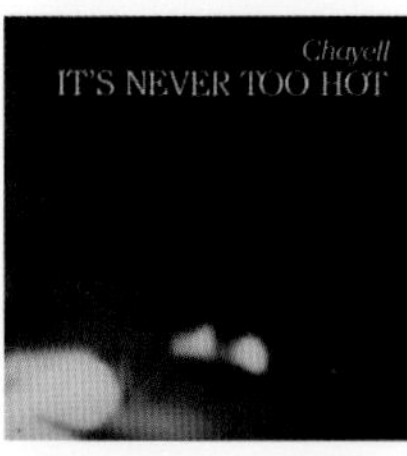


**Chayell**
It's Never Too Hot
Antler Records (87) 12"

33RPMの＋8プレイがニュー・ビート誕生の瞬間と言われる古典「Flesh」を産んだア・スプリット・セカンドの首魁ピーター・ボンが意識的にニュー・ビートに取り組んだ作品だが、じつはASSの「Drinking Sand」の別ミックス。イビザのカフェ・デル・マーでのクラシックというのも納得の黄昏の潮騒ムード。DJハーヴィーもプレイ。（西）

# BOY'S OWN RECORDINGS

ヘラー＆ファーリー、アンディ・ウェザオール、ヒューゴ・ニコルソンによるデビュー・シングル。ファンジンからスタートして、ついには自分たちでレコードもつくりはじめる。高飛車なピアノのリフで高揚感を煽り、アナ・ヘイのレイジーなヴォーカルがロンドン流の宣言となる。タックヘッドによるリミックス盤も。(三)

**Bocca Juniors**

Raise

Boy's Own Recordings
(90) 12"

ダレン・ハウス＋ダレン・ロックと組んだ1作目で、ディスコ・テイストをハウスに盛り込んだ最初のビッグ・ヒットとなった。後拍でドスンと落とすリズムは珍しかったせいか、ある時期、完全にひとり勝ちでした。催眠的なループがワイルド・ピッチに通じたのか、ジャス・トラックスからDJピエールによるリミックス盤も。(三)

**X-Press 2**

Muzik Xpress

Junior Boy's Own (92) 12"

ヘラー＆ファーリーの3作目。シャッフルの効いたパーカッションに「ビ、ビ、ビート・イン・ユア、ボン、ボン、ボン」、という調子のいいスキャットが映えるラテン調のタイトル曲が素晴らしい。2小節に1回しか鳴らないベースも効果的。後にはロレッタ・ハロウェイを迎えてスタイル・カウンシル「Shout to the Top!」をカヴァー。(三)

**Fire Island**

In Your Bones

Boy's Own Recordings
(92) 12"

アシュリー・ビードルの名はこの名義での「Where Were You?」で広まり、2年後に本EPに収録「New Jersey Deep」で定着。元ネタはウッド・ブラス＆スティール「Funkanova」。サンプリングをベースに作り、最終的にはサンプリングを捨てて生のミュージシャンに弾いてもらって作っている、と本人談。(N)

**The Black Science Orchestra**

The Altered States E.P

Junior Boy's Own (94) 12"

# ACID HOUSE REVIVAL / PROGRESSIVE HOUSE / TRANCE

## Leftfield

### Not Forgotten

Outer Rhythm (90) 12"

夜明け前の静かなほの灯りを感じさせるイントロで始まる本作はザ・ワグ・クラブのDJ、ニール・バーンズとポール・デイリーのデビュー・シングルで、アメリカとは違った感性を表現したUK産プログレッシヴ・ハウスの筆頭に上げられる。繊細で確信的なビートに絡み合う印象的なメロディが表情豊かな起伏となって何度でも打ち寄せる。(水)

## Underworld

### Rez

Junior Boy's Own (93) 12"

言わずと知れた特大ヒット。トランス・マナーなディジェリドゥ調の倍音フレーズとトライバル・ドラムにはいつだって興奮してしまう。アルバムには未収録で初回盤はピンク・ヴァイナルの限定プロモ、カップリングは「Cowgirl」ではなくウッデントップスへのオマージュ「Why Why Why」だった。(西)

## Spooky

### Gargantuan

Guerilla (93)

ウィリアム・オービット主宰、初期プログレッシヴ・ハウスを代表するゲリラの看板による1stアルバム。ピクシーズをサンプリングした1stシングル「Don't Panic」はあまりいただけないが、他に優れたトラックを収録。ノンビートの「Orange Coloured Liquid」は昨今のトランス(のサブフロア的音楽性)再評価に乗って人気上昇中のアンビエント佳作。(西)

# ACID HOUSE REVIVAL / PROGRESSIVE HOUSE / TRANCE etc

70年代からオランダでいちばん人気のミックスDJで、自らクラブも経営するロビン・アルバースことジェイディーのこのシングルは欧州からUSまであまねくヒット、コンピを含め100以上の盤に収録される大定番となった。ざらざらした手触りを感じさせるようなオルガンの刺激が心地よいミニマル・ハウス。(水)

**Jaydee**
Plastic Dreams
R & S Records (92) 12”

グラスゴー拠点の初期プログレッシヴ・ハウス代表的レーベルの大ヒット。妖艶なヴォーカル・コラージュ、生音パーカッション、陶酔的なリフ、硬いキック、トランスを形成する特徴は出揃っており、そこに登場するバレアリック感溢れるピアノでフロアは昇天必至。(西)

**Gipsy**
I Trance You
Limbo Records (92) 12”

ジャーマン・トランス代表的レーベルからの特大ヒット。ポール・ヴァン・ダイクによる美麗なピアノさざめく「Lovemix」は22年にヤング・マルコによるトランス再評価コンピ『Planet Love: Early Transmissions 1990-95』に採録。初期メンバー、オリヴァー・ヒュンテマンも脱退後にセルフ・カヴァーを発表、こちらの人気も根強い。(西)

**Humate**
Love Stimulation
MFS (93) 12”

ジョン・ディグウィードとともにプログレッシヴ・ハウス/トランス系の頂点を極めた人気DJによる記念碑的作品。元スプーキーのチャーリー・メイ、ダンカン・フォーブスが脇を固めた解像度高い音響のユーロ・テック・トランス名曲。(西)

**Sasha**
Xpander EP
Deconstruction (99) 12”

## Sueño Latino

### Sueño Latino

DFC (89) 12”

イタリアのハウス・シーンの立役者的DJ &プロデューサーのアンドレア・ジモロットが『E2-E4』をサンプリングしたところ、本人が新たにギターを弾き直したバレアリック・アンセム！　カロリーナ・ダーマスのセクシーなスペイン語をのせた10分にも及ぶ最高のイタロ・ハウス・サウンドで、確実にパラダイスに連れてってくれる。（アレ）

## Don Carlos

### Alone

Calypso Records (91) 12”

USハウスとアフロ・アメリカンのジャズに影響されてイルマのサブ・レーベルからデビューした北イタリアのヴェテランDJ &プロデューサーによるファースト・アルバム『Mediterraneo（地中海）』からのシングル・カット。タイトル・トラックは地中海を想像できる、暖かくて気持ちのいいディープ・ハウス名作。じつに素敵な色です。（アレ）

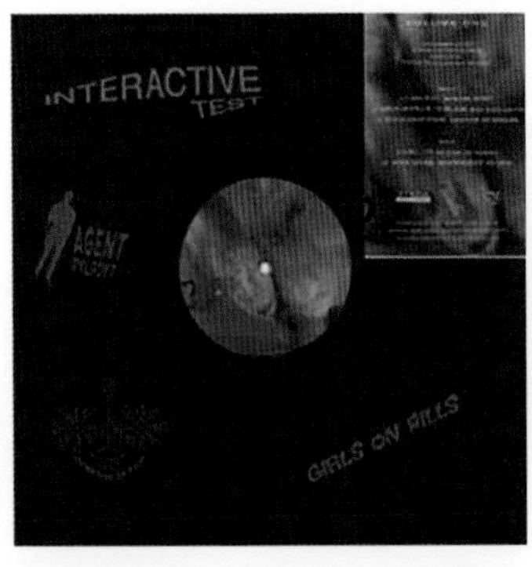


## Various

### Interactive Test - Volume One

Utopia Originals (23) 12”

元センセーションズ・フィックスのフランコとリカルドのファルシーニ兄弟によって運営されたレーベル、インタラクティヴ・テストのコンピEP。昨今は“ドリーム・ハウス”と称される90年代イタリア特有のバレアリックな楽園志向ムードに留まらず、バッドトリップの側面も果敢に追求、その多様性に富んだリリース群が20年代の再評価の対象に。（西）

# *ITALIAN HEAT etc*

**Soft House Company**

What You Need...

Irma (90) 12”

80’sアフロ／コズミック界の大人気DJ、クラウディオ“モーツァルト”リスポリがキー・トロニクス・アンサンブルのフランチェスコ・モンテフィオーリと組んで放った特大ヒット。90年代のハウスDJでスピンしなかった人はいないだろう。これからも永遠に通用する快楽のサウンドトラック。(西)

**Onirico**

Stolen Moments

UMM (91) 12”

寡作にして外れなしのエマニュエル・ルッツィの傑作。リラックスしたピアノのコード進行の115BPM「Stolen Moments」を筆頭に全編に渡りTB-303を多用、デトロイト・テクノとの親和性も感じさせる内容。実際もう一枚の傑作「A Tone Colour Of Onirico」はデリック・メイもよくスピンしていた。(西)

**Morenas**

Cuando Brilla La Luna

DFC (92) 12”

「Sueno Latino」のDFCチームからひとりだけ入れ替えた同じ5人編成の2作目で、例によって涼しげな音とセクシーなあえぎ声が混在する俗流の桃源郷をデリヴァリー。水の中に溶けてしまったようなイントロダクションが印象深いミスター・マーヴィンによるリミックスは最後まで圧巻の展開が続く。(三)

**Pacha**

One Kiss (Remix)

Flying International (93) 12”

デイヴ・リーとブレイズによるワンタイム・プロジェクトのシングルをイタリアのファーザーズ・オブ・サウンドがリミックス。トランス寸前のエレクトロニックなトラックとねじくれたシンセ・ソロで延々引っ張るダークな前半とヘヴンリーなヴォーカルが染み渡る爽やかな後半との対比が見事。ロフト・クラシック。(西)

# MADONNA

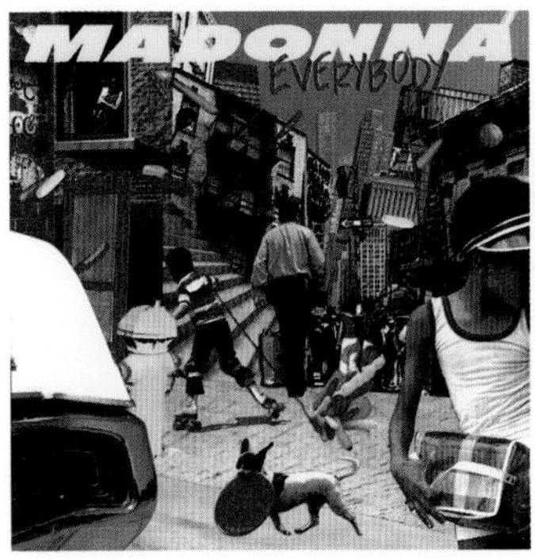


**Madonna**
Everybody
Sire (82) 12"

プンワカ、プンワカ……いまから思うとアレキサンダー・ロボトニック「Problèmes d'Amour」に1年先駆けていたメジャー・デビュー・シングル。「Like a Virgin」と違ってマドンナの自作で、ダブ・ヴァージョンはちょっと間が抜けているけれど、狙いは同じだったと思えるほど。パラダイス・ガラージでは金曜夜の定番に。（三）

**Madonna**
Vogue
Sire (90) 12"

パラダイス・ガラージやサウンド・ファクトリーに足を運んでいた彼女は、ヴォーギングと出会う。ゲイ・コミュニティから生まれたこのダンスは、マイノリティに伴う劣等感を踏み台に進化し確立された全く新しい表現で、この曲に使われたことで世界的に認知された。が、それゆえに大衆に消費され、衰退を加速させた、という意見も。（N）

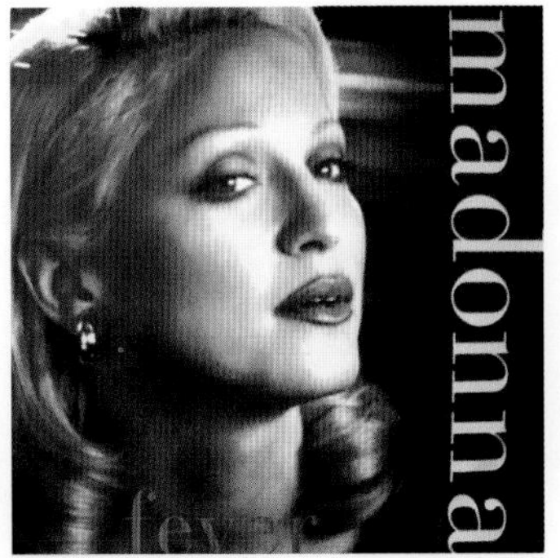


**Madonna**
Fever
Maverick (93) 12"

ペギー・リー姉さんのカヴァー（58）が忘れられなかったマドンナはジャズ・スタンダードを見事にハウスで蘇らせる。リミックスはマーク・ボーイズ。その後、ヒップホップとはいまひとつ相性が合わなかったマドンナはアバからサンプリングの世界初公認を受けたミュンヘン・サウンド＝「Hung Up」で06年に大復活。（三）

# PET SHOP BOYS

## Pet Shop Boys
### West End Girls (Dance Mix)
EMI (85) 12"

ロンドンの機材屋で同じキーボードを手に取ろうとしたふたりが意気投合しユニットを結成しデビューしたが、打ち込みへの愛情が溢れすぎてあか抜けない最初のヴァージョンは残念にも売れなかった。しかし移籍後ポップスとしても通用するメロディアスな楽曲に再構築して大成功。ダンス・ミックスはラリー・レヴァンもプレイしていた。(N)

## Pet Shop Boys
### Left To My Own Devices (The Disco Mix)
Parlophone (88) 12"

『Introspective』(88) から3枚目のシングルで、初めてオーケストラと共演。印象的なサビ以外のヴォーカルはラップ調で、トレヴァー・ホーンらによる「The Disco Mix」は早くもアシッド・ハウスを意識していた。カップリングもモロにシカゴ・アシッドで、薄っぺらい12インチに分厚いカヴァーが付けられていた。(三)

## Electronic
### Getting Away With It... Electromix
Factory (89) 12"

バーナード・サムナー (ニュー・オーダー) とジョニー・マー (ザ・スミス) にプロデュースとヴォーカルでPSBからニール・テナントが参加した甘ったるいポップ・ハウスをハシエンダのレジデントDJだったグレアム・パークとマイク・ピカリングがハウスのクリシェをテンコ盛りにしてリミックス。80'sブリティッシュの総仕上げとも。(三)

# POP HOUSE

**C + C Music Factory**

Gonna Make You Sweat

CBS (90)

表題作冒頭の「エヴィリバディ・ダンス・ナウ！」のシャウトでお馴染みだが、メンバーのデイヴィッド・コールはマーシャル・ジェファーソン「Move Your Body」のオルガン・ヴァージョンを手がけるなど、アンダーグラウンドにも貢献した。またソウル・システム名義の「It's Gonna Be a Lovely Day」もアンセム。(N)

**Deee-Lite**

World Clique

Elektra (90)

Pファンクを意識しながらサンプリングでハウスを作ったら、抜群にポップでキャッチーなサウンドに。「Good Beat」「Power Of Love」「Groove Is In The Heart」「What Is Love?」と、地元NYだけでなくヨーロッパでも評価が高く、この1枚で一世を風靡した。日本でお馴染みのテイ・トウワが中心人物。(N)

**Ce Ce Peniston**

Finally

A&M (91)

エレピで和音をいくつか弾いて作ったフレーズを繰り返し、それを曲の要所に配置するハウス独特のスタイルは、このあたりで一般的に浸透した。シカゴ・ハウスの立役者スティーヴ“シルク”ハーレイ、デフ・ミックスのデイヴィッド・モラレスが参加。「12" Choice Mix」はNY系のDJがいまも朝方にプレイする大定番。(N)

**Robin S**

Show Me Love (Stonebridge Club Mix)

Big Beat (93) 12"

ヨーロッパでここ数年続く90年代ハウス再評価のなかで特に印象的なオルガン・シンセをベースに使う手法については、ストーンブリッジのこのリミックスが大ヒットして広まった。斬新で独創的な発想はピート・ヘラーの「Ultra Flava」だけでなく多くのクリエイターが取り入れ、ハウスのひとつの表現様式として定着。(N)

# Deep House

## 1989–1995

イギリスやヨーロッパのレイヴ・カルチャーはあまりにもトリップ・ミュージックの側面を拡大しすぎた。アシッド・ハウスから遠ざかろうとした波がシカゴ第2世代の台頭を促す。アシッド＝メンタルに対して、ディープ＝スピリチュアルが標語になる。フィジカルの総本山たるNYはすべてを呑み込み、やがて黄金の「1992年」を迎える。マスターズ・アット・ワークがその集大成といえるだろう。シカゴ第2世代はさらにディスコ・リコンストラクトを普及させ、その余波はフランスで拡大していく。

# 1989

## Lil Louis
French Kiss
**Diamond Records 12”**

ロウティーンの頃からキャリアを重ね、80年代中期にはフランキー・ナックルズ、ロン・ハーディと並び、数千人規模の集客を達成していた人気DJが、マーシャル・ジェファーソンとの共作（ハーキュリーズ「7 Ways」）を経て、ウェアハウス・レコーズ傘下の自主レーベルから発表した本作セカンド・シングルはUS／UKのメジャー契約を獲得、結果的に600万枚に及ぶセールスを記録することとなった。喘ぎ声とともにスローダウンするブレイクの奇特な展開もセールスの大きな勝因だが、シンプルなミニマル・リフのツボを心得た展開の普遍性が肝でしょう。イケイケなデリック・メイによるプレイは言うに及ばず、DJが誰であろうがフロアに投下されたらいまでも否応なくアガる一発。（西村公輝）

**Lil' Louis**
Frequency
Dance Mania (87) 12”

メランコリックな湾曲シンセとヴォイス・ループが押し寄せる「Frequency」、イタロ・ディスコ・ヒットのヴァレリー・アリントン「Stop」をサンプリングしたディープなミニマル・チューン「How I Feel」、どちらも危ういサイケデリック感覚が巧みに制御された、どこか気品の感じられる（？）アシッド・ハウス。最高です。（西）

# LIL LOUIS

## Lil' Louis

Original Video Clash

Dance Mania (88) 12"

同年のタイリー「Video Crash」とアイディアとしてはどちらが先なのか？　じつはマーシャル・ジェファーソンがキム・マゼルをヴォーカルに据えて制作した曲のテープがリル・ルイスに渡り、それが……と成立過程の謎が取り沙汰される怪作。ブリーピーなゲーム音楽ネタのリフと雷鳴を模した破壊的なシンセが暴力的に戯れる。（西）

## Lil' Louis & The World

I Called U

Epic (90) 12"

US盤にのみ収録されている「The Story Continues」が最強。ガヤ・サンプルを突き破って現れるぶっとい振動ベースに臭くならないサックスの煽り、いまだに多くのDJがプレイし続け、ブート／リエディットもいくつか出されている。「Why'd U Fall」におけるヴォイス・ループのアシッドな変形効果も凄い。（西）

## Lil' Louis & The World

Nyce & Slo

Epic (90) 12"

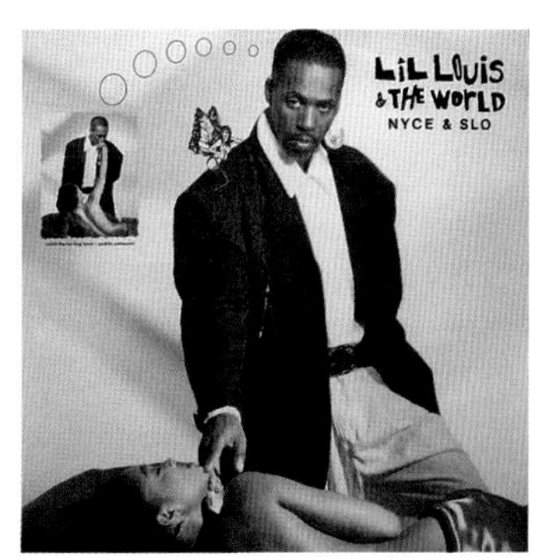


R&B指向のメロウ・サイドを代表する傑作。トニー・ハンフリーズによる歌心を重視したミックスも流石だけど、UK盤に収録のインスト「The Heavenly Mix」のあからさまな変態性が強烈。さらにアシッド増し増しの「The Luv Bug」は、後のゲットー・マナー・トラックスにおける定番ネタと化した。（西）

# LIL LOUIS

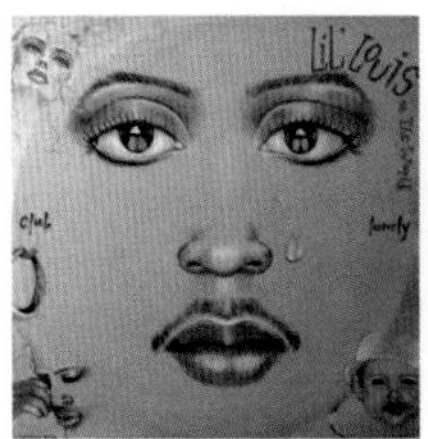

**Lil' Louis & The World**
Club Lonely
Epic (92) 12"

“あんたの名前はゲスト・リストには載ってないね”と突き放される冒頭の寸劇は何度聴いても苦笑させられるが、跳ねたビート、ミニマルなエレピとサックスのループ、アクの抜けたヴォーカル、諸々が洗練されたスウィング感を見事に演出。コミック・ソングかと思わせつつ、それ以上にクラブ・トラックとしての完成度の高さが打ち出されている。(西)

**Lil' Louis**
Do U Luv Me
Epic Bootleg (05) 12"

『Journey With The Lonely』収録で、圧倒的な支持を集めた名曲。ジョイ・カードウェルの透き通ったヴォーカル、エレガントな高揚感に満ちたストリングスが最高。アルバム・ヴァージョンを絶妙に延長したダニー・クリヴィットによるエディットは、ブートレッグながら後の11年にもリマスタリング再発売された決定版。(西)

**Lil Louis**
Fable
Diamond Records (12) 12"

09年に発表されたCDアルバム『Two Sides To Every Story』に収録、フランキー・ナックルズ、グレン・アンダーグラウンド、アンソニー・ニコルソンという御当地人脈をフル活用したリミキサー人選でカットされた、現時点での最新シングル。全盛期と遜色なく艶やかなモダン・シカゴ・ソウルのハウス・ヴァージョン。(西)

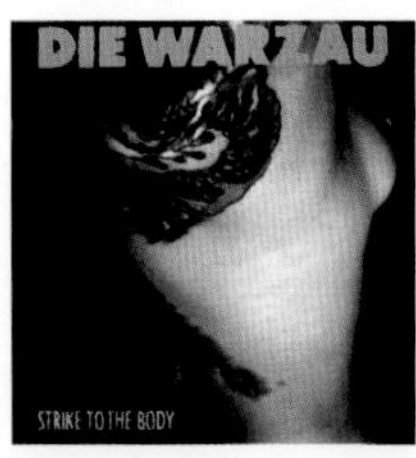


**Die Warzau**
Strike To The Body
Fiction Records (90) 12"

ジャマル・モスも通い詰めたクラブ〈メデューサズ〉、レーベル〈ワックス・トラックス〉に象徴される、シカゴにおけるインダストリアル／EBM水脈から現れたバンドをリル・ルイスがリミックス。いかにもなシャウトはご愛嬌だが、催眠的なベースラインの強調には否応なくハウスらしさを感じる。(西)

# 1990

## Bobby Konders

### House Rhythms

**Nu Groove Records 12"**

ハウス／ヒップホップ／レゲエのミクスチャーに執心しつつ、あれよあれよという間にNYダンスホールの重鎮と化したボビー・コンダースだが、ハウス制作期における彼の最高傑作がこちら。レゲエ由来のヘヴィ・ベースのアシッド／ディープ・ハウスへの応用の先駆的表現。ジャマイカン・ダブ・ポエットのムタバルーカを起用し、名手ピーター・ダオウによる幻想的なキーボードにヤラれる「The Poem」、NY産ながら本場シカゴ産も含めてのアシッド・ハウス歴史的傑作と名高い「Nervous Acid」、DJヘルが『X-Mix-5』で使っていたジャッキン・トラック「Let There Be House」など名作揃い。（西村公輝）

「House Rhythms」と同年に発表。A面ではティミー・レジスフォードとともにヴィジュアル、サーキットなどでNYプレ・ハウス期に重要な作品をリリースしていたボイド・ジャーヴィス（18年没）が参加。獰猛な圧迫感に満ちたベースの壁に張り付くボイド・ジャーヴィスによるジャジーでエレガントなキーボード、このセンスには脱帽するしかない。（西）

**Rydims**

Rydim #1

Nu Groove Records (90)
12"

# BOBBY KONDERS

## Dub Poets

Black & White

Massive B (92) 12"

ダブ・ポエッツの故マイケル・スミスのヴォーカル・サンプリングから始まる「Black & White」は、同趣向の「The Poem」とともにハウス・ファンに人気の高いウルトラ・ディープなトラック。ボビー・コンダースのハウス作品としては末期の部類に入り、これ以降マッシヴ・Bはダンスホール路線へと邁進してゆく。(西)

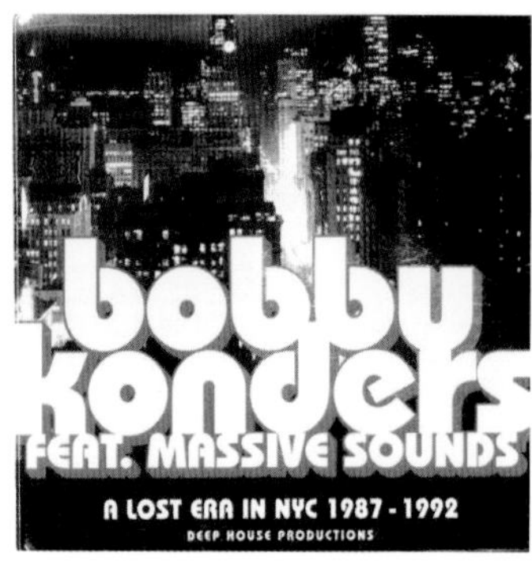


## Bobby Konders

A Lost Era In NYC 1987-1992

International Deejay Gigolo (02)

ボビー・コンダース(およびニュー・グルーヴ・レーベル)が大好きなDJヘルのコンパイルによるハウス期ベスト集。XLレコーディングズからの名作フリーダム・オーソリティ「Expressions」他、前掲「The Poem」「Nervous Acid」などの名作をほぼ網羅。メリハリの効いた迫力あるマスタリングもナイスなボビコン入門編決定版。(西)

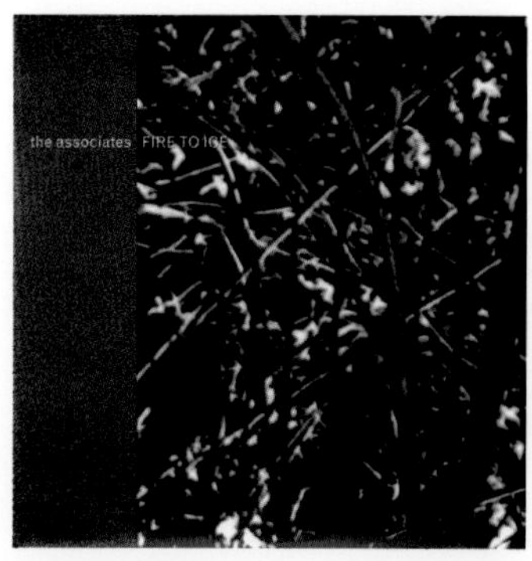


## The Associates

Fire To Ice

Charisma (90) 12"

88年に「Heart Of Glass」のリミックスをフランソワ・Kに依頼するなど早くからハウスに敏感だったビリー・マッケンジーだが、ここにはボビー・コンダースのリミックスがじつに7ヴァージョンもある。劇的で、官能的で、現世を呪うようにロマンティックな彼の声は、初期ハウスのアナーキーな快楽主義とよく似合っている。(野)

# NU GROOVE

## Bäs Noir

My Love Is Magic

(88) 12”

レーベル1枚目は88年、レジ・バレルの別名義テック・トラックス・インクの「Feel The Luv」だが、このときのエンジニア、トミー・ムストがミキサーとして参加した本作がビッグ・ヒットとなり、レーベルの名が一躍広まることとなる。ちなみにこれがレーベル3枚目。トミーは80-90年代に活躍したハウスDJ／クリエイター。(N)

## Groove Committee

I Want You To Know

(91) 12”

ソフト・ハウス・カンパニー「What You Need...」を使った表題作は、ヴィクター・シモネリの代表作。彼は絶妙にポップで温かいアレンジが持ち味で、優しくて紳士な人柄が作品によく表れている。シカゴ・テイストや実験的なトラックのみならず、このような歌もリリースしている点から、レーベルの自由な精神が伺える。(N)

## The Burrell Brothers

The Nu Groove Years 1988-1992

Rush Hour (12)

レジとロナルドのバレル・ブラザーズは、EMIから『Burrell』でデビューしたが失敗。彼らが作りためた楽曲を発表する場として、またシカゴのレーベル、トラックスへの強い憧れを信念に、ニュー・グルーヴを創設。「Song Of The Siren」他、本CDはすべてバレル兄弟作。Aptシリーズは、収録外の3Aもぜひチェックして。(N)

# NU GROOVE etc

**The Prince Of Dance Music, L.B. Bad presents**

The True Story Of House Music

(89) 12”

セイバーズ・オブ・パラダイス「Smokebelch II」のフレーズの元ネタがこれのB面。パラダイス・ガラージを起点としたハウス史観を繰り出すA面のシカゴ・ハウスとも違うエレクトロな質感が強烈。ハウスのオーパーツと呼ぶにふさわしい真の地下名盤。ラモント・ブッカーはベルリン移住後も精力的に活動したが、21年に急逝。(西)

**Foremost Poets**

Reasons To Be Dismal?

(90) 12”

ツイステッドからリリースされた「Dear Father In Heaven」など90年代から活動するNYアンダーグラウンドの人、ジョニー・デンジャラスの作品。90'sハウス・リヴァイヴァルの流れから、ドイツの最重要レーベル、インナーヴィジョンズ創始者ディクソンもリメイクし、13年ポーカー・フラットからリリースされた。(N)

**33 1/3 Queen**

Volume One

(90) 12“

荒々しく箱映えするシンセ・ベースが特長の「Searchin'」、ポール・モーリア「恋はみずいろ」ネタの「Steal Blue」、そして「Disco 4」など使える曲満載のこの1枚だが、じつはベースメント・ボーイズがプロディース。このレーベルが当時のアンダーグラウンド・ハウスの実験場として機能していたことを裏付けている。(N)

**Basil Hardhouse**

City Streets

(91) 12”

ラリー・レヴァンがパラダイス・ガラージのクローズ後にプレイしていたチョイスで人気だったDJベイジルの作品。表題作はボビー・コンダース「The Poem」から始まったポエトリー・ハウスの流れを引き継いでおり、当時のNYストリートのシリアスな現状をリーディング。98年にケリ・チャンドラーがリミックスしている。(N)

# STRICTLY RHYTHM

## The Underground Solution

Luv Dancin'

(90) 12"

現在も活躍するロジャー・サンチェスの初期代表作。ダニー・テナグリア同様、以後ハード系に作風を変えていったが、ここで重要なのはこのレーベルが多くの優秀なクリエイターの成長を支え、機能していたということ。NYの地下では収まらないハウスの急成長を象徴する存在だった。声ネタはMFSB「Love Is the Message」。(N)

## Code 718

Equinox

(92) 12"

ハード・ハウス創成時の中心人物ダニー・テナグリアの初期作品。当時多かった「E2-E4」ネタだが、緻密な構成と聴く者に寄り添うピアノ・ソロで極上のインストゥルメンタルに仕上がっており、彼の多彩な表現力を裏付けている。08年にヘンリク・シュワルツがリミックスしたものも素晴らしく、エッジが効いた、いまの箱に映える音。(N)

## Barbara Tucker

Beautiful People

(94) 12"

当時のNYを代表するパーティ〈アンダーグラウンド・ネットワーク〉主宰のバーバラ・タッカーは、ディーヴァで、スター的存在だった。この曲含め主要作品はストリクトリーから発表されたMAWのプロダクションだが、彼女がレジデントDJにルイ・ヴェガを起用したことが、じつはMAW初期の躍進に大きく貢献していた。(N)

# STRICTLY RHYTHM

**E-Culture**
Tribal Confusion
(90) 12"

ジョッシュ・ウインクとキング・ブリットによる唯一のE・カルチャー名義。ティアーズ・フォー・フィアーズ「Mad World」をループさせ、アフロ・チャントをサンプリング、さらにレヴェル42「Starchild」のメロディ・ラインを引き直して極厚ビートのパーカッション・ビートにクリス・Dのラップ調ポエトリーが絡む。（アレ）

**House 2 House**
Hypnotize Me
(91) 12"

ルディ・ストレイカー、ヘンリー・マルドナドー、そして、デヴィッド・カーターによる3人組で、A1の「Trance Mix」は跳ねたSP-1200のビートにトッド・テリー「Bango」やファースト・チョイス「Love And Happiness」をサンプリング。催眠的ジャズ風エレピがメインに渋い雰囲気のアンダグランド・クラブ・ヒット！（アレ）

**Aly-Us**
Follow Me
(92) 12"

これぞジャンルを超えるNYCダンス・ミュージック・アンセム！　エディ・ルイス、カイル・スミス、ウイリアム・ジェニングスの3人組によるデビュー・シングルで、平和を呼びかける自由なメッセージと耳に残るピアノのフレーズと、ジャズ・ベースのシンプルなコンビネーションが活けてるピュアで初心な名作。いつ聴いても痺れます！（アレ）

**Ultra Nate**
Free
(97) 12"

彼女はアンニュイで繊細かつ前衛的、その個性はハウスのある側面とも重なる。「自由に、思うままに生きなさい」。この歌詞と、胸を刺すようなギターリフで、多くの人に特別に愛された。ゲイのDJアンドレ・コリンズが病気を抱え来日し、新宿2丁目でプレイしたときの光景を想像してほしい。ムード・スウィング後期の傑作。（N）

# 1991

## Crystal Waters

### Gypsy Woman (La Da Dee)

**AM:PM 12”**

ディスコが黒人や同性愛者のための音楽だと忌み嫌う白人たちが、シカゴの球場でディスコのアナログを爆破させたのが79年。圧倒的な差別を突きつけられ、それでも踊り続けたシカゴの黒人が作り上げたのが、ハウスだ。そして90年代、79年に傷つけられた音楽は、姿を変えてもう一度メインストリームに返り咲く。この曲もその当時のポップ・ハウスだが、ホームレスの歌手を題材にし、「神様どうして？」と訴えた歌詞が、生きる厳しさをダンスフロアで打ち消している地下の人々の心を掴んだ。ベースメント・ボーイズのプロデュースで、同時期に出た「Makin' Happy」も人気。また「100% Pure Love」は、ゲイ・シーンで特に支持された。(Nagi)

**Basement Boys Productions**

Anthology

Basement Boys (06) CD

ベースメント・ボーイズは、テディ・ダグラス、トーマス・デイヴィス、そして当時はDJスペンやカリズマも在籍。ボルチモアのクラブ、パラドックスを拠点に、ソウル、ゴスペルを基調とした作風で多くのフロア・ヒットを生んだ。その多くはこの2枚組に集まっており、特に2-1は古典。現在も各メンバーが新曲を精力的にリリースし活躍中。(N)

# TONY HUMPHRIES

## Ceybil

### Love So Special

Atlantic (90) 12"

トニー・ハンフリーズがKiss FMを始めたのが81年。ザンジバーのレジデントDJは82-90年で、伝説的クラブとなりニュージャージーに大きく貢献した。制作は82年頃からでエムトゥーメ「Juicy Fruit」やヴィジュアル「The Music Got Me」他多数。この盤のリミックスは、現在も本人が好んで掛けている。(N)

## The Sugarcubes

### Leash Called Love

Elektra (92) 12"

ビョーク在籍バンドの、この「Leash Called Love」をクラブ・ヒットさせた彼は、93年からロンドンのミニストリー・オブ・サウンドのDJに就任。パラダイス・ガラージの再現を目指すこの箱で、UK産ハウスも積極的に紹介し賛否両論だったが、彼こそがUKソウルフル・ハウスの礎を築いた。当時の音は『Moments in House』で聴ける。(N)

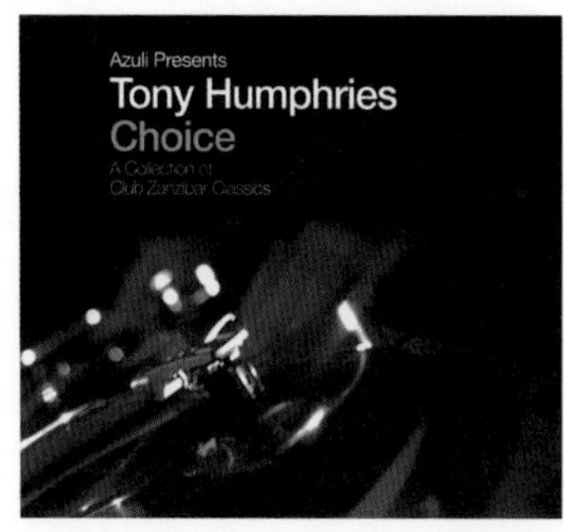


## Tony Humphries

### Choice - A Collection Of Club Zanzibar Classics

Azuli (03)

ザンジバー・クラシックスと言われる楽曲の多くはこのコンピに収録、他には自身も参加したカルチュラル・ヴァイブ「Ma Foom Bey」など。彼はその後FM Hot97でもプレイしたが、大量のプロモ盤をチェックし毎週のプレイに臨む当時の姿勢は現在も同じで、選曲のセンスも独特。現在はトニー・レコーズを主宰し積極的に活動中。(N)

# DEF MIX PRODUCTIONS

## Various

Defected Presents Def Mix Classics

Defected (07)

デフ・ミックスは、フランキー・ナックルズ、デヴィッド・モラレス、サトシ・トミイエを中心とするプロデューサー集団で、エリック・カッパーなども在籍。箱鳴り重視のハウスとは一線を画す音楽的完成度の高い作風で、幅広いリスナーの支持を得た。押さえておきたい代表作の数々は、ほぼこの3枚組に入っていますのでぜひ。(N)

## Jamiroquai

Space Cowboy (Classic Club Remix)

Work (94) 12"

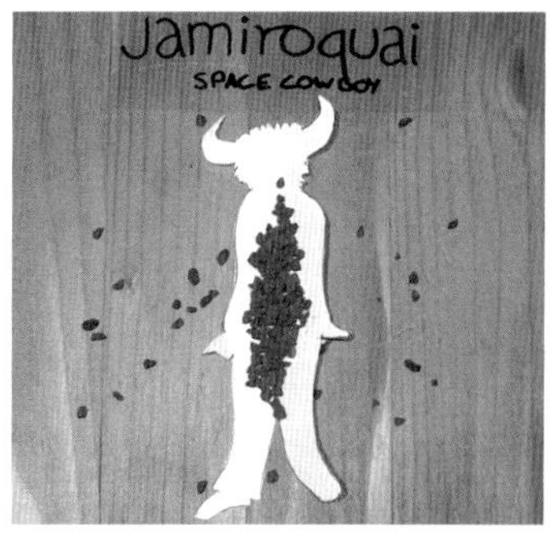


上の盤にも収録されているモラレスのリミックス。ティミー・レジスフォード、ダニー・クリヴィットなど現在も多くのUS系DJにプレイされ続ける大定番で、ハウスのパーティに通ったかたなら朝方に一度は聴いたことがあるはず。イントロから皆を高揚させ、解放感と一体感が同時に生まれる、特別なパーティー・チューン。(N)

## Alexander O'Neal

What Is This Thing Called Love?
(Dee Classic 12" Mix)

Tabu Records (91) 12"

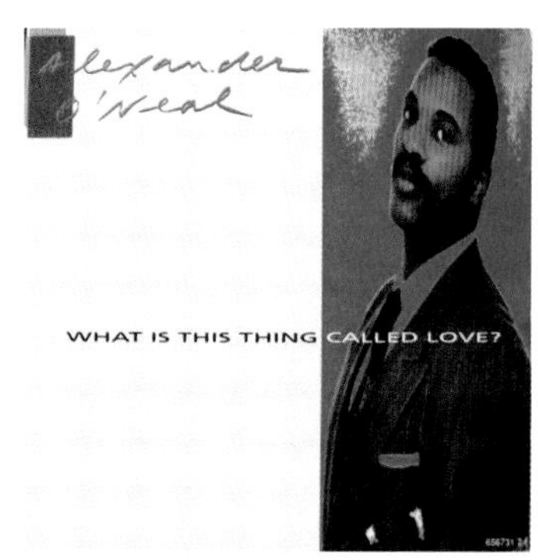


デフ・ミックス初期は、優しめのダンクラからスムースに繋がるBPM遅めのものが中心で、メロディアスでドラマティックな彼らの世界観はこの時点から確立されていた。とにかく切ない。この曲はプロデューサーがジャム&ルイス、リミキサーがモラレス、泣きのピアノはテリー・バリス。完璧な布陣です。初期歌モノ・ハウスの決定盤。(N)

# TIMMY REGISFORD

## Touch

### Without You

Supertronics (87) 12"

ティミーは、80年代からWBLSでのDJミックス、またボイド・ジャーヴィスやブレイズとの制作活動も開始。91年には彼のクラブ、シェルターをオープン、当時から影響力は凄かった。表題作はNY系初期歌ハウスの古典。他はコーネル・エイブラムス「Trapped」、カール・ビーン「I Was Born This Way」のリミックスなど。(N)

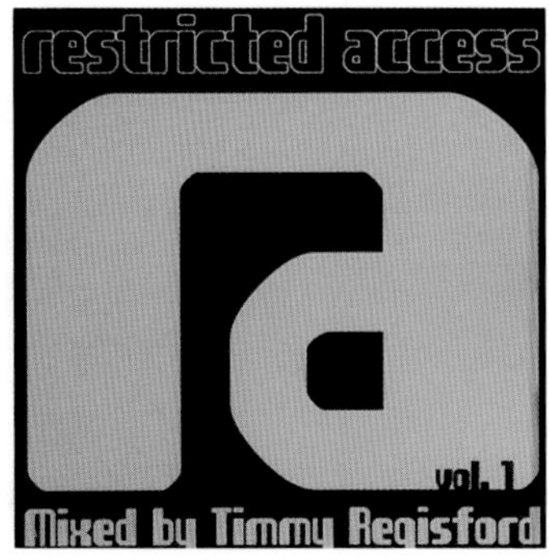


## Timmy Regisford

### Restricted Access Vol.1

Restricted Access (07)

彼はアトランティックやモータウンなどでA&Rや副社長に就任。その強みからか豪華アーティストを次々リミックスし自主制作で発売。DJ同様、歌を大切にしたソウルフルなスタイル。この時期クエンティン・ハリス、スコット・ウォズニアックと共同制作しているが、彼が育てた人は皆、彼から離れても、ティミーの音、なんですよね。(N)

## Peven Everett

### Beyond The Universe EP Vol.1

Tribe Records (10) 12"

シカゴを代表するシンガー・ソングライター、ペヴェン・エヴェレットがUKのゼッフェリン・セイントのトライブからリリースした限定EP。両面ティミーによるリミックスが冴えわたるが、フローティング・ポインツもフェイヴァリットに挙げるA面は、ソウルフルな歌声のパワーを増幅させるベースとリズム隊はまさにバーニング・ホット。(猪)

# TEN CITY

## Ragtyme Featuring Byron Stingily

### I Can't Stay Away

Bright Star Records (87) 12"

テン・シティの前身であるラグタイムをマーシャル・ジェファーソンがプロデュースし、フランキー・ナックルズがミックス、そして、ロン・ハーディとリル・ルイスがリミックス。アグレッシヴなドラム・マシンに温かいシンセサイザー、バイロン・スティンジリーによるエモーショナルなヴォーカルをフィーチャー。(アレ)

## Ten City

### Foundation

Atlantic (89) LP

ラグタイム同様マーシャルのプロデュースでメジャー・デビュー。ティミー・レジスフォードがリミックスした「That's the Way Love Is」や「Devotion」がフロア・アンセムで、どちらも長い12インチのヴァージョンがお薦め。当時のA&Rがジェローム・シデナムで、後に彼のレーベル、イバダンからリミックス盤も出ている。(N)

## Ten City

### My Peace Of Heaven

EastWest (92) 12"

デヴィッド・モラレスが手がけた1枚で、9分越えのインターナショナル・ミックスが熱くてドラマティック。「Only Time Will Tell」「Deep Kiss」「Fantasy」も当時のNYで大人気でした。ジョー・クラウゼルがリミックスした「Nothing's Changed」「All Loved Out」も、スピリチュアル、で最高。(N)

# BLAZE

## Blaze

25 Years Later

Motown (90)

エグゼクティヴ・プロデューサーにティミー・レジスフォードを据え、モータウンからリリースされたニュージャージーの3人組ブレイズ（後に1人脱退）のデビュー・アルバムは、マルコムXの死から「25年後」、90年にドロップされたコンセプト・アルバムだった。ポジティヴなヴァイブスが魅力のゴスペル・ハウス「So Special」を収録。（島）

## Black Rascals

Sympathy

Sumo Records (93) 12"

ブレイズの別プロジェクトによる遅めで安定したBPMの渋くて黒いグルーヴに、リル・ルイス「French Kiss」を思わせるリズムの上で、ガールフレンドに同情を求めることについて歌うジョッシュ・ミランのソウルフルな歌をフィーチャーしたアンダーグラウンド・ソング。この名義ではほかに「Keeping My Mind」も人気。（アレ）

## Funky People

The Blaze Tracks E.P.

Funky People (95) 12"

楽曲制作の中心はジョシュ・ミラン。スティーヴィー・ワンダーを思わせるキーボードや歌いまわしでソウルフルな楽曲をプロデュースしていたブレイズだが、別名義ではこんな実験的でディープなインスト・ハウスも制作していた。「Moonwalk」はトライバル・ディープなボトムに乗せたムーグ調キーボード・ソロが圧巻、独特なフロウが味わえる。（島）

# MURK

## Liberty City

### Some Lovin'

Murk (92) 12"

90年代初頭にマイアミに拠点を定めたダニー・テナグリアの薫陶を受けたラルフ・ファルコンとオスカー・Gのコンビ、マークの初期名作。NY流ディープ・ハウスのエレクトロニックな側面を究極的に押し進めた、ミニマルで粘着的なグルーヴとゴスペルを感じるヴォーカルのコントラストが光る地下祭祀楽典。（西）

## Ralph Falcon

### Every Now And Then

Miami Soul (92) 12"

マイアミからマーク・ボーイズのラルフ・ファルコンによる自身のレーベル第1弾。ソロでは通算3作目にあたる。ディープで、ときにはロボットっぽく不思議な男性ヴォーカルに、妖しく変態的で、S&M的な歌詞に走るエレクトロニック・ソウルなディープ・ハウス。太いベース・ラインは一回、聴いたら忘れられない傑作！（アレ）

## Ralph Falcon And Victoria Wilson James

### Fade Away

Nervous Records (23) 12"

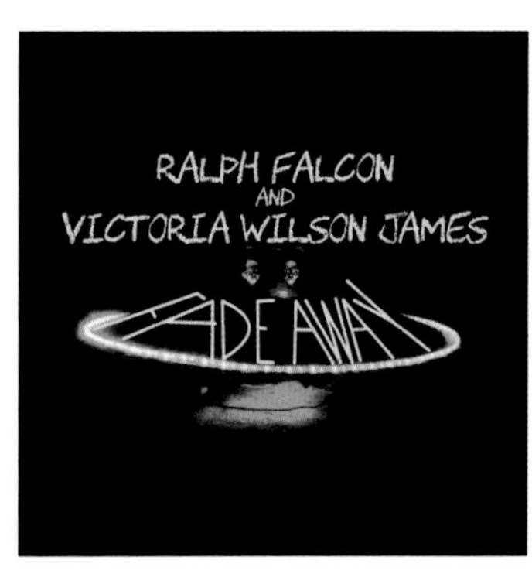


キャリアを重ねるとともに大箱のピークタイム向けなスタイルへと寄せてきた歩みの果ての最新形は、原点回帰の超アンダーグラウンド・テイスト。90年代とは段違いにハイレゾな空間系処理にアップデートを厭わぬ制作への真摯な態度、変態的かつフロアで映える音響へのブレない主張を見る。相方オスカーGのリミックスが最強。震えます。（西）

## MK
### Burning
Area 10 (91) 12"

デトロイト生まれのMKは、14歳からプロデュースをはじめた天才。「Burning」は彼の初期の代表作品だ。92年からNYに引っ越してしまうが、本作は、91年にKMSのスタジオにて制作。音楽性の転機にあたり、彼の91年までのデトロイト風のテイストと92年以降に作るNYガラージの両方が感じられる。必聴盤。（アリ）

## MK Featuring Alana
### Always
Charisma (92) 12"

90年代を代表するプロデューサーMKことマーク・キンチェン。彼は、ヴォーカルなどをサンプリングしMPCのパットに振り分けて、叩きながら個性的なフレーズを作っていく。リズムマシン主体のシンプルで独特な音作りも特長。この曲のサビはスティーヴィー・ワンダー「As」(76) からの引用で、アラナの気怠い声が耳に残る。(N)

## D-Influence
### No Illusions
EastWest (92) 12"

アシュリー・ビードルがリミックスした「Magic」がクラブ・ヒットしたUKソウル系アーティストの爽やかな楽曲をフロア仕様に。トニー・ハンフリーズがヘヴィー・プレイした「MK's Dumb Dub」がマスト。MKはその後も絶好調で、13年、エマ・ルイーズ「My head Is A jungle」のリミックスは素晴らしかった。(N)

# PAL JOEY

## Pal Joey

### #1

Loop D' Loop (90) 12"

約20枚近く続くこととなるパル・ジョイが主宰するレーベル、ループ・ド・ループの記念すべきシリーズ第1弾。ハウスのサンプリングにはロイ・エアーズの「Running Away」をサンプリングしたものも多いが、リズムの入れ方やフィンガースナップの鳴りといったパル・ジョイ専売特許のサウンド・メイキングによって本作はその中でも別格。(島)

## Pal Joey

### Hot Music

Kool Groove Records (94)

90年代に登場したパル・ジョイはヒップホップに通じるサンプリング手法と独特なリズムをハウス・ビートに乗せ、強烈な個性を放っていた重要プロデューサー。いまなおプレイされる不朽のインタールード「Dance (Beats)」だけでも彼のそのヤバさを十分に感じられるはず。「I Can Feel I」、「Hot Music」もクラシック。(島)

## Pal Joey

### Hot Music

BBE (13) CD

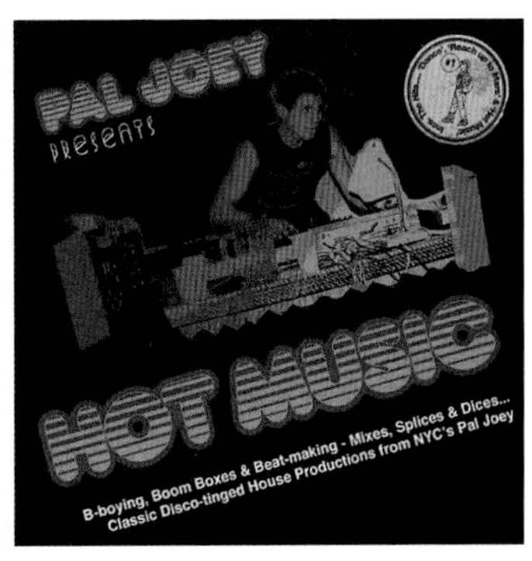


90年代のパル・ジョイの偉業がわかりやすくまとめられたコンピCD。アース・ピープルの2大名曲は権利上の関係か、上物カットのボーナス・ビートで収録も、くそドープなビートが肝心なので無問題。大ネタ「Love Is The Message」をトリッキーに刻んだ「Raw Love」から、妖艶なヴォーカル・チューン「Show Me」まで、全てが素朴で愛おしい。(西)

# KERRI CHANDLER

## Kerri Chandler

### Atmosphere E.P. Vol.1

Shelter (93) 12"

ニュージャージー出身で90年から大活躍、近年ドイツほかヨーロッパでも人気が高い彼の不朽の名作が、収録曲「Track 1」。憂さを蹴散らす力強いキックとベースライン、明瞭なハイハットとシンセパットの組み合わせは、空を飛ぶような疾走感。後年「The Lost Dubs」「Track 1 Revisited」と自身が作り直したものも最高。(N)

## Kerri Chandler

### Kaoz Theory - The Essential Kerri Chandler

Harmless (98)

初期作品の集大成とも言える1枚。アーノルド・ジャーヴィスと作ったDJからダンスフロアへのアンサー・ソング「Inspiration」、ジョー・クラウゼルとの「Escravos De Jo」、さらにジェローム・シデナムとニーナ・シモンの名曲をリメイクした「See Line Woman」ほか、彼の代表作を数多く収録している充実盤。(N)

## Kerri Chandler

### Bar A Thym

NRK Sound Division (05) 12"

「Track 1」同様ベースラインと追従するシンセが独創的で、幼少期からジャズに傾倒した経験が活かされている。ケリはシーンの変化に合わせてキャリアを積み重ね、この曲でヨーロッパ圏そしてテクノ層の支持も拡大。またフランスを牽引するDJ Deepのレーベルから「Back To The Raw」がリプレス、高い人気を裏づけた。(N)

# KERRI CHANDLER etc

ケリ・チャンドラーのキャリアはこの曲から始まったと言っていい。当時は特に重低音が強調された黒くスモーキーなサウンド、スーザン・クラーク「Deeper」も続けてヒットしたが、どちらも生々しく地を這うようなトラックに存在感のあるヴォーカルが際立ち、いまも色褪せない。(N)

**Teule**
Drink On Me
Profile Records (91) 12"

この盤に収録の「The Way I Feel (4 Daye Mix)」を聴くたびに、彼こそがミニマル・フレーズを作り出す天才だとつねづね感心する。このシンセとベースも超個性的。キング・ストリート・サウンズとの絆は強く、他にも「Hallelujah」「Heal My Heart」「Coro」などのヒット曲をここからリリースしている。(N)

**Tears Of Velva**
The Way I Feel
King Street Sounds (93) 12"

ヴォーカルとトラックの合わせ方の妙も、ケリの大きな特長で、収録曲「Rain」もかなり独創的。たしか自分でヴォーカルを録り始めたのが同年「Love Will Find Again」からで、これも本人が歌ってます。当時のナーヴァスは絶好調で、キム・イングリッシュなどが在籍。(N)

**Kerri Chandler**
The Mood EP
Nervous (98) 12"

NYのエレクトロ・ファンク・バンド、システムによるヒット・ナンバーをリミックス。オリジナルを解体、IBADANらしいスペーシーでエモーショナルなリフとヘヴィーなドラムに、オリジナルのヴォーカルをガラージ的にセットした屈指の名リミックス。プロモ盤となっているためプレス枚数が限られており、12インチはレア。(猪)

**The System**
You're In My System (Kerri Chandler Remix)
Ibadan (98) 12"

# JOE CLAUSSELL

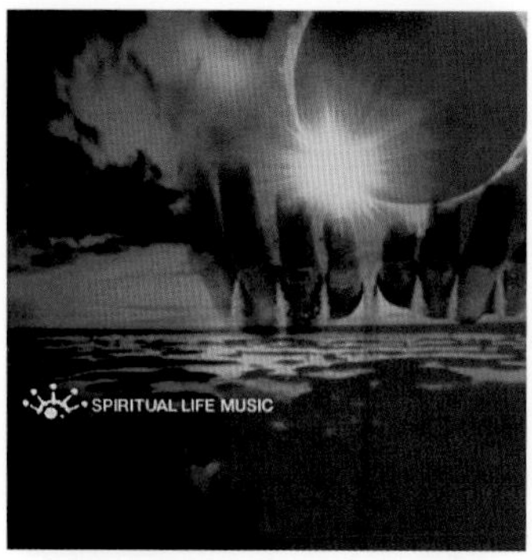


**Various**
Spiritual Life Music
Cutting Edge (01)

92年、インスタント・ハウス名義でのデビュー作は荒削りな作風だったが、次第に生音を融合させたサウンドに移行。その後、自主レーベル、スピリチュアル・ライフを始動、スピリチュアル・ハウスという名のムーヴメントを引き起こす。その当時の主要音源がこの盤に凝縮。レコード店、ダンス・トラックス経営者としての貢献も大きい。(N)

**Joaquin Joe Claussell**
Thank You Universe
Sacred Rhythm Music (16) CD

「Agora E Seu Tempo」やメンタル・リメディ「The Sun The Moon Our Souls」、「With More Love」、クニユキをリミックスした22分に及ぶ「All These Things」など幅広い層にも響いた名曲ぞろいのCD作品。アナログ盤は4曲入りEPのみながら非常にレア。(猪)

**Joaquin "Joe" Claussell**
Hammock House - Africa Caribe
Fania (11)

幅広い音楽を咀嚼表現する彼の大きな強みは、ジャズ・ピアニスト、ブッゲとの生セッションにも臆さない音楽的素地を持ち合わせている点にある。この盤はサルサの名門レーベル、ファニアの古典を、彼の解釈で新たに作り直したもの。安易にハウスに帰結せず、ラテンの芳醇さにジャズの要素も交え、永く聴き込める名盤を作り上げた。(N)

# DANNY KRIVIT

## Danny Krivit

### Grass Roots

Strut (01)

ダニー・クリヴィットは1970年代からNYの第一線でDJ。平行してエディットも作り始めるが、それも動機は自分の理想のDJのため。96年からボディ＆ソウルに参加して、やっと注目を集め始めた。このミックスCDは彼が長年培ってきた、クラシックスの膨大なコレクションを凝縮。他には映画と連動して作られた『Maestro』もお勧め。（N）

## Danny Krivit

### Edits By Mr. K (The Original Rare Disco Edits)

Strut (03)

Mr. K名義でじつは数多くのクラブ・クラシックスを生んだ彼の作品集で『Vol. 2』もリリース。他にはサルソウルのシリーズや、「Love Is The Message」、ブレンダ＆ザ・タブレーションズ「Let's Go All The Way」、そして盟友トニー・スミスとリミックスしたエクスタシー・パッション＆ペイン「Touch & Go」など。（N）

## Soul Central

### Strings Of Life (The Danny Krivit Re-edits)

WhistleBump (03) 12"

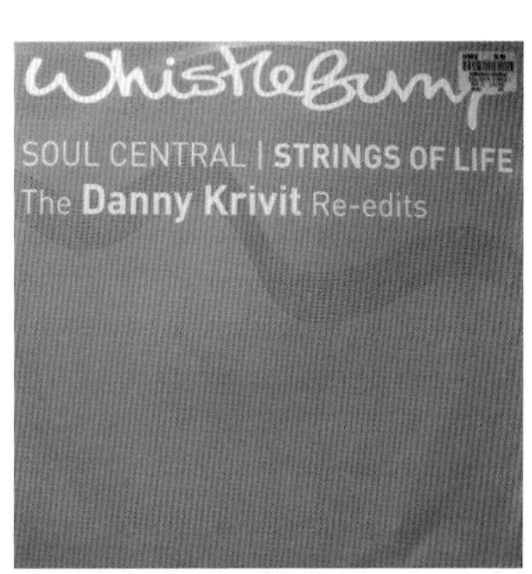


彼はハウスのエディットも巧く、デリック・メイのカヴァー曲を再構築した本作は爆発的にヒット。他の重要作はキングス・オブ・トゥモロー「Finally」、フランキー・ナックルズ「Keep On Movin'」など。彼のパーティ、718セッションズで掛かる曲の多くはDKエディットで、音楽性が評判を呼びNYを代表するスポットに。（N）

# FRANÇOIS KEVORKIAN

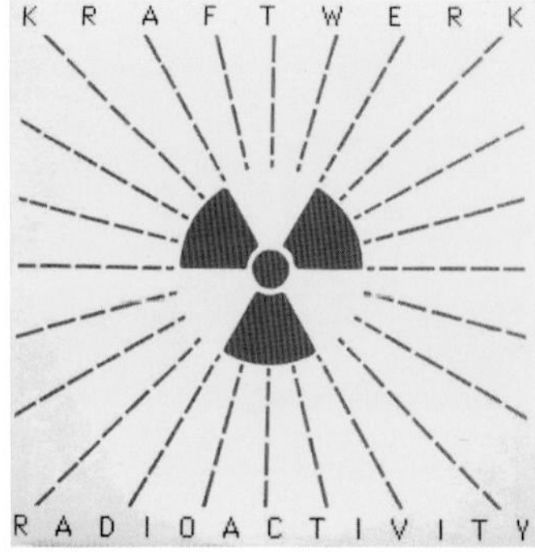


**Kraftwerk**

Radioactivity

Elektra (91) 12”

フランソワ・ケヴォーキアン・リミックス収録。原発事故後の来日ギグでこの曲のオリジナルをプレイしたのは印象深い。70年代後半にドラマーとしてフランスから渡米、ダンクラ名門レーベルのプレリュードで活躍。その後自身のスタジオ・アクシスや、レーベルのウェーヴを設立。96年にNYの伝説的パーティ、ボディ&ソウルを始動。(N)

**François K**

FK-EP And Beyond

Wave Music (96)

自身のレーベルから第1弾としてリリースした新たな音楽冒険。トランシーでダビー、パーカッシヴなヴァリエイションを持つアンダーグラウンドなモダン・サウンドをフィーチャー。アクシス・スタジオでプロデュースされた革新的で素晴らしい衝撃的な4トラックEP。なかでも「Hypnodelic」は飛びぬけたディープ・ハウス・クラシック。(アレ)

**François K**

Essential Mix

London Records (00)

彼は音楽に対する深くて幅広い探究心を持ち続け、自分の感性を軸にジャンルを軽々と飛び越えて世界を構築する、希有なDJ。ジャズ・ファンク、クラシック、ハウス、テクノ、ヒップホップ、ダブと紡がれる、その自由さは圧巻で、ジャンルの境界をミックス・スキルで繋いでいくフランソワK独自のスタイルは衝撃的だった。(N)

# KING STREET SOUNDS / NITE GROOVES

パラダイス・ガラージの通りから名付けたレーベルの名前に恥じず、NYアンダーグラウンドな傑作を次々にリリース。『Vol.3』まで。このシリーズで初期の重要作品はほぼ押さえられる。「Closer」はルイ・ヴェガが好んでプレイ、「It Works For Me」はヴィクター・シモネリ作。DJピエールの歌モノも圧巻。(N)

**Various**

King Street Sounds Compilation Vol.1 - Good & Plenty Love

Victor (94)

テディ・ペンダーグラスやテン・シテイなどのバック・ヴォーカルを務めたケニー・ボビアンは「You Are My Friend」で頭角を現しこの曲で大ブレイク。苦境の先に希望を見出すメッセージと力強く優しい歌声で、ゴスペル・ハウスの中心的存在に。ビッグ・モーゼスは哀愁胸迫るソウルフルな作風で活躍したプロデューサー。(N)

**Big Moses Feat. Kenny Bobien**

Brighter Days

King Street Sounds (96) 12"

90年代に多種多様なハウスが試され、オーガニックな趣向のものも出てきたが、スピリチュアルな世界観を追求した作風においてこれがひとつの頂点だと、いま振り返ってみてもそう思う。冒頭の一瞬で聴くものを「ここではないどこか」へ誘い、辿り着いた場所は美しいメロディが生き物のように飛び交う楽園。(N)

**The Ananda Project**

Cascades Of Colour

Nite Grooves (98) 12"

15周年を記念して、レーベルにゆかりのあるDJが個々に選曲したものをまとめたベスト盤。ダニー・テナグリアが手がけた「Only You」、モラレス自身がつねにDJでかける「Show Me」、クゥエンティン・ハリスの名曲「What It Feels Like」。トニー・ハンフリーズの選んだ95ノースは個性が出ていて面白い。(N)

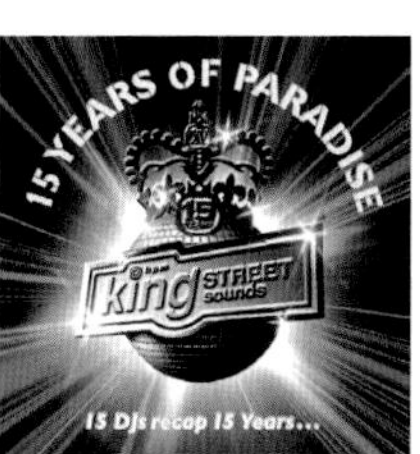


**Various**

15 Years Of Paradise

King Street Sounds (08)

## Orchestra 7 (Roger Sanchez)

### Liquid Paradise

Soho Sounds (92)

ロジャー・サンチェス率いるユニットが残した唯一のアルバム。キャシーによるセクシーな英語とスペイン語のヴォーカルをフィーチャーした「The Conversation」と「Love Is The Message」はロジック名義の初期作を思い出させる。ケリ・チャンドラーに影響を受けた「One Night At Kerri's House」など8曲入り。（アレ）

## Louie "Balo" Guzman

### Boogiebalo

Empire State Records (94)

エイトボール・レコーズの傘下からNYCのプロデューサー、ルイ・バローがヒップホップの伝説サンプラー・ドラムマシンSP 1200でサンプルをメインにプログラミングしたNYCならではのファットなビートのディープ&バンギングなアンダーグラウンド・ヒット「Don't Shut Me Out」が目玉。（アレ）

## Mental Instrum

### Untitled

Freetown Inc (95) 12"

ニュージャージー・ハウスのアンダーグラウンドの歴史を作ったメンタル・インストラムの代表作で、90年代前半のニュージャージーのシーンの熱気を伝える1枚でもある。とくにA1のゲイリー・Lによるバウンシーでありながらディープなキーで落ち着いている感じが最高。B1は極上のフルート・ハウス祭り！　必聴！（アリ）

# *GARAGE HOUSE etc*

**Michael Watford**

Michael Watford

EastWest (94)

ニュージャージー・ハウス特有の、男臭くてパワフルなヴォーカルといえば彼。プロデューサーはNJ代表のスマック・プロダクションズ。カルヴィン・ロック「I Love You」も彼ら。ほか、NJ産ハウスはジェームス・ハワード仕事のチャールス・ドッキンズ「We Can Do It」やバッチ・クイック「Liftup」が最高。(N)

**95 North**

Let Yourself Go

Kult Records (95) 12"

ワシントンDCの2人組95ノース。ヴォーカルをサンプリングしてトラックに組み込み、リフレインさせてグルーヴを生み出す手法はハウスの定石だけど、それをポップにさせないセンスはとても重要。93年デビュー曲「Hangin On」の暗くてざらついた質感を引き継いだ「Capitol Dub」が最高。13年にリミックスも出ました。(N)

**Kings Of Tomorrow**

Fade To Black

Blackwiz Records (96) 12"

特大ヒット「Finally」(01) で知られるユニットだが、それ以前のダークな作風が本当に渋い。ディープ・ディッシュのヨシトシ・レコーディングスにライセンスもされた本作、妖しいフルートとマッシヴなキックでとことんハメるインストが素晴らしい。近年は欧州ミニマル系シーンでも人気を博している永遠のクラシック。(西)

**Mood II Swing Featuring John Ciafone**

I See You Dancing

Groove On (96) 12"

モーリツィオおよびシェ&トレントからの影響をNYCディープ・ハウスのマナーに落とし込んだ「I See You Dancing」。さらにミニマルに振り切って、テクノ・シーンからの支持も集めた「Slippery Track」。メロウな「Ohh」。ヴォーカル物も優れた作品を量産したチームだが、本作はインスト作品での彼らの最高峰のひとつ。(西)

# 1992

## Jovonn

### House Ala Carte

**Project X Records 12”**

盟友レナート・ピアスン（寡作ながら「Sunday Afternoon」という大傑作で知られる）によるプロデュースで、自身による繊細なヴォーカルも披露したメジャー・デビュー・シングル「Turn And Run Away ‘Running’」のスマッシュ・ヒットの2年後に放たれた、ニュージャージー・ディープ・ハウス重鎮による決定的な1枚。常軌を逸したハードコアなキックがウーファーを脅かす「Project X」、こちらもまさにボディ・ソニックなサブベースのうねりに圧倒されるミニマル・トラック「This Thing Is Jammin'」が白眉。アメリカ盤、イタリア盤ともに長らくプレミア価格で取引されてきたが、13年にオランダはクローン・クラシック・カッツからついに再発された。（西村公輝）

**Soichi Terada + Shinichiro Yokota**

Far East Recording

Far East Recording (92) 12”

NYハウス全盛の90年代初頭の国産ハウスが正当に評価されるまでに20年以上の時を待つ必要があった。シェリル・リンやジミヘン、EW&Fなどの大胆なサンプリング、金沢明子との東京音頭のダブ・ヴァージョン、シンプルなキーボードからなるハウスミュージックは、後に世界から絶賛される。名曲「Sunshower」の別ヴァージョンもあり。（猪）

# SOICHI TERADA

## Soichi Terada

Sounds From The Far East

Rush Hour (15)

ラッシュ・アワーからの本作で世界的なアーティストとして知られることになった寺田創一。キャリア初期に発表された楽曲を、世界的なセレクターであるフニーがセレクト。アートワークに象徴される作品イメージの提示はA&Rのアンタルが担当し、作品の補完を担う。ギャズネヴァダを引用した「Shake Yours」は初回盤のみ収録。（猪）

## Nami Shimada

Sunshower

Crème Organization (04) 12”

ラリー・レヴァンが寺田創一を最初に発見したという恐ろしさ。ラリーによるリミックスEPは正規プロモ盤しか存在せず非常にレア。寺田によるオリジナルは言わずもがなの名曲で非常に素晴らしくアイドル歌謡とガラージのミックスといえる。こちらのクローン版は定期的に再発されているので手に入れやすい。（猪）

## Brawther & Alixkun

ハウス Once Upon A Time In Japan...

Les Disques Mystiques (15) 12”

Jazzy Couscousを主宰し日本のダンス・ミュージックやアンビエントを発掘、収集、編纂してきたフランス人アリックスクン。ラッシュ・アワーからの寺田創一の企画版のリリースと時を同じくして発表された、それに勝るとも劣らない日本のハウス・ミュージック集。本盤も和製ハウスの世界的再評価の上で非常に重要なコンピレーション。（猪）

# 1993

## Nu Yorican Soul
The Nervous Track
**Nervous Records 12"**

とあるメジャー・アーティストのリミックス制作過程のなか、実験的に複数のアレンジを重ねていった結果、でき上がったマスターズ・アット・ワーク別名義の不朽の名作。打ち鳴らされる力強いブレイクビーツと厚みのあるベースラインをまとったボトム、中域にはミステリアスなキーのリフと駆り立てるように打ち鳴らされるパーカッション、ウワものにはサックスやハーモニカなど大胆に生楽器も導入、アンビエンスを醸し出すシンセとのコントラストも印象的で、ハウス・シーン以外でもクロスオーヴァーにヒットした。このトラックを気に入ったジャイルス・ピーターソンはアルバム制作を2人に勧め自身のレーベル、トーキン・ラウドからリリースをさせることになる。（島田嘉孝）

**Hardrive**
Deep Inside
Strictly Rhythm (93) 12"

バーバラ・タッカー「Beautiful People」をケニー・ドープとプロデュースしていたルイ・ヴェガが、そのヴォーカル・パートをリフレインさせて、ハードライヴ名義で先にリリースしたという逸話を持つ、ディープ・ハウス・クラシック。バーバラ・タッカーの原曲はまさにヴォーカルを聴かせるガラージ・ハウスで素晴らしいが、サンプリング的な本曲も名曲。（猪）

# MASTERS AT WORK

## Nuyorican Soul

Nuyorican Soul

Talkin' Loud (97)

別名義による唯一のアルバム。ジョセリン・ブラウンによる「It's Alright, I Feel It!」や、インディアが歌う「Runaway」のカヴァー作品も収録。ジョージ・ベンソン、ロイ・エアーズなど豪華アーティストが参加したことでも話題になった。ちなみにニューヨリカンとはプエルトリコ系ニューヨーカーの意。（島）

## River Ocean Featuring India

The Tribal EP

Strictly Rhythm (94) 12"

ルイ・ヴェガのソロ別名義リヴァー・オーシャンによる唯一のシングル。ドラムが踊るトライバルなリズムの上を、優雅に舞うインディアの歌声がなんとも印象的。中盤のブレイク以降はガラリと雰囲気を変えキーボードとゴスペル・タッチなコーラスが盛り立てる、深く哀愁を漂わせながらも熱を帯びたディープ・ハウスへ。（島）

## Bucketheads

All In The Mind

Big Beat (95)

ディスコを解体、再構築する「リコンストラクト・ハウス」の金字塔、ケニー・ドープのソロ・プロジェクト。シカゴの「Street Player」をネタにした「The Bomb!」は、彼らしいファットなリズムで多くの人を魅了、1995年を代表するトラックとなった。どの曲もネタ師らしいサンプリング・ソースのセレクトにヤラれてしまう。（島）

# MASTERS AT WORK etc

**Masters At Work**
The Ha Dance
Cutting Records (81) 12"

MAWのなかでもかなりエッジが効いていて、ハードよりの箱映えするトラック。鞭打つようなスネアが4拍目に繰り返される構成と、エディー・マーフィー主演、黒人と白人それぞれが抱える問題を主軸にしたコメディ『大逆転』の1シーンから声ネタをサンプリングしたことも相乗して、ヴォーギング界で絶大な支持を得た。(N)

**Kenlou**
The Bounce
MAW Records (95) 12"

MAWがケンルー名義で出したなかではこれが最高傑作かと。同年にトーキン・ラウドから出たインコグニート「Everyday」のダブの別ミックスである「The Bounce」はハウス、ミニマルどちらの文脈でのプレイにもフィットするトラッキーな傑作。23年にB面を差し替えて再発。(西)

**MAW Featuring India**
Backfired
MAW Records (02) 12"

2001年にリリースされた2ndアルバム『Our Time Is Coming』収録曲の12インチ・カット。UKハウサーのジョイ・ネグロを起用したリミックス・シングル。疾走感とグルーヴを見事なまでに増幅させた得意のディスコ・ハウスへとアレンジされた、MAWレーベルのなかでもっともダンサブルなトラックのひとつ。(島)

**Louie Vega**
Elements Of Life
Vega Records (04)

2003年ごろを境に2人による制作活動は休止状態。ルイ・ヴェガは自身のレーベル、ヴェガ・レコーズを設立し完成させた初のソロ・アルバムには彼のパーソナルな部分が凝縮。「Cerca De Mi」やブレイズをフィーチャーしたソウルフルな「Love Is On The Way」など、どれもがこの時期のヒット・シングル。美しい。(島)

# HENRY STREET MUSIC

ジョニーDとニコラス・パレルモ・ジュニアの主宰コンビによる代表作。ファースト・チョイスのサルソウル古典「The Prayer」とMAW組のディーヴァ、インディアのヴォーカルをカットアップした、ディスコ・リコンストラクトというレーベルのカラーを決定付けた傑作。ダフト・パンクへの影響は大。(西)

**JohNick**
Play The World
(95) 12"

シカゴ第2世代としてレーベル、カジュアル/レリーフの興隆に貢献した1人だが、出世作は何といっても本作に収録された、ジャクソンズをサンプリングした「Show Me The Way」。哀切かつキャッチーなストリングスとベースラインのミニマルな反復から醸し出される陶酔感は、まさしくハウス・ミュージック以外の何者でもない。(西)

**DJ Sneak**
The Polyester E.P.
(95) 12"

「Walk 4 Me」のシンプルを極めた中毒性高い仕上がりはNYCボールルーム/ヴォーグ・シーン、および初期ハード・ハウス・シーンの定番として受け入れられた。ボディカ&ジョイ・オービソンの傑作「Swims」(12) にてアカペラが使用されたり、00年代以降もベース系を中心に人気が再燃。(西)

**Tronco Traxx**
Tronco Traxx Volume #1
(95) 12"

『E2-E4』を延々とサンプリング。ネタを細かく切って再構築する手法とは異なり、原曲を存分に活かしてフロア仕様に。「Sueño Latino」など同じネタの曲は多いが、サンプリングを得意とするDJデュークがリズムとベース程度しか目立ったアレンジを施さなかったことに、原曲への強い憧憬が伝わる。(N)

**DJ Duke**
D2-D2
(96) 12"

**Shades Of Love**
Body To Body (Keep In Touch) (The Junior Vasquez Remixes)
Vicious Muzik Records (95) 12"

ラリー・レヴァンの影響を受けたというジュニア・ヴァスケスだが、ラリーの生々しさとは対照的で突き抜けたアッパーサウンド。ただ彼が88年から始めたサウンド・ファクトリーは白人ゲイ・ダンサーが多く集っていて、肌の色と音楽的嗜好は違えども目指す形は同じなのだと思うと合点がいく。この曲はハード・ハウスの大定番。(N)

**Danny Tenaglia**
Tourism
Twisted (98)

「Music Is The Answer (Dancin' & Prancin')」そしてテナグリア本人が現在もプレイする「Elements」収録。アッパーで白い、と形容されるハード・ハウスだが、セレダ「Be Yourself (And No-One Else)」など彼の箱映えするトラックは幅広いDJに重宝された。マークを育てた功績も大きい。ツイステッドはハード系の名門レーベル。(N)

**Johnny Vicious**
Liquid Bass Volume 1
Vicious Muzik Records (93) 12"

ヴァスケス、テナグリアとハード・ハウス2大DJを紹介しましたが、この人の登場も印象的でした。もともとパンクに傾倒していたジョニー・ヴィシャスは、ディスコを斬新な切り口でリコンストラクトして強烈な高揚感を作り出した本作で注目を集め、その後「T.S.O.P」ネタでもブレイクし、ハード・ハウスを代表するリミキサーに。(N)

**Deep Dish**
Penetrate Deeper
Tribal (95)

当時を席巻していたハード・ハウスの中でも、アグレッシヴさとディープ・ハウスの繊細で美しい世界を兼ね備えていたのが、ダブファイヤーとシェラームの2人組、ディープ・ディッシュ。本作は「Cassa De X」「High Frequency」などの名曲を自らDJミックス。他EBTGを起用した「The Future Of The Future」も最高。(N)

# ARMAN VAN HELDEN

## Armand Van Helden

### The Witch Doktor

Strictly Rhythm (94) 12”

高い雄叫びとサイレンのリフレインに、大箱映えするダークなシンセを組み合わせて作られた、重い独特の高揚感。彼の知名度を一気に広めたこの曲は、4拍子が明快にカウントできることで、ヴォーギングのダンサーにも好まれ愛用された。ハード・ハウスの台頭とゲイ・カルチャーの興隆、双方において重要な作品。(N)

## Armand Van Helden

### You Don’t Know Me

Armed (98) 12”

キャリー・ルーカス「Dance With You」ネタのトラックに、「俺の生き方をなんであんたがジャッジするんだよ」という内容のヴォーカル。メッセージ性の強いハウスは、NYのダンスフロアによく映えます。ディスコのネタをサンプリングし、フィルター処理を施して作られたアッパー・ハウスが流行した、当時を代表する1枚。(N)

## Armand Van Helden Feat. Roland Clark

### Flowerz

Armed (99) 12”

ローランド・クラークは91年にアーバン・ソウル名義「Alright」以降活躍した生粋のハウス・プロデューサー兼ヴォーカリスト。アーマンド・ヴァン・ヘルデンのサンプリングはここでも光っていて、ドナルド・バード「Think Twice」(75) とローランドの組み合わせは哀愁そのもの。上の盤と同時期とは思えない、別の一面が伺える。(N)

# SPEED GARAGE

**Sneaker Pimps**
Spin Spin Sugar
Clean Up Records (97)
12"

2拍目と4拍目のキックをスネアに置き換えてジャングルをハウス化させたものがスピード・ガラージと呼ばれるようになり、最初のヒットとなったのはアルマン・ヴァン・ヘルデンによってハード・ハウス風にリミックスされたインディ・ロック風のトリップ・ホップ。レイジーなムードと跳ねまくるリズムの対比がなるほど面白い。(三)

**Sly**
Slippin E.P.
Zest 4 Life (98) 12"

30以上の名義を使い分け、さらに30近いユニットを組んでいたジェレミー・シルヴェスターによる代表作。疾走感のあるビートにヴォイス・サンプルや短いシンセのリフを加えただけのシンプルな4トラックEP。上がりも下がりもせず、異様なほど淡々とリズムだけで構成されている。どことなく香るジャマイカの感触。(三)

**R.I.P. Productions**
Pick Me Up
Ice Cream Records (98)
12"

ダブル99の名義でも知られるオマー・アディモーラ(カーディナル・ビーツ)とティム・デラックスによるデビュー・シングルで、「Unlicensed Mix」ではそれまでと同じくハード・タッチ、冒頭に置いた「Licensed Mix」では叙情性を前面に出して、ミドル・クラスにも受ける方向性を模索したヒット作。(三)

**E.S. Dubs**
Standard Hoodlum Issue
Social Circles (99) 12"

サンシップ流ブロークン・ビートの流れを汲みつつ、ジャングルを表面上からは消し去ってベース・ミュージックへと繋げたゼッド・バイアスことデイヴ・ジョーンズとイアン・アレンのデビュー作。後にグライムやダブステップにも接続することになるUKガラージの奇妙なハイブリッド性はゼッド・バイアスに極まる。(三)

# BASEMENT JAXX

## Basement Jaxx
### Summer Daze EP
Atlantic Jaxx (95) 12"

ロンドンの2人組フィリックスとサイモンは94年から自主制作でリリースを始め、このEPに収録された「Samba Magic」の爆発的ヒットで一気に知名度を上げた。90年代中盤はブラジリアン、ラテン、トライバルといったハウスが量産された時期だったが、アイルト・モレイラ「Samba De Flora」を熱狂的なハウスに仕上げている。(N)

## Basement Jaxx
### EP3
Atlantic Jaxx (96) 12"

間髪をいれず4thシングル。跳ねまくるリズムにトゲトゲしいリフの連打が新境地を開いたB1「Fly Life」がパンク・ガラージと評され、以後、彼らのサウンドを表すときのメイン・フレーズに。その後のUKガラージに与えた影響は計り知れないはずだけど、そのように言う人はまったくいない。エンディングの「Slide Slide」もいい。(三)

## Basement Jaxx
### Romeo
XL Recordings (01) 12"

ヴォーカルにケレ・ル・ロックを起用した12thシングル。スネアとキックを交互に鳴らすというスピード・ガラージの約束事は踏襲していないものの、二拍ずつ叩き分けることで疾走感を抑え、哀愁を忍ばせるような工夫が随所に。エレクトロクラッシュへの助走とボリウッド仕立てのヴィデオにはワールドを志向し始めた方向性も散見。(三)

# 1994

## Chez Damier & Ron Trent

Hip To Be Disillusioned Vol.1

**Prescription 12"**

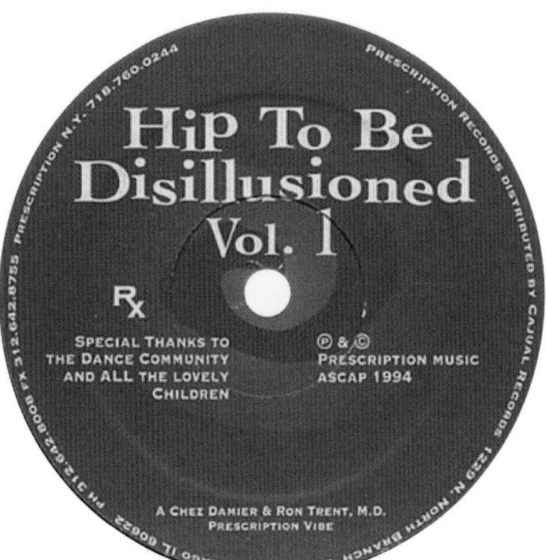


フィンガーズ・インク「Mystery Of Love」の「ミステリアス」なる言葉は、最良のハウス全般を形容する言葉としても使える。初期シカゴ・ハウスやベーシック・チャンネルのように、94年にシカゴのシェ・ダミエとロン・トレントがプレスクリプションから出した2枚、「Prescription Underground EP」と「Hip To Be Disillusioned Vol.1」には曲名の記載がなく、そのディープな作風においてもミステリアスだった。2人は90年代初頭から活動しているが、影響力を発揮するのはこの頃からで、ハウスが商業主義に呑まれていくなかで起きたディープ・ハウス・リヴァイヴァルの契機ともなった。A2「Sometimes I Feel Like」は永遠である。(野田努)

**Round One**

I'm Your Brother

Main Street Records (94) 12"

ベルリンのダビーなミニマル・テクノのオリジネイター、ベーシック・チャンネルは94年、唐突にガラージ・ハウスの(しかもじつに素晴らしい)EPを発表。B面にはシェ・ダミエとロン・トレントによるリミックス。デトロイトと交流していた彼らがシカゴと繋がったことで、ディープ・ハウス・ムーヴメントは一気に加速した。(野)

# RON TRENT

## Ron Trent

### The Afterlife

Warehouse Records (90) 12”

B面に永遠のテクノ・ハウス・クラシックス「Altered States」。13分以上に渡るデトロイト・テクノとシカゴ・ハウスのフィーリングが含まれているミニマルなマシーン・ビートに美しい叙情的なストリングス・シンセが広がる大作。タイトル・トラックは同じく荒々しいビートとシンセで展開するディープな作品。（アレ）

## Ron Trent

### Primitive Arts

Peacefrog Records (99)

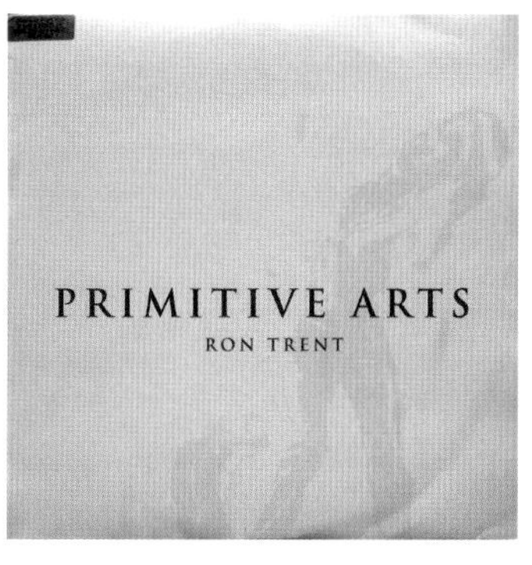


90年代半ばから後半にかけてのロン・トレントを知るには最適な好編集盤。98年の「I Feel The Rhythm」ほか、「Love」「Family」など、全曲が深刻で、そして美しい。94年の「Hip To Be Disillusioned Vol.1」からは「Sometimes I Feel Like」、「Prescription Underground EP」からは「Morning Factory」が収録。（野）

## Chez N Trent

### Prescription Underground EP

Prescription (94) 12”

あらゆる感情をとめどなく噴出させ、美しい地下同盟による抗しがたい魅惑のあちら側を見せてくれたのが、プレスクリプション時代のシェ&トレントの名コンビだった。その作品はほんの2〜3年ほどの数枚に限られるが、見つけたら逃さないことだ。あとはレコードの上に静かに針を置いて音楽に身を委ねよう。トレントはその後シカゴを離れNYに移住。（野）

# RON TRENT etc

**Ron Trent**
Love Affair
Clubhouse Records (92) 12"

シカゴでこの当時流行っていたクラブハウス・レコーズとロン・トレントは数回絡んでいる。初期の彼の傑作であるこのEPは、いまでは彼のトレードマークのアフロ・テイストのディープ・サウンドとは違っているが、深さは健在。とくにA1がおすすめ。コードの響きは美しく、後半から畳みかけるドラミングも素晴らしい。（アリ）

**Chez N Trent**
The Choice
KMS (93) 12"

シェ・ダミエとロン・トレントによるシカゴ・ディープ・ハウスの礎的作品。シェ・ダミエの持ち味でもあるアフリカンで、ソウルフルな要素にロン・トレントらしいアンビエンスが漂い、神秘的なヴァイブスを放つ。この後、ダブやアフロを取り入れながら彼らの作品は進化、それがプレスクリプションへと受け継がれている。（島）

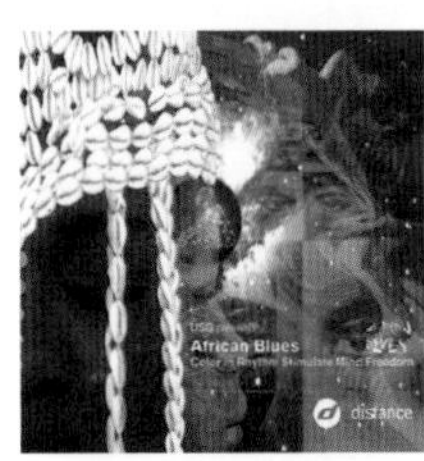

**USG Presents African Blues**
Color In Rhythm Stimulate Mind Freedom
Distance (99)

ダミエとのプレスクリプションを離れ、トレントはアンソニー・ニコルソンとUSG（アーバン・サウンド・ギャラリー）を新レーベル、クリアオーディエンスを拠点に始動させる。アフリカへの思いが多彩なリズムとなって音の旅となる。後のセオ・パリッシュに通じるパーカッション。90年代後半のトレントの集大成がここにある。（野）

**Ron Trent Presents Warm**
What Do The Stars Say To You
Night Time Stories (22)

30年以上のキャリアを持つ重鎮がアジムスのメンバー、クルアンビン、ジジ・マシン、ジャン・リュック・ポンティ、ラース・バートクンら各界の演奏家とコラボ、自らもキーボードやギターをプレイした2022年作。バレアリックやロフトといったキーワードが浮かぶ広義のハウスにしてグッド・ミュージック。フランソワ・Kがマスタリング。（猪）

# CHEZ DAMIER

## Chez Damier

### Can You Feel It

KMS (92) 12”

アンソニー・ピアソンが16歳のときから名乗ったシェ・ダミエとは、デトロイトとシカゴの虹のような往復者だった。これはデトロイト時代に作ったEPで、MKとデリック・メイが関わっている。ソウルフルな勢いを持ったこの曲は後にURによるリミックス盤も出たほど。B2の澄み切った「A 2½ Step」も隠れ名曲。(野)

## Various

### Classic EP

Serious Grooves (93) 12”

叙情的でありながら湿度感がなく、深刻でありながら心地よく、ロマンティックで、胸に突き刺さる。踊るというよりも、その美しさゆえに止まる。他方ではガラージを志向しながら、また他方では……ステイシー・プーレンとの共作「Forever」のためだけにこの盤を探そう。サントニオ、UKのラルフ・ロースンとの共作も収録。(野)

## Chez Damier Featuring Antonie

### Close

Balance (97) 12”

アントニーとの共作で、70年代に活躍したディスコ・バンド、Tavaresの「Don't Take Away The Music」をサンプリングした甘ったるいジャジー・ソウル・ハウス。歌っているのは初期デトロイト・シーンで活躍したMKの妹、ラトリシャ・キンチェン。ヒットしたことで、複数のヴァージョンが存在するが、この盤のA面はデリック・カーターによるリミックス。(野)

# *PRESCRIPTION*

**Romanthony**
The Wanderer
Black Male Records (93)
12"

後にダフト・パンクの起用で広く知られるニュージャージーのロマンソニー（アンソニー・ムーア：2013年他界）は、90年代のディープ・ハウスにおいてジョーカー（最強のカード）であり続けた。一度聴いたら忘れられないブルース・ハウスの金字塔「Wanderer」は必聴盤に値する。93年原盤、94年のライセンス盤がヒット。（野）

**Abacus**
The Relics E.P.
(94) 12"

初期の最高傑作。過去のアフロ意識を探って新しい未来を考えるかのように野性的にオーガニックなアナログ・シンセの演奏と808のリズム・パターンがライヴで作り上げるストーリーを描くマインド音楽。デトロティッシュなハイテック・ブラック・マシン・ソウル2作「Relics One」と同じく「Relics One Mix Two」が素晴らしい。（アレ）

**Various**
The Collected Sounds Of Prescription - Sample Volume 001
(95)

93年、シェ・ダミエとロン・トレントが設立したプレスクリプションはもっとも影響力のあるレーベルのひとつだった。デトロイト・ハウスへ、UK北部のディープ・ハウス・リヴァイヴァルへと繋がっている。本作は初期の傑作ばかりを集めた編集盤で、入門編としても最適。この時期のディープ・ハウスはここから聴こう。（野）

**Chuggles**
I Remember Dance
(95) 12"

アンソニー・ピアスンとUKのラルフ・ロースンによるユニットで、プレスクリプションからは2枚目。4ヴァージョンが収録されているフィリー・ディスコ・ネタと明るいリズミカルなシンセ・リフをうまくミックスしたDJ的な最強でファンキーなハッピー・ダンスフロア・グルーヴEP。（アレ）

# PAUL JOHNSON

## Paul Johnson
### A Nite Life Thang
Dance Mania (94) 12”

リリーフやピースフロッグからのイメージが強い彼だが、ダンス・マニアからも多くのゲットー・ハウスを発表していた。歪んだキックとフリーキーなベースラインは、この頃全盛を極めていたNYハウスの音域とは全く異なる。言い換えれば、それに構いなしでシカゴ独自のローカル・シーンへ向けて放ったことを裏付ける。（島）

## Paul Johnson
### Bump Talkin
Peacefrog Records (95)

UKのテクノ・レーベルとして成功を収め、アルバム・ベースでグレン・アンダーグラウンドの次に契約したのがポール・ジョンソンだった。1stアルバムでもある本作ではファンキーでありながら当時のテクノ・シーンにも馴染んだ内容、アート・オブ・ノイズからミニー・リパートンまでをサンプリングしている。（島）

## Paul Johnson
### Get Get Down
Moody Recordings (99) 12”

世界10ヶ国以上でライセンス・リリースされ、ポール・ジョンソンの名を世界に轟かせた大ヒット・トラック。パンピンなボトムに、ハミルトン・ボハノンの「Me And The Gang」（78）をモロ使い。ヴォーカルもなければ目立った展開も特にないのだが、ただ延々と続くこのループに多くの人がハマった。（島）

# GLENN UNDERGROUND

## Glenn Underground
### GU Essentials
Cajual Records (95) 12"

ディファレント・サイズとしてダンス・マニアから92年にデビューした時点で優美さとフリーキーさを兼備した完成度の高いスタイルが天才的だったグレン・クロッカーの初期傑作。敬愛するラリー・ハード譲りの無機質なのに情感の伝わるベースラインに心弾むシンセとストリングスによる「S.J.U.」が最高。90年代シカゴ・ディープ・ハウスの頂点のひとつ。(西)

## Glenn Underground
### Atmosfear
Peacefrog Records (96)

シカゴ第2世代のなかで自らの名義に「アンダーグラウンド」を用いたグレンは、ラリー・ハードやリル・ルイスを師としながら、クラシック・ディスコ、そしてジャズを貪欲に寄り入れて、誰よりもアンダーグラウンドであろうとした。デビューは早かったが、実力が認められたのは90年代半ばだった。彼の最初の好コンピレーション。(野)

## Glenn Underground
### Afro Gente / I Feel No Love
Superb Entertainment Records (09) 12"

キーボーディストとしての才能にも恵まれたグレン・アンダーグラウンド。パーカッションが効いたトライバル・ハウス、ソウルを乗せて躍動するGUのキーボード。キャリア屈指のクラシックとして米ストリクトリー・ジャズ・ユニット盤、伊グルーヴィン盤と2回再発されている。オリジナル盤のみ「I Feel Love」のオマージュを収録。(猪)

# DERRICK CARTER

## Red Nail Feat. Noni

Never

Blue Cucaracha (94) 12"

自身のレーベルからスキャット風のヴォーカルにシェ・ダミエをフィーチャーしたクリス・ナズカとのスウィート・ソウル・ガラージ。軽いタッチでヒプノティックなグルーヴを編み出すのがいつもうまく、スプーキー・ノイズも効果的。畳み掛ける部分をカットしたサン・ジェルマンによるリミックスはさらりと上品な仕上げ。(三)

## Derrick Carter & Chris Nazuka

Ummmm?

Jus' Trax (95) 12"

さらに変化球コンビが繰り出したファニー・ナンバー。トボケたリズム・センスもさることながら「君は一足の靴を履けるけど、それを僕は食べないだろう」というヴォイス・サンプルが輪をかけて笑わせる「Wair A Pear」と、カップリングは「Rat Tat Tat Tat Track」。ジュニア・ボーイズ・オウン傘下から。(三)

## Derrick L. Carter

Squaredancing In A Roundhouse

Classic (02)

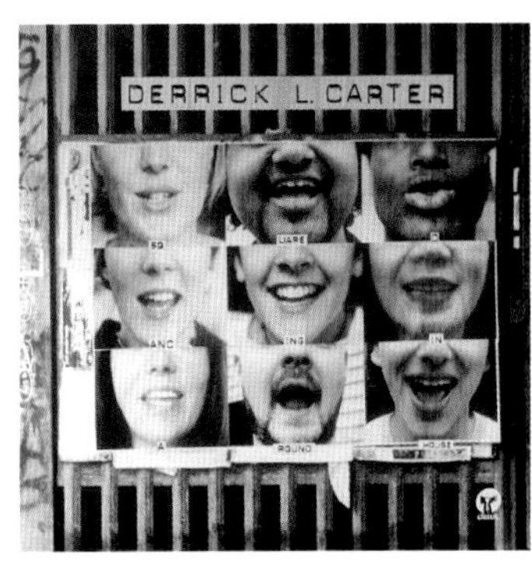


90年代後半にクリス・ナズカとの上記作やザ・メイジャイ「Excursions E.P.」、トーン・セオリー「Limbo Of～」、ミュージック・フォー・フリークス「Spoo」と様々な名義で印象的なシングルを連打しまくった末に、ひとまずの集大成といった本人名義では初のアルバム。内省的な作風も交えつつ、熟練の技がびっしり並ぶ。(三)

# CAJUAL RECORDS

**Cajmere Featuring Dajae**
Brighter Days
(92) 12"

現在は多くのメガ・フェスティヴァルに出演する人気のグリーン・ヴェルヴェット（カジミア）のゴスペル・ハウスな出世作。マスターズ・アット・ワークによるゴージャスなリミックスが大ヒットしたが、オリジナル盤収録のじっくり焦らすイントロとメランコリックなエレピが駆け上がる「Underground Trance」がベスト。（西）

**DJ Sneak**
Funkadelikrelic
(94) 12"

バケットヘッズが猛威を振るったこの時期、DJスニークが放った初のディスコ・リコンストラクト作品。ロフト・クラシックのウッド・ブラス＆スティール「Funkanova」のツボを得ているループがクール。この後、ストリクトリー・リズムやヘンリー・ストリートからもリコンストラクト物のヒットを連発させた。（島）

**G U & Cei-Bei**
House Music Will Never Die
(96) 12"

グレン・アンダーグラウンドとヴォーカリスト、シビのゴールデン・コンビ。本盤収録のマーク・グラントによるミックスは、シカゴ・ディープ・ハウスのなかでは個人的にベスト5に入る泣きのハウス作品。DJディープが手がけたミックスCD『City to City』（05）にも収録されている。（島）

**Braxton Holmes & Mark Grant**
The Revival
(97) 12"

ロン・ハーディが亡くなって以降、彼の名やミュージック・ボックスが存在した番地「326」を記した作品が量産された。本盤収録、その名も「Love Having You Around」ではファースト・チョイスの「Love Having You Around」をリコンストラクト。他2曲もウォーとクラウン・ハイツ・アフェアー使いというミュージック・ボックス・クラシック。（島）

# GUIDANCE RECORDINGS

DiYのストリクトリー4グルーヴァーズからデビューしたカルム・ウォーカーを核とするトリオの代名詞的作品で、カタログ1番のフリー・エナジー（ジョシュア・マイケルズ）とともにガイダンスの名を世界に知らしめた。スコティッシュ・ディープ・ハウス最高峰。（西）

**Fresh And Low**
Wind On Water
(96) 12”

シカゴ・ハウスを拡張するんだというガイダンスらしい意気込みが感じられる初期のリリースで、ジャズ・ハウスとして評価を高めることになるケヴィン・ヨストの最初のリリース。A2「So Far Away」はハウスの枠組みを超えた野心的な曲。もちろんA1「Natural High」はサックスからオルガンまで完璧な展開。（アリ）

**Kevin Yost**
Unprotected Sax EP
(96) 12”

シカゴ・ローカルに限定しない布陣でディープ・ハウス表現の深化を追求したガイダンスらしさを体現したボストンの才人ダナ・ケリー。2013年に惜しくも急逝したが、近年もアンソロジーが編まれるなど、その評価は揺るぎない。シュールなシンセとヴォーカル、極太キックがマジカルな世界へ誘う。（西）

**Callisto**
Need Ur Love
(97) 12”

アバカス名義でプレスクリプションからデビューしたオースティン・ベイスコムのアクサス名義でのアルバムは、ディープ・ハウスの拡大解釈である。MIDIと生楽器の融合、ダブとフュージョン、メロウで、リラックスしたラウンジ対応のダウンテンポなど幅広い音楽性を展開している。「Callin' U」はレーベル最大のヒットとなった。（野）

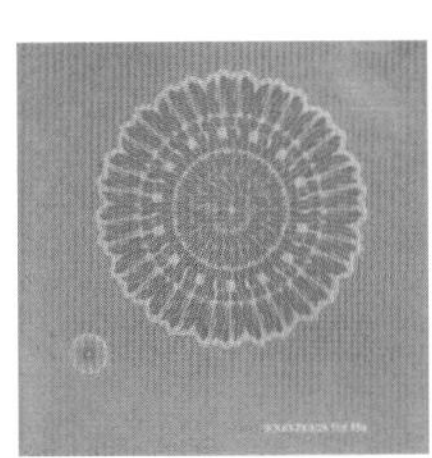

**A:xus**
Soundtrack For Life
(00)

# CHICAGO 第2世代

## Green Velvet

### Flash

Relief Records (95) 12"

よりハウシーなカジミア名義と明確にスタイルを分けた別名義、テクノ方面で大ヒット、翌年にはUKミニストリー・オブ・サウンドからカール・クレイグのリミックス盤もリリースされた1枚。シカゴ第2世代特有のボトムの重さに加え、ガラージ・ハウスの枠では表現しきれない彼の個性と変態性が音のすべてに詰め込まれている。(島)

## Boo Williams

### Technical E.P.

Formaldehyd (97) 12"

ハードな印象がある第2世代のなかで、よりディープな方向へアプローチした1人、ブー・ウィリアムス。その風貌からは想像もつかない美しいトラックメイクは、幼なじみグレン・アンダーグラウンドの影響も大きい。繊細なシンセのフロウとキーボードが醸し出すレイトナイト・グルーヴ。13年にはシャイワックスからも再発された。(島)

## Roy Davis Jr.

### Gabrielle

Large Records (96) 12"

フューチャーに中途採用。ソロとしてはDJデューク主宰パワー・ミュージックからの作品に代表される、DJピエール同様ワイルドピッチなアシッド・ハウスの印象が強いプロデューサーが、ピーヴン・エヴァレットを起用したソウルフルなヴォーカル物。B2「Live Garage Mix」が肝でサブベースを強調、2拍4拍目のキックを抜いた2ステップは初期UKガラージ・シーンでアンセムに。(西)

# CHICAGO 第2世代 etc

ワイルドピッチ・スタイルからオリジナリティを確立したシカゴ第2世代筆頭格の出世作。デイヴ・クラークの「313 Mix」(Eダンサーをサンプリング) はテクノ方面でヒット、そしてスロー＆ダーティーな「312 Mix」はサウンド・ファクトリーでアンセム化、ジュニア・ヴァスケスのリミックスまで出る事態に。(西)

**Aphrohead AKA Felix Da Housecat**

In The Dark We Live (Thee Lite)

Bush (93) 12"

90年代を駆け抜け、全盛期に忽然と姿を消した謎多きスペンサー・キンシーによるビザールな大傑作。生のパーカッション、ウッドベース、狂った仏語ヴォーカル、不協和シンセが混沌としたグルーヴを叩き出したA面。つんのめったシンコペーションを刻むリフが典型的なジェミナイ節のB1。(西)

**Gemini**

Le Fusion

Cajual Records (95) 12"

プレスクリプションの名作「The Foot Therapy EP」でデビューしたジョシュア・マイケルズと、ドウェイン・ワシントンによる1st EP。リンダー＆ルイス、チェイン・リアクションをネタにした軽快にファンキーなグルーヴが心地良い。2人は後にデリック・カーターのクラシックから「Mouth」のヒットを放つ。(西)

**Iz & Diz**

The Bioflavanoids EP

Guidance Recordings (97) 12"

シカゴの第2世代は層が厚く、その陰に隠れてあまり目立たなかったステイシー・キッド。エグゼクティヴ・プロデューサーにトニー・ハンフリーズを迎えたスマッシュ・ヒット作で、軽快なギターと込み上げるようなグルーヴが最高の1枚。ちなみにポール・ジョンソンの従姉弟であることはあまり知られていない。(島)

**Stacy Kidd**

I Wanted You

Yellorange (01) 12"

# 1995

## St Germain

### Alabama Blues

**F Communications 12"**

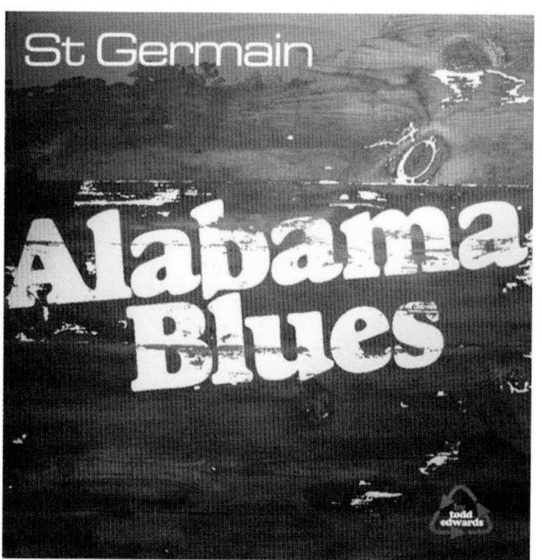


ジョン・リー・フッカーのサンプルから展開する「Alabama Blues」は初期のデトロイト＆シカゴ風のディープ・テクノ・ハウスを思わせる。シンプルながらも気持ち良いジャジーなシンセ・コードと最高の黒いグルーヴを持つ天才、ルドヴィック・ナヴァーレ独自のオリジナル・サウンドを象徴する傑作。世界中のクラブ・シーンで話題になり、様々なスタイルを借りた彼の作品のなかでもひと際センスが良い。オリジナルは93年にFNACからで、リリース前からパリのラジオ局FG98.2やラジオ・ノヴァでDJディープやローラン・ガルニエによってプレイされ、当時のパリを強く思い出させてくれる大好きな曲です！（アレックス・プラット）

**St Germain**

Rose Rouge

Blue Note (00) 12"

ジャズの名門ブルー・ノートからリリースされ大きな話題となった『Tourist』収録の大ヒットEP。マリーナ・ショウとデイヴ・ブルーベックをサンプリング、スモーキーでグルーヴィーなジャズ・ハウス。後年、アトジャズやロン・トレント、ナイトメアズ・オン・ワックスらがリミックスし、エディットでもRALなど多くのヴァージョンが存在。（猪）

## Shazz
### A View Of Manhattan...
F Communications (94) 12”

ラリー・ハードに強く影響された5曲入り。A面の「Marathon Man」はゴージャスなストリングスと男性ヴォーカルをサンプルしたディープ・ハウス。対してルドヴィック・ナヴァーレとのLn's名義ではデトロイティックなミニマル・リミックスもカッコいい。B面の「Leave Me」と「Hold Me」は素敵なロマンティック世界。(アレ)

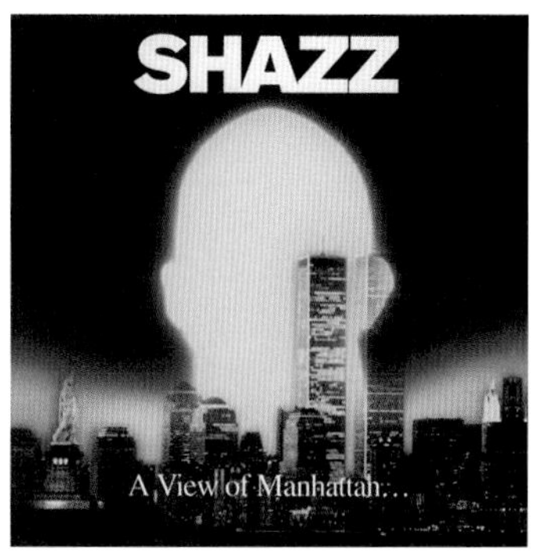


## Magenta
### Un Café
Pschent (97) 12”

チャールズ・シリング&ポンポン・フィンケルシュタインの別名義で、どこか切ないトライバル・ハウス。多種多様な音が混在し、なかでもドップラー効果のように通り過ぎていくシンセサイザーの波がじつに効果的。フレンチ・ハウスの大半を生み出してきたトランスラブのエンジニアだけあって見事なミックスを聴かせる。(三)

## The Deep
### Basenotic Tracks
Basenotic Records (99) CD

名作のリマスター+未発表2曲を集めた11曲入りCDコンピレーション。DJディープと交流の深いキーボーディスト&プロデューサー、オリヴァー・ポータルやシャズもゲスト参加。フレンチ・タッチが世界で注目を集めるなか、パリの地下ではアンダーグラウンド・ハウスにスゴい情熱とエネルギーが注がれていた。(アレ)

# *FRENCH DEEP HOUSE etc*

**Erik Rug And Ivan Rough Trade**

French Fried Funk

Slip 'n' Slide (97)

最高潮に達していたフレンチ・ハウスを完全パックしたコンピレイション（CDはミックスされている）。ダーティ・ジーザスのエリック・ラグとラフ・トレードのイヴァン店長が1枚ずつ手掛けていて、有名どころのほかにペペ・ブラドックとアークのトランキロウやプレイン・4・ザ・シティ、DJカムまで。デビュー前のブラック・ストロボも。（三）

**The Deep**

The Earth EP

Basenotic Records (98) 12"

フランスでアンダーグランド・ハウスの立役者であるDJディープと若手のジュリアン・ジャブルのユニットによる４曲入り名作EP。いまでもプレイされているニュー・ジャージー・ディープ・サウンドに捧げるバウンシーなフロア・ヒット「Love Your Brother」からディープなB面まで、彼らのアートやヴィジョンが幅広く楽しめる。（アレ）

**Julien Jabre & DJ Gregory Present Soha**

Izabelle

Basenotic Records (01) 12"

パリの17区にあるP10スタジオを拠点に激しい活動やエスニックなダンス・ミュージックを創り出すDJグレゴリーとジュリアンのユニットで、アフリカニズムの流れを汲んだか、ハイテックな南アフリカ・フレイヴァーのファンキーなブロークン・ビーツ作！　ヴァーサタイユのシングル・コンピにも「Eve」を提供。（アレ）

**Kalk**

Äkäsha

Running Back Double Copy (17) 12"

原盤は98年にパリのブリフ・レコーズから。本作は独ランニング・バックによる復刻部門からの再発で、これで存在を知った者（筆者も含め）は多いはずの無名盤。しかし内容は、パラダイス・ガラージ以降ニュージャージー系グルーヴと初期のKDJのエッセンスを汲み取ったような極上の音で、本当に素晴らしい。（西）

# YELLOW PRODUCTIONS

フランスにも陽気なハウス・シーンがあることを最初に認知させた男のデビュー・アルバムは後続たちと同じく、フランスの過去ではなく、アメリカン・ヴィンテージを継承し、それを焼き直すことが出発点となった。そこにはこれといった屈折もなく、素直に楽しんでいる様子が窺える。バカンス・ムードのラヴリーな1枚。(三)

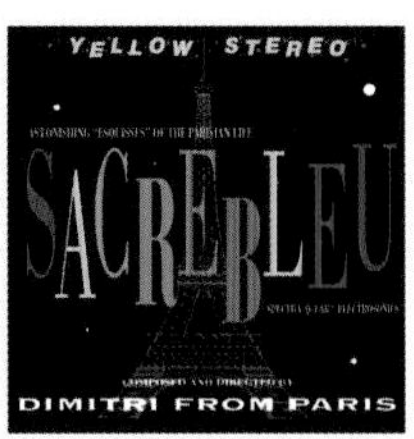


**Dimitri From Paris**
Sacrebleu
(96)

2013年にプロジェクトを復活させたポイント・G名義のデビュー・シングル。NYCのアンダーグランド・ハウスに影響されたDJツール的なミニマル・ロウ・ハウス・トラックがコンセプト。ここではDJグレゴリーのプロダクション技術、グルーヴ感とユーモアが伝わります。特にA2の「Jean-Claude」が思い出深い。(アレ)

**.g**
The Raw EP
(97) 12"

一種の匿名プロジェクトで、DJグレゴリーやジュリアン・ジャブル、マルタン・ソルヴェイグといった30人近いプロデューサーが全員、同じ名義でアフリカ音楽にインスパイアされた作品をリリースするシリーズの第1集。パーカッションに凝る人、アフリカン・コーラスで引っ張る人、それぞれのアフリカ像が交錯し合って飽きない。(三)

**Africanism**
Africanism - Special Mixed CD Version
(02)

フランスのTV番組から探偵の名を借りたレーベル・オーナーのサード・ソロ。初期はクインシー・ジョーンズを丸ごとパクったようなダーティな作風で知られたクリス・ザ・フレンチ・キッスも、ここへ来て見事に洗練され、ユーロ・ディスコを驚くほどアップデートさせた。情熱的で下世話なセンスは5年後にマドンナも引き寄せる。(三)

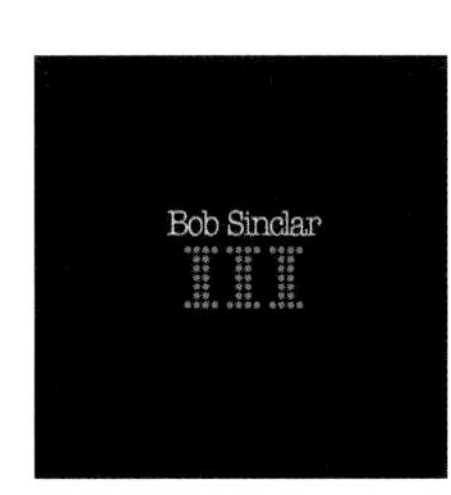


**Bob Sinclar**
III
(03)

# French Touch / Detroit House

1996–2000

フランスの伝統から切り離された世代がそこにはいた。フレンチ・タッチとは、その名称とは裏腹にアメリカのディスコ文化を再生産するグローバリゼイションを本質とし、移民文化を軸にして世界各地とローカルに結びついていくドイツとは存在意義がまったく違っていた（構造改革の方法論ともシンクロ）。そのようなディスコ・リヴァイヴァルがあっという間に消費文化に呑み込まれる一方、アメリカではデトロイトからムーディーマンを始めとする新たなブラック・ミュージックの胎動が始まる。

# 1996

## Motorbass
Ezio

**Different 12"**

フレンチ・タッチとは当初、音を籠もらせたフィルタード・ハウスのことを指し、それはズダール&ド・クレが始めたことだった。デビュー・シングルがマリワナの吸いすぎで真っ赤になった目のことだったという話から察するに、ファーサイドのようなUSヒップホップをハウスに落とし込もうとした結果のようで、アルバムに先駆けてカットされたサード・シングルはまさに煙の向こうに見えた蜃気楼のように霞んでいる。幻想的なヴォイス・サンプルにハープが舞い、カップリングの「Les Ondes」がさらにファンタジーを増幅させた。翌年になってつくられたプロモ盤ではハーバートがメカニカルに(これはこれでなるほど)、ズダール本人がアップテンポにリミックス。以後、2人は別々の道へ。(三田格)

**Björk**
Isobel
Mother Records (95) 12"

フレンチ・ハウスに対する反応があまりに早すぎたビョークがセカンド・アルバム『Post』から厶ーディーな「Isobel」を、まずはディミトリ・フロム・パリがわさわさとしたトライバル・ハウスに、そして、モータベースがシュープリームス「My World Is Empty〜」をループさせながらシネマティックにリミックス。さらにはサン・ジェルマン&シャズも参加。(三)

# LA FUNK MOB / MOTORBASS / SUPER DISCOUNT

## AIR

### Modulor Mix

Source Lab (95) 12”

フレンチ・タッチと同じ時期に人気を集めたエールのデビュー・シングルにはカップリングとしてド・クレによる「Modulor Mix (Stein House Remix)」が収録され、大袈裟なリフを基調にゆっくりとビルド・アップされていくワイルド・ピッチが10分以上展開される。オリジナルにあったメランコリーはイントロダクションのみで、ほかにはDJカムも。(三)

## L’H0mme Qui Valait 3 Milliard$

### Foxy Lady

Cassius (96) 12”

ズダールとブーンベースがラ・ファンク・モブからカシウスに名義を変える際、単発でリリースされたフィルタード・アドヴェンチャー。勇壮な曲調はユニット名となったTVドラマ『600万ドルの男』にインスパイアされたものなのか、どこか時代がかったセンスが無類に面白い。カップリングの「Dynapoly」は全体にパーカッシヴなつくり。(三)

## La Chatte Rouge

### Affaires A Faire

Disques Solid (97) 10”

「スーパー・ディスカウント」の10インチ・シリーズ第4弾。モータベースの変名で、スーパー・ゴージャスなストリングスをフィーチャーした美しいシネマティックなダウンテンポ。そしてB面はシリーズ全体のプロデューサー、エティエンヌ・ド・クレによる4つ打ちジャズ・ハウス。「センシミリアーマリワナ」というフレーズが話題に。(アレ)

# DAFT PUNK

## Stardust

### Music Sounds Better With You

Roule (98) 12"

ダフト・パンクのトマによる3人組の別プロジェクト。スターダスト（＝ユー）とはコカインのこと。70'sのディスコ・ビートにため息まじりのヴォーカルがどこまでも快楽を追いかける。単調なのにキャッチーに引き込んでゆく。バンジャマン・ディアマンのヴォーカルの入り方、途切れ方の妙は退廃的な快楽を知り尽くしたかのよう。とにかく売れた。（水）

## Daft Punk

### Discovery

Virgin (01)

後にカニエ・ウェストがネタにした「Harder, ～」、長編『インターステラ5555』に発展する松本零士を起用したMV展開がキャッチーな話題を呼ぶ。ヴォーカルにロマンソニーを起用した大ヒット「One More Time」、DJスニークとの「Digital Love」、トッド・エドワーズとの「Face To Face」などUSハウス先達への敬愛も随所に感じられるのが良い。（西）

## Daft Punk

### Random Access Memories

Columbia (13)

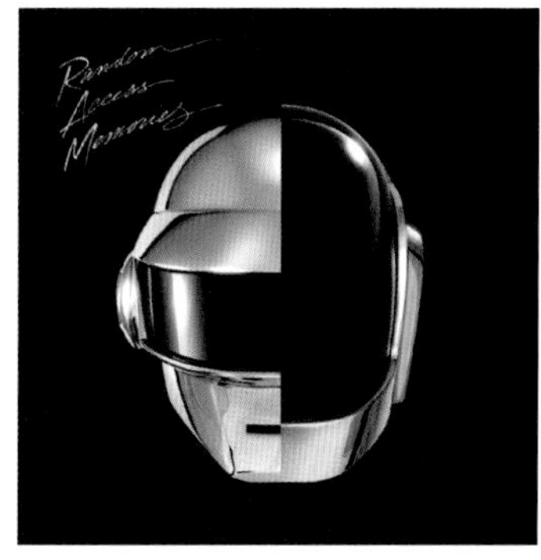


サンプリングではなく本人を呼べ、とばかり、ファレル・ウィリアムスと大御所ナイル・ロジャースら、新旧多彩なゲストを迎えた8年ぶりのアルバムは、グラミー5冠受賞作。ディスコやR&Bを真正面から取り入れ、随所に彼ららしい音処理もありながら、ディズニーばりのメジャーなポップスの要素も。（水）

**Cheek**
Venus (Sunshine People)
Versatile Records (96) 12"

ジルベールがプロデュースしたワン・オフ・プロジェクトで、ブラス・コンストラクション「Happy People」をEnsonic DP-4のエフェクターで弄りまくってできたものを、さらにDJグレゴリーが超ファンキーなディスコ・ネタ・フィルター・ハウスに。当時大盛り上がりを見せていたパリのクラブ・シーンはこのトラックに揺れていた。(アレ)

**Chateau Flight**
Discobole
Versatile Records (97) 12"

ヴァーサタイユを主催するDJジルベールとアイ:キューブによるコラボレイションで、以後、06年までにアルバムを3枚リリースするほど長続きする。モータベースとダフト・パンクの中間といった作風で、これだけでも楽しめるけれど、フリップサイドにペペ・ブラドックによる優雅でエッジの立ったリミックスも収録。(三)

**U & I**
Love Me Tender EP
Freak n' Chic (04) 12"

ダン・ゲナッシアとデヴィッド・Kによるアシッド・タイプのデビュー作。タイトル曲はイエローをすったもんださせたようなスラップスティック・ファンク。さらに忙しくベースが転げまわる「The Line」。次作でもこの路線は継承されたが、カップリングではアンデス民謡を取り入れた新機軸も。アポロニア主宰、そちらはディープ志向に。(三)

**Justice**
†
Ed Banger Records (07)

ダフト・パンクのマネージャーだったペドロ・ウインターのレーベルからエレクトロ・ハウスのファースト・アルバム。中期のダフト・パンクからソウル趣味を拭い去り、人工的なセンスを強化した作風で、どこをとってもシャープな感覚。ロケッツやジャン・ピエール・マッシエラのようなスペース・ディスコの伝統も感じられる。(三)

# BJØRN TORSKE

## Ismistik
### Oasis EP
Djax-Up-Beats (92) 12”

ノルウェイからビヨン・トシュケに（ドラム・アイランドを経てゾーズ・ノーウェジアンズを結成する）オーレ・ミヨスが加わったセカンド・シングル。ロン・トレントとデリック・メイの中間を行く3トラック。秀作ではあるものの、アトモスフェリックなニュアンスを出すのはうまく、唯一のアルバム『Remain』はもっとテクノ寄りに。（三）

## Krisp
### Footnotes
Love OD Communications (96) 12”

メンタル・オーヴァードライヴのレーベルからソロ1作目。タイトル曲はシャッフルを効かせたペイパークリップ・ピープル（カール・クレイグ）をさらにカラフルにしたような傑作。以前よりもリズム感が格段によく、ピアノの連弾から始まるカップリングはさらにデトロイト風で、この名義では12年までにあと2枚リリースされた。（三）

## Bjørn Torske
### Kan Jeg Slippe?
Sex Tags Mania (08) 12”

ドン・パパやトランシルヴァニアン・ギャラクシーといった新人をどんどんヒットさせていたレーベルから、負けじと16分以上もあるロング・ジャム・ハウス。気合の入っていないトライバル・ハウスのようでいて、だらだらとしたグルーヴにいつの間にか引きずり込まれている。ちなみにタイトルは「私がやめることができますか？」の意。（三）

# THOSE NORWEGIANS

## Those Norwegians

Kaminzky Park

Paper Recordings (97)

O・ミヨスに、同じくドラム・アイランドからR・リンドバークと、アラニアのT・ブルントラントほかで結成された（通称）ヘロイン・ハウスのデビュー・アルバム。冒頭からフュージョン・センス全開で、適度に緩急をつけながら流れるような構成で一気に楽しめる。フィルタード・ハウスもサクッと取り入れ、まったく淀みがない。（三）

## Rune Lindbæk

Søndag

Repap (00)

オープン・スカイズとしてデビューしてから8年目のソロ1作目はヴィンテージ・ディスコをベースにしつつ、気だるいムードでまとめたレイドバック調。やや気取り過ぎなほど。セカンド・アルバムはボニー・Mやフラ・リッポ・リッピなどのリ - エディット・アルバムで、13年にサード・ソロ『Krasava』でノルウェイのグラミー賞を受けている。（三）

## Röyksopp

Eple

Wall Of Sound (01) 12"

T・ブルントラントがR・リンドバークとともにアラニアのメンバーだったスヴェイン・ベルゲと再タッグを組んだダウンテンポのセカンド・シングル。大ヒットし、数多のライセンス・リミックスがつくられたなか、オリジナル盤にはビヨン・トシュケをチョイス。雪の舞い散るような細かい電子音の響きはやはり北欧ならではか。（三）

# LINDSTROM & PRINS THOMAS

## Lindstrom & Prins Thomas

### Lindstrom & Prins Thomas

Eskimo Recordings (05)

ゴスペル・ロック・バンドのシルヴァー・ヴォイシズでヴォーカルやオルガンを担当していた前者とメイド・イン・ホンコンというポップ・バンドに在籍していた後者によるジョイント・アルバム。バスドラを強調したプログレッシヴ・ロック＝アップデートされたイタロ・ディスコが大半で、ブルース調も。『II』（09）はもっとシリアスに。（三）

## Lindstrom

### Six Cups Of Rebel

Smalltown Supersound (12)

ソロ1作目『Where You Go I Go Too』は長編3曲のみと堂々としたものだったけれど、ついにアルペジオ・ギターから離れ、オルガンに戻ったマルチ・インストゥルメンタリストによるソロ3作目。全体にアレンジがゴージャスになり、パーカッションの導入はかつてのイメージを見事に払拭。アグレッシヴなスタイルの変化は高く評価された。（三）

## Prins Thomas

### 8 + 9

Prins Thomas Musikk (22)

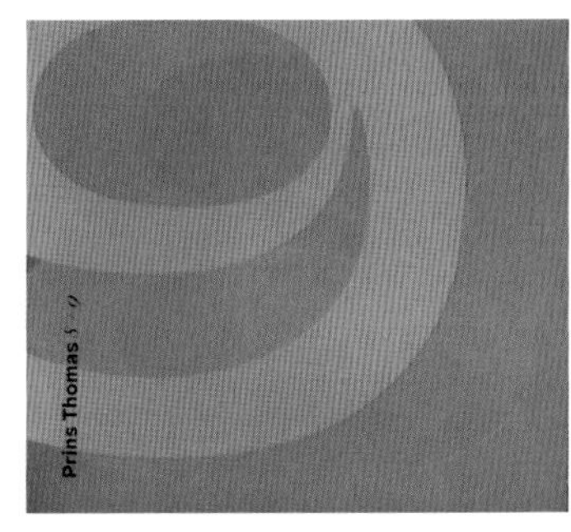


1st ソロ・アルバムから12年、クラウトロックのバレアリック／ディスコ展開という初志に揺らぎはなく、LPは1枚ずつ別々にリリース、現時点での最新アルバム。キーボードにブッゲ・ヴェッセルトフトとジョン・キャロル・カービーを招き、終始穏やかなテンションをキープ、いままで以上にメロディアスにこなれた仕上がりは自他共に認める最高傑作。（西）

# NORWAY

## Erot

### Two Songs For Annie

Discfunction (99) 12"

01年に23歳で夭逝した才人が恋人アニー（後に「The Greatest Hit」で人気者に）に捧げた代表作。前年に7" EPで出されたものをイジャット・ボーイズが主催レーベルからカップリングを差し替えて再リリース。強力なダブ処理、奇抜なドラム・パターン、メロディに対する嗅覚、全てにおいて卓越したサンプリング・マジシャン。（西）

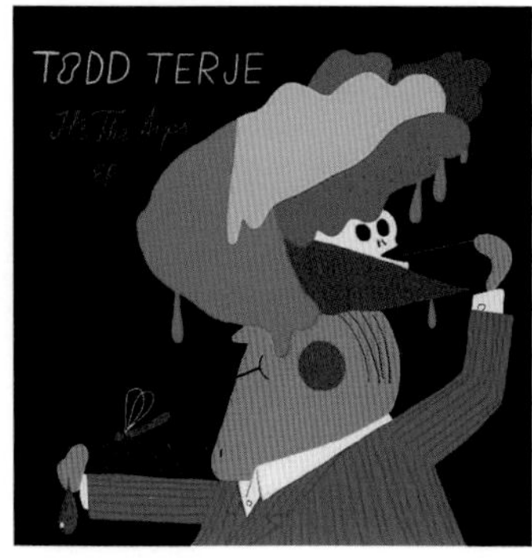


## Todd Terje

### It's The Arps EP

Smalltown Supersound (12) 12"

ソウル・ジャズから出るはずだった「Eurodans」ですでに頭角を現し、数々の非公式リエディットでも優れた才能を発揮していたトッド・テルエの代名詞となった特大ヒット「Inspector Norse」を収録。閉塞感溢れるモキュメンタリーに仕立てたMVを見るとまた一味違った感情が生まれる、ほろ苦く優しい名曲。（西）

## Mungolian Jetset

### Mungodelics

Smalltown Supersound (12)

ノルウェイからイジャット・ボーイズへのアンサーだったクヌート・サヴィク＆パル・ニフスが3作目にして（ピジー・エリオット名義の頃には考えられないほど）洗練され、プログレッシヴ・ハウスに様変わりしようとして失敗しながら、それでもやはりダイナミックに曲は躍り、どこかオドロオドロしいノルウェイの森へといざなう。（三）

# 1997

## Moodymann

U Can Dance If U Want 2

**KDJ 12"**

セルフ・プロモーション、セルフ・ディストリビューションを貫き、進化し続けるデトロイト・アンダーグラウンド、ハウス・シーンのカリスマ、ケニー・ディクソン・Jr.ことムーディーマン。プラネットEから1stアルバムをリリースするまで彼のサンプリング・ソースはマーヴィン・ゲイやシックといったソウル〜ディスコだった。KDJから9枚目となる本作は初の12インチ・ダブル・パックで、これまでと少しテイストが異なるプリンスの『1999』をネタに。ちなみにこの『1999』は2014年作『Moodymann』のインレイ・アートワークにも登場。そしてこのセクシーなアートワークはケニーを取り巻くマホガニー・ミュージック・ガールズたちを彷彿とさせる。そう、彼のルーツやスタイルはつねにブレないのだ。(島田嘉孝)

ウォルター・マーフィーによるドビュッシー「牧神の午後への前奏曲」ディスコ・カヴァーを早回しでサンプリングした、ピースフロッグからの傑作アルバム『Mahogany Brown』の前章とも言えるサイケデリックな長編。常人には及びもつかないワイルドなイマジネーションが炸裂している、KDJ屈指の名作のひとつ。(西)

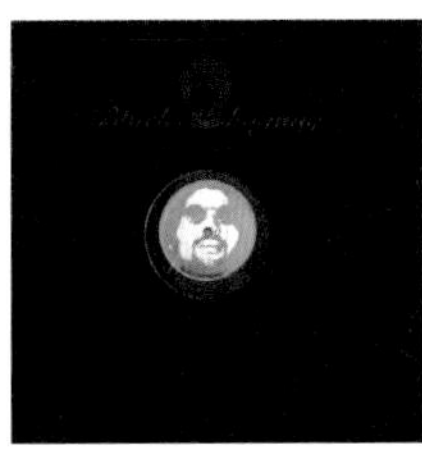

**Moodymann**

Black Mahogany

KDJ (97) 12"

# MOODYMANN

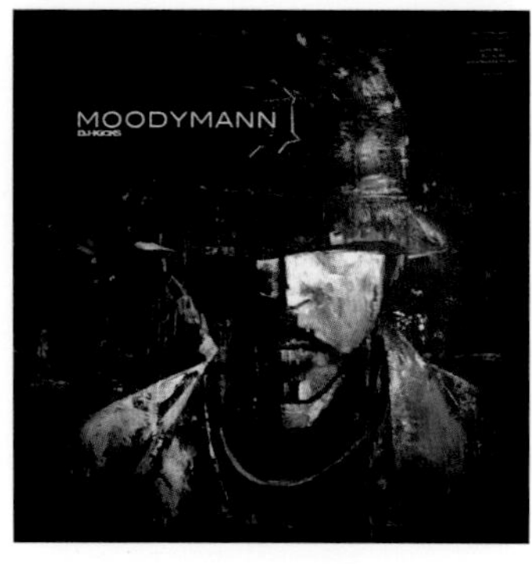


**Moodymann**
DJ-Kicks
!K7 Records (16)

KDJが日本でDJを披露したのは2度目の来日のとき（初来日はSMまがいの奇妙なライヴ・パフォーマンス）。彼の作風から誰もがそのプレイは濃いUS黒人音楽に染まるだろうと思い、実際その通りに展開するなか、しかしマッシヴ・アタックがかかった瞬間フロアは昇天した。デトロイトのアンダーグラウンドは人が思っている以上にオープンマインドなのだ。（野）

**Moodymann**
Shades Of Jae
KDJ (99) 12"

ボブ・ジェームズ「Spunky」を使ったA面タイトル曲はKDJ屈指のクラブ・ヒット。プレスごとにB面の内容が違い、何と4種類（うちひとつはB面未収録）ある。日本で出回ったのは刻印が21-Bと23-B（カール・クレイグの「Suspiria」をサンプリング）で、どちらもアブストラクトなダウンテンポで凄く良い。（西）

**Moodymann**
Moodymann
KDJ (14)

20年近くの活動歴の中で、初めて自らの名をタイトルに記した集大成的なアルバム。これまでの作風をすべて網羅するようなヴァラエティ豊かな仕上がりで、ムーディーマン自らが歌うヴォーカル作品も多い。LPでは、現在入手できない彼の過去のアナログ作品をランダムに封入するという予想しえなかったギミックに心も踊らされた。（島）

# MOODYMANN etc

マホガニー・ミュージックのスタッフ曰く「リリースに至らなかったカタログ・ナンバーKDJ14」と同内容。控えめなアシッド・ベースと不協和音、不気味なコーラスとスポークン・ワードを絡め無二の緊張感を漂わせる前半から、次第に弛緩しローズ・ピアノのソロを交えインタールードのような展開を見せる。11分を超える2部構成の長尺作品。（島）

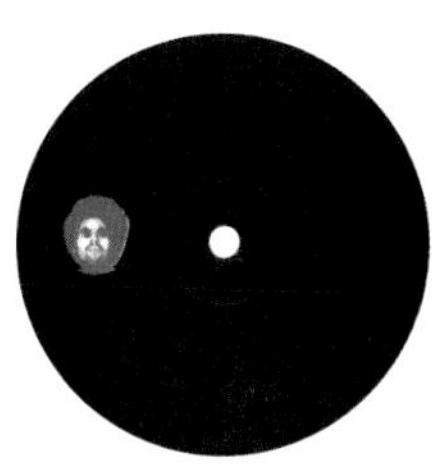

**Moodymann**
Jan
KDJ (01) 12”

「私は最悪のビッチ」なる題名のノーマ・ジーン・ベル最初のヒット作品。とくにフランスでの人気が高く、本作もF・コミュニケーションズからもライセンス。B面の2ヴァージョンはムーディーマンがリミックスしているが、これがじつにナイス。とくにB1の陶酔的な展開は見事だ。生き物のように艶めかしいサックスの演奏も際立っている。（野）

**Norma Jean Bell**
I'm The Baddest Bitch (In The Room)
Pandamonium (96) 12”

黒人のセクシャリティを強調したアルバムで、もともと彼のルーツにあった70年代ソウル、ディスコのあの甘く儚いフィーリングをKDJが咀嚼し、拡大し、アップデートさせている。彼のカタログのなかでは、「歌」が前景化されているのが特徴となっており、マーヴィン・ゲイがディープ・ハウスをやっていたら、こんなアルバムになったかもしれない。（野）

**Moodymann**
Taken Away
KDJ (21)

Pファンク（ジョージ・クリントン）の影響はサウンド面のみならず精神的、哲学的な領域にも及んでいる。デトロイトのプロデューサーたちに、その先達のレガシーを再構築するときがきた。クリントンのファンク理論をもっともよく理解しているKDJとURに注目が集まるのは仕方がない。ちなみに恐れ多くてできないと辞退したのはカール・クレイグ。（野）

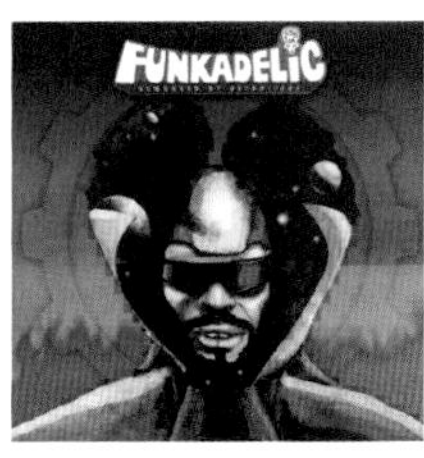


**Funkadelic**
Reworked By Detroiters
Westbound Records (17)

# ANDRÉS

**Andrés**

## Andrés

Mahogani Music (03)

テクノ／ハウスとヒップホップに分断されたシーンに回路を開けたのがカール・クレイグやムーディーマン、アンドレスが関わっていたスラム・ヴィレッジだった。アンドレスのハウス・アプローチには、デトロイト・ヒップホップの香りが充満している。ファンキーなだけではない。甘くメロウなソウルゆえに多くのリスナーを惹きつけている。(野)

**Andrés**

## Moments In Life

Mahogani Music (08) 12"

スラム・ヴィレッジの元メンバーでもあり、DJ Dez名義ではUR関連からも作品を出しているアンドレスは、KDJのマホガニからは渋いディープ・ハウスを連発し、これが彼のソロ・プロジェクトとしてはもっとも人気が高い。本作ではラテンのフレイヴァーを加味し、打楽器奏者でもある彼は、良い感じのグルーヴを創出している。(野)

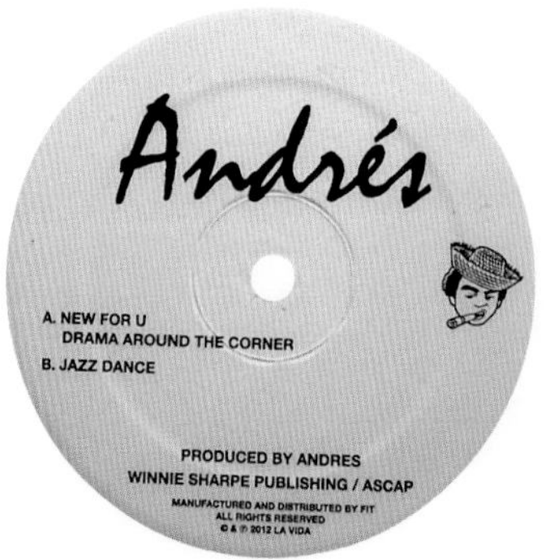


**Andrés**

## New For U

La Vida (12) 12"

表題曲はディスコ風のストリングスをフィーチャーし、完璧といいうるハウス・ビートに載せたダンスフロア・キラー。抽象化され、構造化されたディープ・ハウスのお手本のような曲である。ほか、ややピッチを落としたコラージュ風の「Drama Around the Coner」、エレピをフィーチャーした「Jazz Dance」もユニークで魅力的。(野)

# AMP FIDDLER

## Amp Fiddler

### Motor City Booty

Midnight Riot Recordings (16)

アンプ・フィドラーはデトロイトの縁の下の力持ちで、Pファンク流れのブーツィー・ファンクの継承者であり、より土着的なグルーヴをハウスやディスコ、ブギーに移行する実験者である。サード・アルバムに当たる本作は、ミッドナイト・ライオット主宰のロンドンのDJ、Yam Who?との合同プロデュースによる、ソウルフルでエレガントなショーケース。(野)

## Amp Fiddler

### Amp Dog Knights

Mahogani Music (17)

KDJ主宰のマホガニからリリースされた4枚目。歌手のNeco Redd、リミキサーではWaajeed、そして大御所ギタリストColton Weatherstonなど素晴らしいゲストが参加。ブラック・ポップ、ソウル、R&B、ファンク、黒人音楽の多彩な広がりを滑らかに展開する腕前はみごとというほかない。フィドラーらしくグルーヴィーで、家でも車でも楽しめる音楽。(野)

## Will Sessions & Amp Fiddler Featuring Dames Brown

### The One

Sessions Sounds (18)

デトロイトのファンク・バンド、ウィル・セッションズとの共作で、コーラス・グループのデイムズ・ブラウンがフィーチャーされている。この時代のニーズとも合った、1980年前後のディスコ、ブギーのアップデート版で、この手の試みがノスタルジックに陥らない細心の注意が払われている。レアグルーヴ・ファンにも聴いてもらいたい1枚である。(野)

# THEO PARRISH

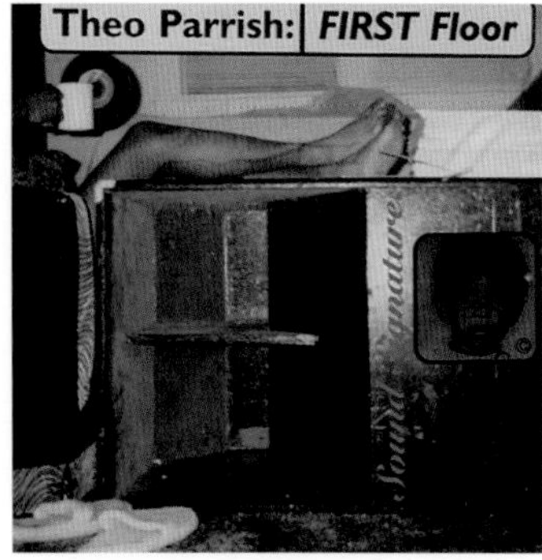


## Theo Parrish
First Floor
Peacefrog Records (98)

ムーディーマンとセオ・パリッシュの登場が事件だったのは、綺麗なピアノの循環コードや装飾性で表されるハウス的クリシェがなかったからだ。遅く、地味で、音は低く籠もっている。ミュジーク・コンクレート的で、パリッシュは実験的でもあった。シカゴ育ちの彼は大学で音響彫刻を学び、デトロイトに移住。これは優れた初期の編集盤。（野）

## Theo Parrish
American Intelligence
Sound Signature (14)

ハウスを前進させることに執念を燃やす男の久しぶりのアルバムは、シングル「Footwork」のヒットからはじまった。パーカッシヴなドラム・プログラミングは斬新で、スピーカーで聴かなければわからないサブベースが振動を与える。「Tympanic Warfare」の宇宙的で未来的な反響は、シンセベースに装飾されながら瞑想的な領域へと展開する。（野）

## Theo Parrish
Uget
Ugly Edits (11) CD

本来の展開や構成を大きく変えたり楽曲そのものを引き伸ばす、例えばダニー・クリヴィットのようなリエディットもあるが、セオ・パリッシュのそれは「聴かせたいパート」を何度も繰り返すような、ロン・ハーディに近いスタイル。彼自身がDJでプレイするディスコやジャズを攻撃的なアレンジにしたスタンプ盤からのCD化。（島）

# THEO PARRISH etc

原始的なドラムのパターン、濁った色味が生々しいシンセ、サンプリングの大胆で理知的なハーモニーが、アシッド・ハウスともまた違ったダイナミックなスペクタクルを提供した「Overyohead」「Dance Of The Drunken Drums」という、セオ・パリッシュの個性が完全に確立された初期の大傑作をカップリングした必聴盤。（西）

**Theo Parrish**
Overyohead
Sound Signature (99) 12"

アスファルトから立ち昇る陽炎を幻視するかのような映像喚起力、トライバルでジャジーな95BPMヴォーカル・チューン。発売当時、デトロイト・ハウスが新次元に入ったことを感じさせた衝撃の名曲。（西）

**Theo Parrish**
Summertime Is Here
Sound Signature (99) 12"

セオ・パリッシュのフックアップによって突如現れたシカゴのレロン・カールソンの初作品。87年当時10代後半の彼がカセットテープの多重録音を駆使して制作したという原始的トラック。全部で5枚のリリースを残したが、全て87から89年の録音とのこと。16年没。（西）

**Leron Carson / Theo Parrish**
The 1987 EP
Sound Signature (01) 12"

ヴァンゲリスの手掛けた『ブレードランナー』サントラの中から一際メランコリックなフレーズを抜き出してハウスへとリモデル。日本におけるセオ自身のプレイでも幾度となくフロアは感動の波に包まれた定番。（西）

**Theo Parrish**
Solitary Flight
Sound Signature (02) 12"

# 3 CHAIRS

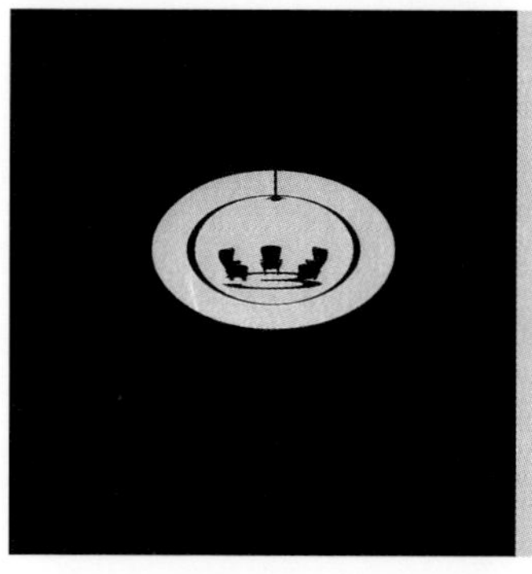

**3 Chairs**

Three Chairs

Three Chairs (04)

デトロイト・ハウスが何たるかを知るには必聴の作品。デビュー作ほどの過剰さはないが、それでも実験精神に満ちたファースト・アルバム。メンバーにマルセラス・ピットマンが加わり、アンプ・フィドラーやノーマ・ジーン・ベルなども参加。迫力あるリズムが魅力だが、メロウな「I Wonder Why (Edit)」は名曲。(野)

**Marcellus Pittman**

Unirhythm Green #1

Unirhythm (09) 12"

3チェアーズ第4の男が自らのレーベル、ユニリズムからリリースしたアンダーグラウンド・ヒット盤。ロン・ハーディーの遺伝子が受け継がれた粗く太いフィジカルなハウス・トラックスのA面。さらに歪んだキックとチージーなハイハットによるトラックに、デトロイト・テクノのようなモーターシティー・シンセをブレンドしたB面。両面ロング・ミックスで。(猪)

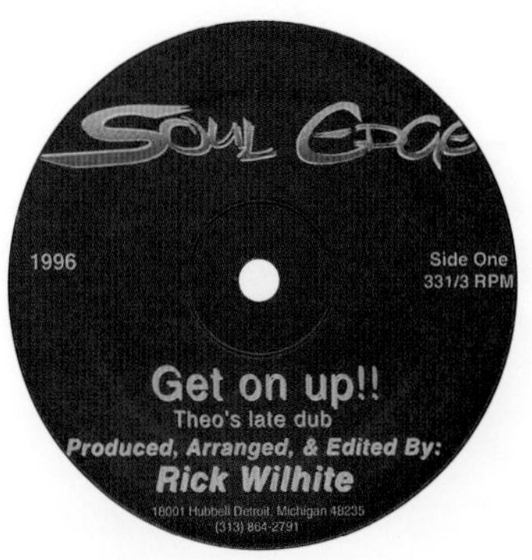


**Rick Wilhite**

Soul Edge

KDJ (96) 12"

80年代からキャリアを積んできたベテラン、リック・ウィルハイトの1st EPはKDJ初のムーディーマン以外のプロデューサー作品としてリリース。ギル・スコット・ヘロンやセローンをネタに、太いグルーヴ一発勝負なロウ・サンプリング・ハウスを収録。セオとケニーがリミックスでサポート、後にラッシュ・アワーから再発。(猪)

# TERRENCE PARKER

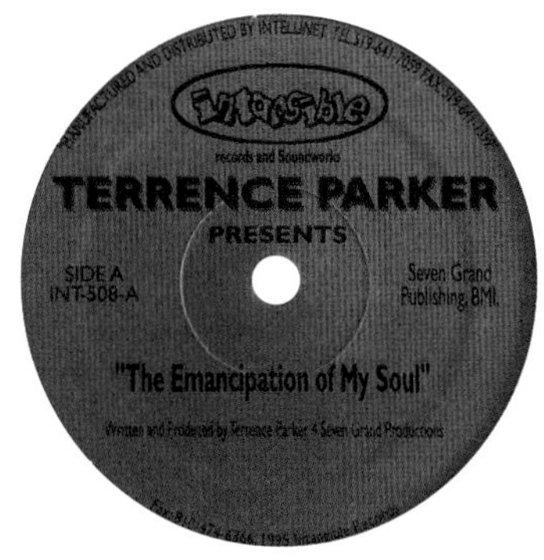


## Terrence Parker

### The Emancipation Of My Soul

Intangible Records & Soundworks (95) 12"

通称TPはディスコ〜ヒップホップを通過したデトロイト・シーンにおける先輩DJ。彼のレーベル、インタンジブルはサブマージがサポート、ムーディーマンの初期作品でも知られる。00年代初頭は千葉のDJノブとも親交があった。本作のA面の彼が得意とするピアノ・コードの優雅さは、最高潮に達している。B面ではファンク・ハウス。（野）

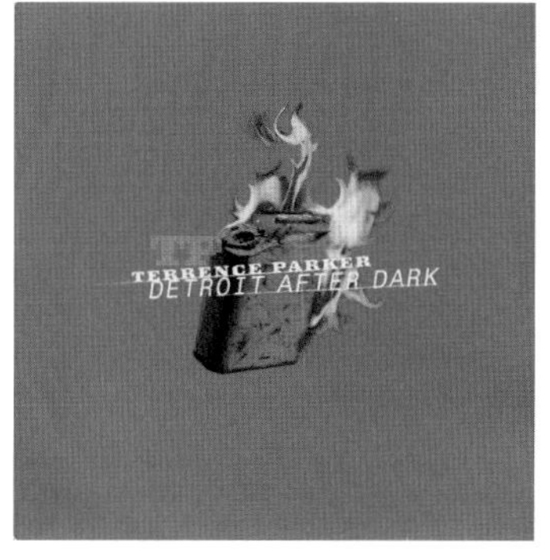


## Terrence Parker

### Detroit After Dark

Studio !K7 (97)

ムーディーマン、セオ・パリッシュらの台頭によってデトロイトのハウスが関心を集めたとき、TPへの最初の再評価も高まった。彼の本質はディスコ／ガラージにあるが、本作は、彼のピアノ演奏への偏愛が凝縮。全体的にメロウなフィーリングで、その後のビートダウンを先取りするかのようなチルなダウンテンポも冴えている。（野）

## Seven Grand Housing Authority

### Love's Got Me High

Intangible Records & Soundworks (95) 12"

TVでジェイミー・フォックスが歌う「Love Won't Make Me Wait」をサンプリングし、粗く暖かく胸に迫るゴスペル・ハウスに仕上げたTP。後にドイツのシステマティックが10インチでリミックスEPを発表。テクノ・プロデューサーのマーク・ロムボイがソウルフルなビートダウン・ハウスでリミックスを敢行、そちらも素晴らしい内容。（猪）

# OMAR S

## Omar S
Just Ask The Lonely
FXHE Records (05)

デトロイトからのニューカマーとして突如、現れたオマー・S。それまで存在してきたデトロイト・テクノともデトロイト・ハウスとも形容しがたいハイブリッドな音で、自らのスタイルを「モータウン・ミニマル」と名付けリリースされた1stアルバム。ジャケットに記されたメッセージからも強烈な反骨精神が伺える。2009年には再発もされた。（島）

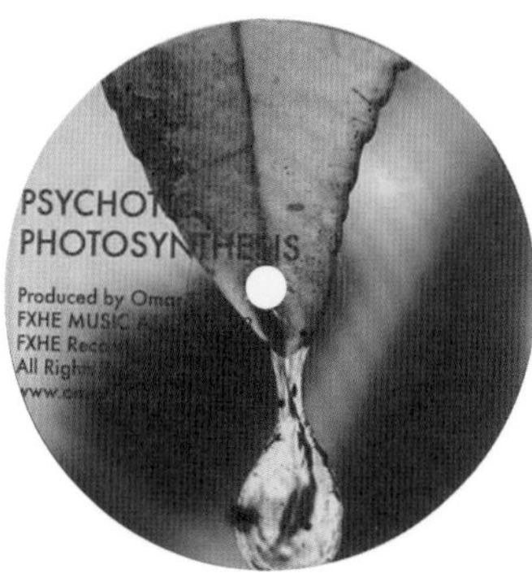


## Omar S
Psychotic Photosynthesis
FXHE Records (07) 12"

ミニマルでときにインダストリアルな雰囲気も漂わせていたトラックが多かった中で、柔らかなボトムにメロディアスなパートを盛り込んだオマー・Sの新境地。取り憑かれたように飛びかうキーと、シンセ・リフとの絡みが作り上げるドープな世界観は、本人が言うように「誰にも真似できない」であろう。彼のシングルの代表作でもある。（島）

## Omar S
The Best!
FXHE Records (16)

いまの俺がベストと高らかに宣言する2016年作。カイル・ホール、アンプ・フィドラー、ジョンF.M.らデトロイトのアーティストが参加しており、荒々しさと円熟が混ざった独特の風味は自称ベストの名に恥じないものといえる。特にディヴィニティやジョンF.M.がヴォーカルを担ったラストが最も味わい深い。（猪）

# JOHN BELTRAN

## John Beltran
### Best & Remixed
Astrolife Recordings (20) 12”

美しいアンビエント・テクノを多く発表してきたジョン・ベルトランのもうひとつの顔がラテン音楽。女性ヴォーカルのパーカッション・ハウスから、哀愁のサンセットものまで。ムーディーマンからジョー・クラウゼルまでサポートしたのも頷けるクオリティ。クリミア出身のヴィンセント・インクとナイジェル・ヘイズのレーベルから。(猪)

## John Beltran
### Back To Bahia
MotorCity Wine Recordings (20) 7”

ジョン・アーノルドのギターとベーシストのジェームス・サイモンソンをフィーチャーしたパーカッシヴなブラジリアン・ハウス、スロウなブラジリアン・ブギーを収録し、彼の広い懐が改めて知れ渡った。デトロイトでワインと音楽を楽しむヴェニュー、モーターシティ・ワインのレーベルからで、同レーベルはアンドレスやエディー・Cらもリリース。(猪)

## Nostalgic
### Going Home EP
Groovia Sound Project (06) 12”

ロマンティックな別名義の2nd EP。母なる海を想起させるストリングスと穏やかなハイハット。ゆっくりと循環するベースラインとのマッチ度は非常に高い。物語的なストリングスとブロークンビートでアプローチした曲も仕上がっている。2021年に伊バック・トゥ・ライフからリイシューされているが、「Sweet Soul」はなぜか未収録。(猪)

# MIKE HUCKABY

## Mike Huckaby
### Deep Transportation Vol. 2
Harmonie Park (96) 12”

伝説的名店レコード・タイムのバイヤー、カイル・ホールも学んだユースセンターや、ネイティヴインストゥルメンツ、エイブルトン開催ワークショップでの講師としての業績も高く評価される偉人（20年急逝）が盟友リック・ウェイド主宰レーベルから放った初期名作。ディスコの遺産を受け継いだ暖かいグルーヴが魅力的な正統派ディープ・ハウス。（西）

## Mike Huckaby
### My Life With The Wave
S Y N T H (07) 12”

ウォルドルフから93年に発売された超弩級シンセ、ザ・ウェーヴのみを使用して制作。モーリツィオを愛した彼らしいダブ・テックのA面にロマンティックなディープ・ハウスのB面。内蔵のデフォルト音源128種収録のCD-Rも同時に発売して失われつつあった知的財産をあっけらかんと開放したのも、音楽と未来に対する情熱が成せる業だったのかもしれない。（西）

## Roland King
### The Versatility E.P.
M3 (97) 12”

バイヤーも務めていたレコード・ショップ、レコード・タイムのレーベル部門M3からのワンショット・プロジェクト（ROLAND S-770が由来）。ソウルフルなサンプリングとロウでタフなハウス・ビートは、これぞデトロイト・マナーなグルーヴ。B面はベーチャン的ダブを取り入れたハウスで、多くのプロデューサーが影響を受けた。（猪）

# DETROIT HOUSE

**Rick Wade**

Late Night Basix Vol.1

Harmonie Park (94) 12”

レーベル運営が軌道に乗っていたダニエル・ベルが、リック・ウェイドと共同で立ち上げたハウス・レーベル、ハーモニー・パークからの1枚。(後にリック・ウェイドのセルフレーベルとなる）レイトナイトを思わせるディープで独特なコードはこのデビュー作から現在まで全く変わっていない。リミキサーとしてダニエル・ベルがDBX名義で参加。(島)

**K. Hand**

Project 5 EP

Acacia Records (97) 12”

21年に急逝したデトロイトのファースト・レディ、ケリ・ハンドはテクノ／ハウスの両面で多くの傑作を遺した。97年のアンダーグラウンド・レジスタンスUKツアーでプロモが100枚配布されたという無記名のトラックが並ぶ本作には、タフで呪術的でソウルフルな彼女のグルーヴの最良のエッセンスが詰まっている。(西)

**Delano Smith**

Feel This

Mixmode Recordings (03) 12”

80年代からDJのみで活動してきたデレノ・スミスの遅すぎたデビュー・シングル。ロウなグルーヴとは本来対極にあるエナジーに満ちたグルーヴは、彼がキャリアの中で培った職人気質、いぶし銀らしいさじ加減が随所ににじみ出ている。ディープ、ジャジー、トライバル、ヒプノティック……すべてのバランスが素晴らしい。(島)

**Da Sampla**

West Side Sessions

Wild Oats (12) 12”

デトロイトのレコード・ショップ、レコード・タイムのレーベルM3からリリースされたアンソニー・シェイクの別名義。ヒップホップ由来のダーティーなサンプリングによる野太いグルーヴをカイル・ホールが発見、リマスタリングを経て再発。付属の7インチはカイルとの共作で、ヴォイス・サンプルを用いたファンキーなドラム・トラックス。(猪)

# DETROIT HOUSE etc

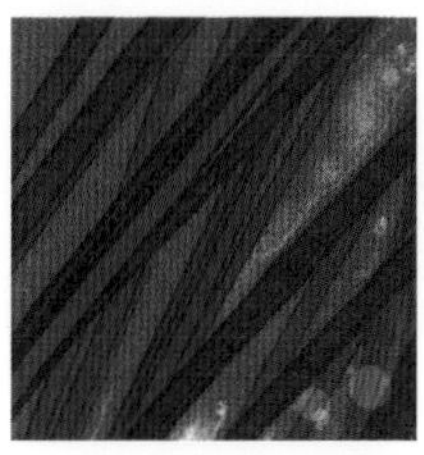

**Recloose**
Cardiology
Planet E (02)

2000年のEP「Can't Take It」(ドゥウェレがヴォーカル)は日本のクラブでも大ヒット。彗星のごとく登場したリクルーズは、ソウル、ジャズ、ハウス、テクノを巧みに混合。ベルリンのジャザノヴァとも交流しながらデトロイトの音楽を洗練させ、さらに押し上げた。これは名盤として名高いファースト・アルバム。(野)

**DJ Minx**
A Walk In The Park EP
M_nus (04) 12"

"音楽研究所"門下生のひとりで、黒人女性アーティストのエンパワーメントを90年代からおこなってきた彼女。パートナーが赤子を連れて食料品の買い出しに外出したわずか45分で生み出されたトライバルな呪術系ミニマル・ハウス。自身のウーマン・オン・ワックスからリリースされたものをヴィラロボスがプレイ、リッチーが気に入りライセンス。(猪)

**Alton Miler Feat. Amp Fiddler**
When The Morning Comes
Superb Entertainment Records (10) 12"

デトロイトの伝説的クラブ、ミュージック・インスティテュートを立ち上げたデトロイト第一世代のDJでもあるベテラン、アルトン・ミラーがアンプ・フィドラーをヴォーカルで迎えたソウルフル・ハウス。サウンド・シグネチャからの「Bring Me Down」など彼が手掛ける歌モノは素晴らしいものが多く、モータウンの影響が感じられる。(猪)

**Scott Grooves**
E2-E4 Reframed
Natural Midi (18) 12"

Pファンクをフィーチャーした「Mothership Reconnection」で知られるスコット・グルーヴスがE2-E4をバンド形式でカヴァー。デジャリドゥ、タブラ、エジプトのダラブッカなどの民族楽器と、スコットのキーボードによるコズミックなフュージョン・ナンバーに。ジェフ・ミルズとコラボするR・リーファーも参加。(猪)

# 1998

## Isolée

### Beau Mot Plage

**Playhouse 12”**

クラング・エレクトロニークのオフシュートとしてジャーマン・テクノ勢によるハウス表現を試行錯誤していたプレイハウスから、ライコ・ミュラーによって放たれた決定打が本作のタイトル・トラック。クラフトワークとアフロビートの哀愁を幻聴のようなダブでくるんだ奇跡の一発は、フランソワ・K、ジョー・クラウゼルのボディ＆ソウル勢をも魅了、結果としてディープ・ハウス・ファンからの絶大なる支持をも取り付けることに成功した。フリーフォーム・ファイヴによる生演奏多用のゴージャスなリミックスもなかなかだったが、むしろオリジナル・ミックスの方がオーガニックな佇まい。（西村公輝）

## LoSoul

### Open Door

Playhouse (96) 12”

単純で執拗なループ攻勢、ねっとりとまとわりつく低音が確実にテンションを高めてゆく、独ミニマル・ハウスの方向性を決定づけた名作。22年にはランニング・バックから、ダニエル・ベルの伝説的レーベル、エレヴェイトから出たセオ・パリッシュのリミックスも含めた完全版で再発された。（西）

# *GERMAN MINIMAL HOUSE*

**Move D**
Kunststoff
Source Records (95)

南独ハイデルベルグにてソース・レコーズを発足、ジョナ・シャープ、ピート・ナムルックなどとの積極的なコラボを通じてアンビエント／IDMの優れたリリースを展開、現在も精力的に活動するムーヴDのソロ1stアルバム。ラリー・ハードとワープ“AI”シリーズから等間隔の電子ハウス極上の名作。（西）

**Various**
Superlongevity
Perlon (99)

マーカス・ニコライによるライセンスされまくったヴォーカル物大ヒット「Bushes」のオリジナル、リカルド・ヴィラロボスによるブッ飛ぶことしか考えてなさそうなモンスター・トライバル・トラック、いまや神格化された人気を博すDJ、主宰ジップのディンビマン名義による傑作など良曲多しのペルロン初コンピ。（西）

**Luomo**
Vocalcity
Force Tracks (00)

フォース・インク傘下のハウス・レーベルからヴラディスラフ・ディレイによるハウス・ユニットの1stアルバム。難解なチェイン・リアクション作品よりも明瞭度を増したテック・ダブ空間にヴォーカルを繊細に散りばめた、非常にキャッチーな仕上がり。シングル「Tessio」は3年後に再録音されてさらに大胆にポップス化、2ndアルバム共々ヒットした。（西）

**Lawrence**
Deep Summer Hole
Dial (06) 12”

もともとは庭師だったというペーター・M・ケルステンがカルステン・ジョスト、ターナーとともに運営したレーベルからの初期の傑作。セオ・パリッシュやイゾリーといった先達からの影響を昇華した不穏さとメランコリーが同居した奇妙なハーモニーは、スモールヴィルといったフォロワーを生む。（西）

# 1999

## Pépé Bradock & The Grand Brûlé's Choir

### Burning

**Kif Recordings 12"**

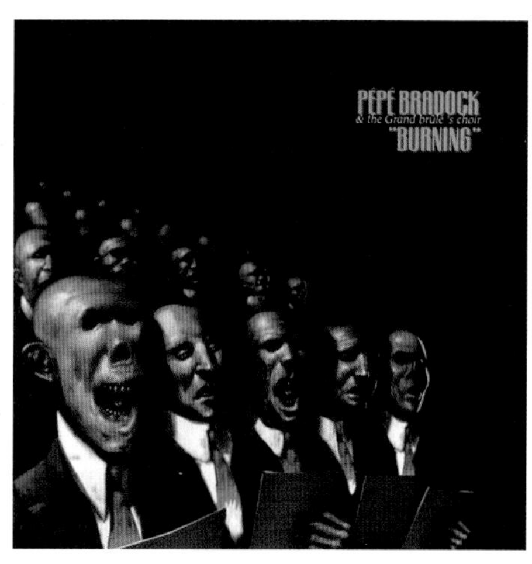


前身トランキルーの時代からモーターベースが築き上げたフレンチ・タッチを踏襲したフィルタード・グルーヴの良作を放っていた異才がついにブレイクを果たした名曲「Deep Burnt」を収録。Akaiのサンプラーを買った直後にジュリアンが弄って遊び倒し、フレディ・ハバード「Little Sunflower」(79) をサンプリング、さらにループ&フィルターを通してつくったもの。ぐいぐい上がるUSプロダクションを思わせるファットなビートにミニマルながらドラマティックな抑揚を効かせたフレーズの構築には真に天才的なセンスを感じる。これ以降はディープ・ハウスと言い切るには抵抗を覚えるレフトフィールドな作風を唯我独尊に展開中で、まったくもって目が離せない。(西村公輝+アレックス・プラット)

**Pepe Bradock**

The Forbidden Fruit EP

Atavisme (02) 12"

リリース当時、フレンチ・タッチにもディープ・ハウスにも与している印象はなかった別格による5thシングル。プリンス「Purple Rain」をサンプルした前作に続いてジョー・ボニー「Bonner's Bounce」(75) を使った「Cycles」の優雅さだけでなく、いかにも不思議な4曲入り。ジャクソンとパナッシュ名義でもリリースあり。(三)

# PÉPÉ BRADOCK

## Pépé Bradock

### Synthèse

Versatile Records (98)

「Burning」の前年にリリースされた唯一のオリジナル・アルバム。ムーディーマンあたりにも通じるブラックネスとクラシック・サンプルのコラージュ的な手法は、この時期他にも多く見られたフォロワーの作品の中で頭ひとつ抜きん出ていた。エレクトロニック、ジャズ・ファンク、ダブ、ヒップホップと、とにかく濃く幅広い。(島)

## Pepe Bradock

### Swimsuit Issue 1789

Atavisme (09) 12"

セールスよりも楽曲の作りこみを重視し1年に1枚程度しかシングルをリリースしない異才ペペ・ブラドック。「あっち側」で煌びやかに鳴るメラコンリックとドープをブレンドしたウワものの重ね方のセンスが素晴らしい。決してオーヴァーグラウンドへ出てくることはないであろう、孤独な男の哀愁すら漂うオルタネイティヴ・ブラック・ハウス。(島)

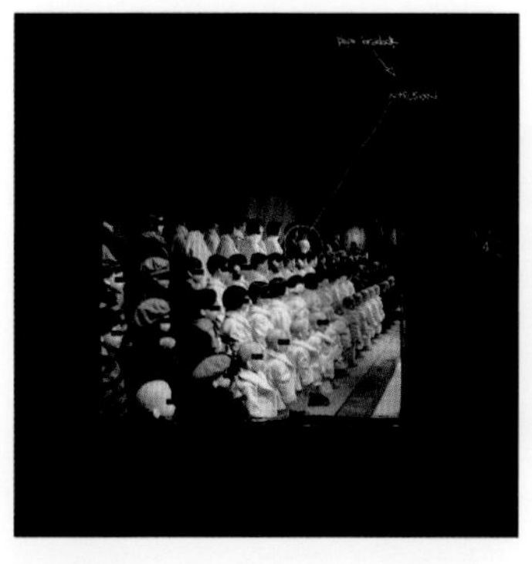

## Pépé Bradock

### 4

Atavisme (03) 12"

「Deep Burnt」と並ぶ初期名曲「4」。シカゴやデトロイトのディープ・ハウスの匂いを感じさせながら実験的な音色で構築されたレフトフィールド的スタンスは本作でも表れている。ジャジーな「4」はセオ・パリッシュの影響も見える異形のビートダウン。ホラーなアヴァンギャルド・ハウス「Intrusion」の奇怪性。(猪)

# 2000

## Doctor Rockit
Café De Flore
**Lifelike 12"**

マイク・インクの影響でハウスを作り始めたというハーバートの変名プロジェクトからセカンド・アルバム『Indoor Fireworks』の先行シングル。彼にしては珍しい作風で、ジャズ・ドラムからスタートし、侘しげなギターのアルペジオで一気に切ないモードに。さらには哀愁たっぷりのアコーディオン・ソロが止め。しかも気の利いたSEも加わるとくれば逃げ道はありません。名曲です。後にヴァネッサ・パラディの主演で映画もつくられたカフェ・ド・フロールは19世紀からあるパリのカフェで、サルトルやピカソ、ゲンズブールの溜り場だった店。DJブーンというユニットをハーバートとともに組むチャールズ・ウェブスターによるリミックスもスパニッシュな感触を滲ませた素敵な仕上がりに。(三田格)

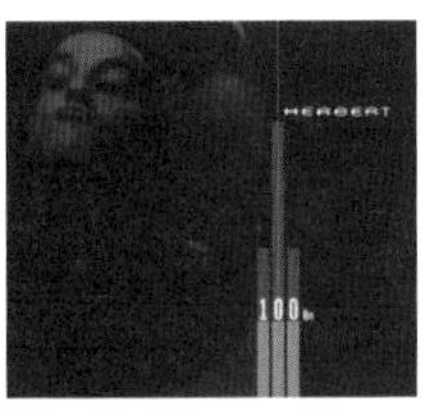


**Herbert**
100 Lbs
Phono (96) CD

ドクター・ロキットの名義でやっていたエレクトロから一転、ハウスに焦点を合わせたデビュー・アルバム。先行したシングル「Part One」から全曲、「Part Two」からは冒頭の「Deeper」、「Part Three」からはラストの「Thinking Of You」を収め、5曲をプラスしたCDアルバムで、センチメンタルに、ユーモラスに、様々な表情を見せる快作。(三)

# HERBERT

## Herbert

### Around The House

Studio !K7 (98)

「コンセプトロニカ」とものちに言われるマシュー・ハーバートはここで、洗濯機や歯ブラシなどの生活音を駆使しながらミュジーク・コンクレートとIDMをダブル・ミーニングの「ハウス」と融合する。あくまで優雅に、滑らかに。『Bodily Functions』(01) へと連なるジャジーなフレイヴァーもあるが、もっと控えめで、そしてダンサブル。(木)

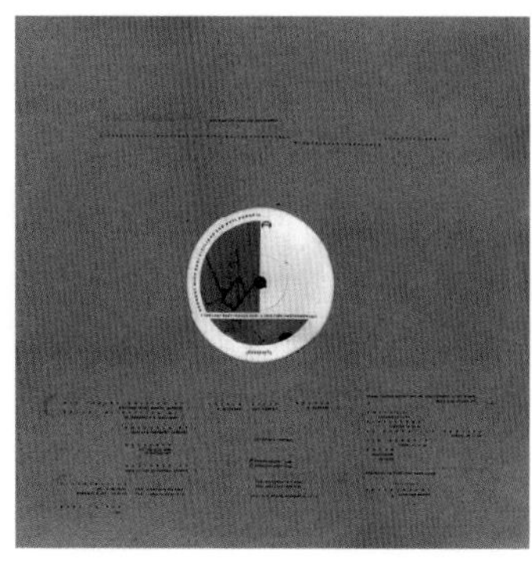

## Herbert with Dani Siciliano and Phil Parnell

### The Last Beat

Phonography (99) 12"

上記作に収録のハウス・ダブ・ミックス。場末のエレクトロニカ・ジャズといった印象の原曲に、ハーバートらしいどこか奇妙な、脳を刺激する音色（サンプリング）のダンス・ビートが混合される。リズミックでミニマルで空間的で、ありきたりのハウスのグルーヴではない。『Bodily Functions』にはさらに別ヴァージョンが収録。(野)

## Herbert

### Leave Me Now

Soundslike (00) 12"

『Around The House』のスタイルをさらに洗練させたのが傑作『Bodily Functions』。エレガントでアンニュイなジャズ・ハウス・エレクトロニカ。「Leave Me Now」ではミニマルなハウス・ビートと投げやりなシシリアーノの歌、悲しいパーネルのピアノが完璧にかみ合う。リクルーズによるリミックスがさらに素晴らしい。(野)

# *UK DEEP HOUSE*

## DiY

### Hothead EP

Warp Records (93) 12"

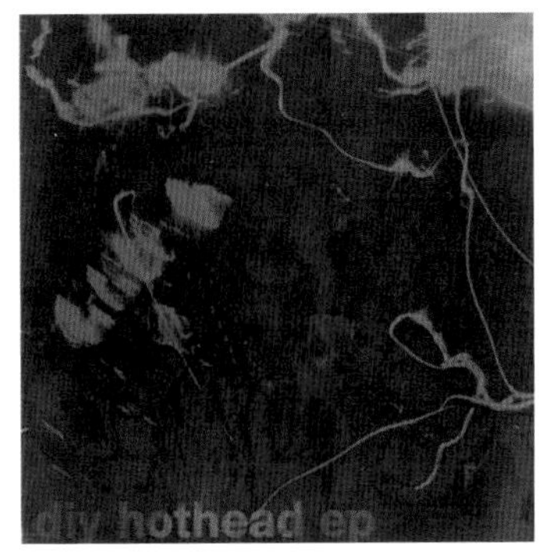


盤を見つけたら裏ジャケの写真を見よう。国家を敵にまわした無料野外レイヴ集団、ノッティンガムのDiYの栄光の記録が見られる。ハリー、ディグズ&ウーシュを中心とする彼らのサウンドトラックはハウスだった。ワープからのリリースとなったEPは、カウンター・カルチャーとしてのUKレイヴ/UKハウスの美しい瞬間を捉えている。(野)

## Presence

### All Systems Gone

Pagan (99)

チャールズ・ウェブスターは長年エンジニアとしてDiYの作品に関わり、デトロイト・テクノの仕事もしている。多くの名義があり、90年代初頭から多くの作品を残しているが、プレゼンス名義の本作はキャリアのなかでも最高の1枚。ソウルを基調にしながらUK的折衷主義を展開。いわばカーティス・メイフィールドのハウス・ヴァージョンだ。(野)

## Atjazz

### Labfunk

Mantis Recordings (01)

ラルフ・ロースンがデリック・カーターならアットジャズはロン・トレントに喩えられるかもしれない。DiYから派生した、ダービーのマンティス・クルーを代表する彼は、チャールズ・ウェブスターと同様に、オリジナル・ハウスに立ち返りながら洗練されたソウルを志向する。ファンキーだがメロウ、クラブとラウンジを往復する。(野)

# UK DEEP HOUSE etc

**Sensory Elements**
Vol 1
Azuli Records (92) 12"

アズーリは91年にロンドンで誕生したレーベルで、ハウスの歴史に決定的な影響を与えている。これはその4番目で、92年にUKで制作されたじつにディープな作品。ダークなパッドを使っていて、NY、シカゴやデトロイトのディープ・ハウスとも共通する。しかも、ラリー・ハード、ロジャー・S、MAWのセンスも生きている。(アリ)

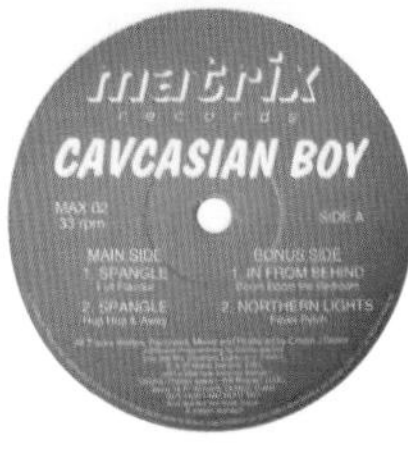

**Caucasian Boy**
Spangle
Matrix Records (93) 12"

近年活動を再開したクリスピン・J・グローヴァーのユニットによる出世作。B面2曲目の「Northern Lights」がストリクトリー・リズムにライセンスされるヒットとなったマッシヴなアシッド・ハウス傑作で、ジョッシュ・ウィンクもミックスマグ発のアシッド・ハウスDJミックスCDに収録していた。(西)

**Wulf n'Bear**
The Remix Editions Vol. 1
20:20 Vision (97) 12"

ラルフ・ロースンはトランス全盛時代にハウス回帰を主張したリーズのDJ。北部のキーパーソンで、シカゴのシェ・ダミエやデトロイトのステイシー・プーレンとも古くから交流。ファンキーなハウスとテクノの中間というUKらしい折衷的なサウンドを志向。彼のレーベルからの95年のヒット作、そのリミックス盤。(野)

**Muzique Tropique**
Collection
Glasgow Underground (97)

UKディープ・ハウス・リヴァイヴァルにおいて重要拠点となったグラスゴーのレーベルを主宰するケヴィン・マッケイの、ムジーク・トロピークでの作品のリミックス集。当時のアンダーグラウンドの熱気を帯びた編集盤で、グラスゴー・アンダーグラウンド、イジャット・ボーイズ、16B、トゥ・ローン・スウォーズメンなどなどが参加。(野)

# UK DEEP HOUSE etc

なんともイギリスらしいというか、クラシックだけでなく、ラテン音楽の影響も色濃く感じられるリー兄弟のセカンド・シングル。相反する要素をうまくまとめ上げ、いわばペット・ショップ・ボーイズのヴァージョン・アップを成し遂げた感じ。デビュー・アルバム『Plans & Designs』(97)まで、ほぼこのアイディアで突っ走った。(三)

**Faze Action**
In The Trees
Nuphonic (96) 12"

デヴィッド・マンキューゾ、ハーヴィーのプレイでも知られる、89年にアシッド・ジャズからリリースした「Earthly Powers / Techno Powers」の人気も高い、バレアリック版EBTGなベテラン・ユニットによる哀愁のベルギー産ラテン・ディスコのハウス・カヴァーで、プレスクリプションからもライセンス・リリースされた。(西)

**A Man Called Adam**
¿Que Tal America?
Other (98) 12"

MFFを共同で運営するジャスティン・ハリスとルーク・ソロモンによる3作目にして悪乗りに近い感覚に。リズムにもドライヴがかかり、ちょっとした躁状態がかなり楽しい。テンポの落とし方もスキルありで、急にいびきをかいてみたり、アルバム全体の構成を反映させたギャグ・センスも冴えている。シングル・カットされた「Blam」がその頂点。(三)

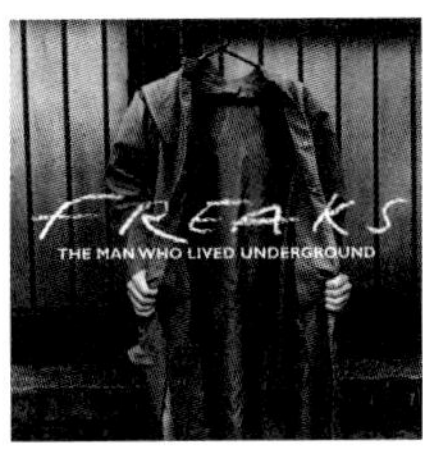


**Freaks**
The Man Who Lived Underground
Music For Freaks (03)

センソリー・エレメンツでザキDとタッグを組んだロブ・メロの代名詞「No Ears Dub」仕事にほぼハズレなし。レイドバック「White Horse」をモチーフにしたA面も良いが、マーカス・ニコライ「Bushes」のリミックスB面が強烈なダブの応酬で凄い。(西)

**Rob Mello**
No Ears Dub Volume II
Classic (04) 12"

# Disco Dub / Nu Disco

## 2001

ここでハウスは一度、解体される。ヨーロッパのシンセ・ポップとアメリカのソウル・ミュージックに立ち戻り、前者による温故知新は音色にこだわるコズミック、後者はリズムに焦点を当てたデトロイト・ハウスに収斂される。過去の再定義や拡大解釈はリ・エディットのブームを呼び、それ自体が試行錯誤ともいえるビート・ダウンを決定づける。それはときにハウスという枠に収めることも不可能なほど芳醇な可能性をもたらす一方、ハウス・ミュージック自体は、一度、完全に死滅する。

# 2001

## Metro Area

### Metro Area 4

**Environ 12"**

初期デトロイト・テクノ・フォロワーとしてダン・カーティン主宰のメタモルフィックからキャリアを開始、その後は時代を遡ってシンセ／ディスコ・ミュージックへの造詣を深めていったモーガン・ガイストと、90年代にはエッサ3名義でカリフォルニアン・トランス／チルアウト・ブレイクビーツをリリースしていたダルシャン・ジェスラニから成るディスコ・ルネッサンス・ユニットによる4枚目のシングル。泥臭くダビー、そしてギター・サウンドがリードしていた世紀末のオルタナティヴ・ディスコ・シーンに、シンセを主役としたブギーの復権をもたらした傑作「Miura」は世界中のコアなシンセ・ディスコ・マニアをも唸らせた。（西村公輝）

**Various**

Mixed Up In The Hague Vol. 1

Panama Records (00) CD

ザ・パララックス・コーポレーションとしてイタロ・ディスコの凶悪な再解釈、ネット・ラジオ "CBS" の運営で注目を集めていたI-Fが手掛けたエレクトロ／イタロ古典のミックス。一部の隙もない選曲と構成は、RAの00年代トップ50ミックスの4位に選出される高評価を獲得。オランダ西部から巻き起こったイタロ・ルネッサンス。（西）

# IDJUT BOYS

## Idjut Boys
### Saturday Nite Live
Nuphonic (00)

ビート・ミックスよりも過剰なエフェクター操作の妙技で、パラダイス・ガラージやミュージック・ボックスの情動をアップデートさせる初のオフィシャル・ミックス。イゾレー「Beau Mot Plage」とファットキャット・レコーズ原盤の謎トライバル・ビート「Que Pasa Cabasa」のマッシュアップに彼らの真骨頂を見る。（西）

## Idjut Boys
### Cellar Door
Smalltown Supersound (12)

リエディットやクエイカーマンとの共作を除けばこれが公式には1stアルバムとなる。タフで猥雑なディスコ・リエディットのバンガーを求めると肩透かしを喰らう、リラックスしたバレアリック・ムードの微熱ダブを基調としたホーム・リスニング感覚を優先。盟友ケニー・ホークスに捧げられた物憂げなレゲエ・ディスコ「One For Kenny」が秀逸。（西）

## Idjut Boys
### More Or Less - 20 Years Edition
Calentito (13)

Uスターからリリースされた、初期シングル、コンピ収録曲などを網羅、彼ら自身によるDJミックスを付録として00年に発表された集大成コンピが活動20周年を記念して再発。ロック／ジャズ／エレクトロ、etc. が過剰なダブ処理を媒介にクロスオーヴァーされたサイケデリック・ダンス、ディスコ・ダブのイメージを決定付けた名曲がズラリ。（西）

# IDJUT BOYS etc

彼らの主催したU・スターとともにUKニュー・ハウス／ディスコ・ダブの先陣を切ったレーベル、ニューフォニックからの傑作シングル。ピートZ、ベン・ミッチェル、ジェフ“ザ・ファンク”ウォーカーといった当時のUKニュー・ハウス界の重要なセッション・プレイヤーを起用してのゴージャスなジャズ・ファンク・ディスコ。(西)

**Idjut Boys**
Roll Over And Snore
Nuphonic (97) 12”

95年のファースト・アルバム『Ocean Drive』が大ヒットしたニューキャッスル出身のポップ・デュオによるセカンド・アルバム収録曲のリミックス。ソフトなダブの効いた鍵盤、ヴォーカル、ビー・ジーズっぽいギター・リフが心地良い“黒くない”メロウ・ソウル傑作。プロモ・オンリーの12分を越えるフル・ヴァージョンが最高。(西)

**Lighthouse Family**
Question Of Faith
Wildcard (98) 12”

ノイド・レコーディングズとは区別して、よりテクノ／ミニマル指向なトラックのリリースの受け皿として新たに発足したレーベル、ドロイドの2枚目。ラジ&クエイカーマンとの初期のコラボ傑作「Schlam Me」を彷彿とさせる、得意のダブにシカゴ・グルーヴを掛け合わせた強烈にサイケデリックなアシッド・ハウス。(西)

**Idjut Boys**
Droid Three
Droid (09) 12”

ジョン・ベルーシ、リヴァー・フェニックス、ジョン・エントウィッスルといった太く短く人生を駆け抜けた男たちの解放された精神をアッパー／ダウナー取り混ぜた電子音で表現した、アシッド降霊実験。12年振りに復活させたドロイドからは22年だけで一気に3枚出たが、これが最狂だった。(西)

**Idjut Boys**
Speedball
Droid (22) 12”

# DJ HARVEY

**Mystic Slot**

Disco Adjustments By Mystic Slot

Black Cock (93) 12"

ジェリー・ルーニーとともにディスコ・リエディット百花繚乱の現況を用意した人気レーベルの一番人気と言えば、やはりこれ。ロン・ハーディによる屈指のキラー・リエディットとして名高い、ザ・デルズ「Adventure (No Way Back Pt.2)」をほぼ完コピしたと言ってしまえばそれまでだが、世界で初めてヴァイナルとして流通させた意義は大きい。（西）

**DJ Harvey**

Sarcastic Study Masters Volume 2

Sarcastic (01)

アパレル・ブランド、サーキャスティックのノヴェルティとして制作された本ミックスは、ポスト・ディスコ・ダブの方向性に重要な示唆を与えた。後に世紀を跨いで検証が進んだコズミックと呼ばれる80年代イタリア北部の特異なディスコ・スタイルのリメイクであるが、ハーヴィー独自の作法も強く感じられ、その崇高なまでの酩酊感は圧倒的。（西）

**Harvey Presents Locussolus**

Locussolus

International Feel (11)

元フューチャー・ループ・ファウンデーションのマーク・バロットが発足した人気レーベルから。ロック・スターのグルーピー然とした女性2人をヴォーカルに起用、専属エンジニアのジョッシュ・マーシーの後ろ盾で重厚な音圧と高解像度な光沢感というアナログ／デジタルの利点を兼備しバレアリック感性の更新を図ったパンキッシュ・エレクトロ快作。（西）

# DJ HARVEY etc

ミステリアスなリリース戦略も功を奏して注目の集まったNY発ホワット・エヴァー・ウィ・ウォント・レコーズの看板アクトとなった本ユニットでは、トーマス・バロック（ラブン・タグ）とともにブルージーでサイケデリックなロック指向を突き詰め、バレアリックの彼岸に彷徨した。ド渋いミッドテンポ「Freaky Ways」他、名演多数。（西）

**Map Of Africa**

Map Of Africa

Whatever We Want Records (07)

ノー・フューチャー一派の人気プロデューサー、クリスチャン・ヴォーゲルと、当時はほぼ無名だったジェイミー・リデルによるレフトフィールド・テクノ・ユニットによるシングルをハーヴィーがリミックス、という当時は結構衝撃的な組み合わせだったと記憶される1枚。ダーティーな変態B-ボーイ・ディスコはいまでも最高、12年にも再発されている。（西）

**Super_Collider**

Darn (Cold Way O'Lovin')

Loaded (98) 12"

イタリアン・ハウス・ヴェテラン、アレックス・ネリとマルコ・バローニをメンバーに含むバンド指向型折衷的ユニットによるセカンド・シングル。ロック的なメランコリーをかき立てるアルペジオ・リフはミラーボール煌めくビッグルーム、浜辺のDJバー、etc. と場所を問わずアピールする。ハーヴィーはメジャー感のあるポップな仕事もうまい。（西）

**Planet Funk**

Inside All The People (Harvey Remixes)

Virgin Promo (01) 12"

伝説のトンカ・サウンドシステム、ミニストリー・オブ・サウンド初のレジデント、ビザ失効による10年に及ぶ米国潜伏を経て、現代最強のロック・スターDJに上り詰めた男にこそふさわしいイビザの名所、パイクス・ホテルでのレジデント・パーティーからのインスパイアを反映したコンピレーション。世界屈指のリゾートの40年に及ぶ快楽の澱が結晶化。（西）

**DJ Harvey**

The Sound Of Mercury Rising (Volume 1)

Pikes Records (17) CD

# DIMITRI FROM PARIS

**Dimitri From Paris**

A Night At The Playboy Mansion

Labels (00)

ロラン・ガルニエと並ぶフランス・クラブ・ミュージック・シーンにおける重要DJ。『Sacrebleu』で世界的評価を確立した後に放ったアイコニックなミックス作品。高いディスコIQから繰り出されるハウスとブギー感のある自身のリミックスも収録。ラストを飾る「Found A Cure」のリミックスは本作のみのレア音源。（猪）

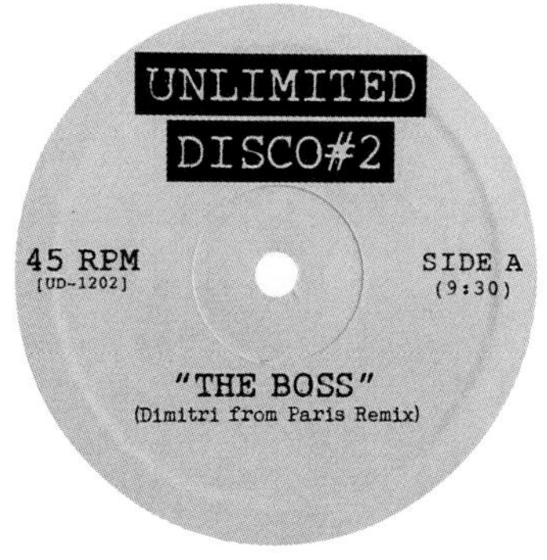


**Diana Ross**

The Boss (Dimitri From Paris Remix)

Unlimited Disco (16) 12"

2014年のミックスCD『In The House Of Disco』に収録のオフィシャル・リミックスをアンオフィシャルで12インチ化。アシュフォード＆シンプソンがプロデュースしたソウルフルな名曲をこれ以上なくドラマチックにパワフルに、歌詞と歌の力をダンスフロアで何倍にも強化する最高のリミックス・ワーク。（猪）

**Dimitri From Paris**

Le Box Set

Le-Edits Records (21)

正規ライセンス、高品質なヴァイナル素材、オリジナル・マスター音源、最高レベルのマスタリングを施したため、通常の4倍のコストがかかった「Le-Edits」を5枚組ボックス化。ダン・ハートマン、アシュフォード＆シンプソン、チャカ・カーン、ジャミロクワイのクラシックをダンサーのツボを心得た構成で再定義。ヴァイナル・オンリー。（猪）

# DANIEL WANG

## Daniel Wang

### Idealism

Environ (01)

モーガン・ガイストのディスコ転身に少なからず影響を与えただろう、エンヴァイロンからの1stアルバム。当初のネタ物サンプリングを特色とする制作スタイルから転換、シンセ演奏を主体としてオリジナリティを追求、当時のハウス・シーンにエレクトロ・ディスコの復権を促した。シングルカットされた「All Flowers〜」でその甘美なメランコリーは頂点に。（西）

## Daniel Wang

### Sessions Vol.3: Come On Let's Fly - A Special Disco Mix From Daniel Wang

Music Mine (05)

達者な日本語でフロアを煽り、何より自身が最も楽しむ様子が伝わるハイテンションなDJは、彼の作品に親しんでいない層まで巻き込み大人気に。日本独自企画の本ミックスは鹿取洋子、ピンク・レディーと日本贔屓なものから彼の定番のヴァン・マッコイ「The Hustle」、ヴォヤージ「Souvenirs」などをセレクト、微笑ましくチャーミングな仕上がり。（西）

## Various

### The Best Of Balihu 1993–2008

Rush Hour (09)

93年NYで開始したレーベル、バリフーからの初期作品やブレナン・グリーン、イルヤ・サンタナ、カルロス・ヘルナンデス（カルロス・サンタナの甥）、マッシミリアーノ・パグリアラという友人たち提供の曲で構成。本人は未熟だったと謙遜するサンプリング主体の曲が多いが「Like Some〜」「Free Lovin」などはいまだにフロアで真価を発揮する傑作。（西）

# *DISCO DUB / RE-EDIT*

**Various**
A Fistful Of Dub Plates
Zoom Records (96)

プログレッシヴ／UKトランス興隆に一役買ったズーム・レコーズのオーナー、デヴィッド・ウェッスンのディスコケインと、ドミニック・ドウソン（DJD）＆ロブ・メローによるリール・ハウズの、DJDによるテープ・エディット・ヴァージョンをまとめた復刻盤。90年代後半UKハウス・シーンの狂乱が伺い知れる。（西）

**Ray Mang**
Mangled Again
Mangled (09) CD

イジャット・ボーイズ、ハーヴィーとのコラボも度々のUKディスコ職人が90年代末からコツコツとリリースしてきたリエディット作品をまとめたコンピCD。ゲイリーズ・ギャング、ジノ・ソッチョ、バーケイズ、セオ・ヴァネスなどの名曲からグルーヴを削り出してタイトにアレンジ、ダブで派手目な化粧を施す。どれも出来が良い。（西）

**Joey Negro Presents The Sunburst Band**
Here Comes The Sunburst Band
Z Records (98)

現在はデイヴ・リーを名乗るUKシーン屈指のディスコ博士がバンド編成で本格的にブリット・ファンク・ディスコ復興を目論んだユニットの1stアルバム。タッチダウン、マヌ・ディバンゴ、バーナード・ライトの饒舌なカヴァー、幻想的ダブ・ディスコ「Delicious」ほか、外れなしの傑作。（西）

**Akwaaba**
Do It Tomorrow
Discfunction (00)

「Phlox / Just Pilau」（97）のヒットを受けて、ポール・マーフィー（マッド）、スティーヴ・コーティ（ベア・ファンク主宰）を中核としたディスコ・ダブ保守本流ユニットによる1stアルバム。バレアリックというイメージを拡散させるレイドバックしたフュージョン的グルーヴは、マッド主宰のクラレモント56に引き継がれてゆく。（西）

# DISCO DUB / RE-EDIT

アルトラ・ネイトとともにボルティモアから現れたドラマーによるファースト・アルバム。コーラスが多用され、ここではふわふわと妙にスピっているけれど、ドクター・スクラッチの名義でNYアンダーグラウンドをかき回していたフルトンが独自のセンスを発揮しだすのはディスコ・ダブ以降。レイディヴィップなどとにかく名義が多い。(三)

**Maurice Fulton Presents Boof**
Life Is Water For Gerbadaisies When They Are Dancing
Spectrum Records (00)

ビザール・インクからアンドリュー・ミーチャム&ディーン・メレディスによるユニット。ハーヴィー、イジャット・ボーイズが実験を重ねたダブワイズ・グルーヴのさらなるエレクトロ化を押し進め、ディスコ・ダブという言葉から想像されるスタイルにおいてはこれ以上ないくらいにファットで強靭なグルーヴに到達。(西)

**Chicken Lips**
Extended Play
Kingsize (02)

チキン・リップスでディスコ・ダブを極めたアンディ・ミーチャムのソロ・ユニット、デブス・チャージのレーベルから放った1stシングル。ジョン・カーペンター的ダークネスをクラウトロック的ハンマービートにまとわせて、エレクトロの度合いを増していた界隈に新風を吹き込んだ強力作。(西)

**The Emperor Machine**
Pro Mars / SH3A
D.C. Recordings (03) 12"

猫も杓子も擦り倒したオブスキュア音源のリエディット合戦の先鋭化を促した筆頭とも言えるディガー集団による人気作。ハンガリーのプログレッシヴ・ロックとチェコの職業作家によるライブラリー音源というエキゾチックなチョイスをクラブ環境に見事にフィットさせている。(西)

**Soft Rocks**
Look East / Midnight Drive
Soft Rocks Recordings (06) 12"

# DFA

**LCD Soundsystem**
Losing My Edge
(02) 12"

この殺伐とした光沢のないダンス音楽はしかし9.11の翌年のNYCのダンスフロアにはまった。曲というよりは、10年後に本格的に訪れる、ネット情報時代を予見したジェイムズ・マーフィの歌詞が全てだった。あなたはCANについてもスーサイドについても知っている。ベルリンに行ったことがないのにすっかり知った気になっている。(野)

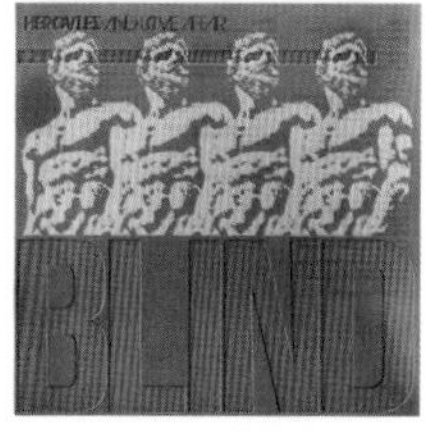

**Hercules And Love Affair**
Blind
(08) 12"

ハウスが時代のトレンドに返り咲く数年前、NYのハーキュリーズ&ラヴ・アフェアはクオリティの高い音楽性によって特別な賞賛を得た。アントニーをヴォーカリストに迎えた本作では、フランキー・ナックルズをリミキサーに起用。ディスコのバウンシーなベース、ハウスのピアノとストリングス、歴史的NYパンク・ガラージ。(野)

**Syclops**
Where's Jason's K
(08) 12"

モーリス・フルトンをはじめとする4人組の4thシングル。A面はジェイソン・キンケイドに捧げられたファットなユーロ・ディスコ風ベース・ラインにパワフルなエレクトロ・ビート、さらにモーリスらしいクレイジーなエフェクト・サウンドやPファンク風のオルガンが展開していくへんてこりんなトラック。(アレ)

**Still Going**
Spaghetti Circus
(09) 12"

トーマス・バロックとはラブン・タグを組むエリック・ダンカンとNYC界隈の裏方を一手に引き受けていたリヴ・スペンサーのユニット。イタロ・ドリーム・ハウス復権に先手を打った「On And On」に続く本作はノリの良いロック・ディスコ・ブギーで大ヒット、いつ聴いてもアガる名曲。(西)

# BROKEN BEATS

カイディ・テイタム、ディーゴと並ぶブロークン・ビーツ最重要人物IGカルチャーによる名曲。界隈で最もアクロバティックなMPCさばきにノックダウン、芳醇なブラック・ミュージックの香りに痺れる。ケニー・ドープ、ドゥウェレによるリミックスもそれぞれ良い。(西)

**New Sector Movements**

The Sun

Virgin (01) 12”

フィル・アッシャーのレストレス・ソウルに参加していたドミニク・ジェイコブソンもまた初期ブロークン・ビーツのメイン・プレイヤー。ブリット・ファンクからの影響の強い、洗練されたスタイルはいまだに輝きを放っている。19年没。(西)

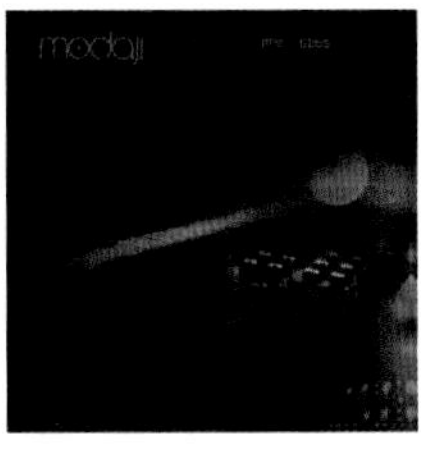


**Modaji**

Pre-Sets

File Records (00)

ディーゴとともに西ロンドン最重要プロデューサーであるカイディ・テイタム。ネオン・フュージョンでの評価を受けて発表されたデビュー・アルバム。ドラムと上モノの配置は絶妙、ハーモニーとグルーヴの佇まいはベテラン・ミュージシャンの域。アレックス・フォンツィ、マット・ロードらバグズ・イン・ジ・アティックのメンバーも参加。(猪)

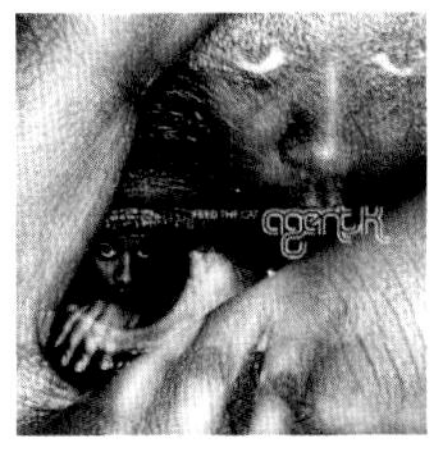


**Agent K**

Feed The Cat

Laws Of Motion (02)

東海岸ボルティモアのベースメント・ボーイズ元メンバーで、ハウス・クラシック「The Power」でも知られるカリズマの1stアルバム。いち早くブロークン・ビートを取り入れ、パル・ジョイにも近いダンサー受けするハウスへと昇華。ジャイルス・ピーターソンがサポートしてヒットした「Twyst This」のドラムの切れ味。(猪)

**Karizma**

A Mind Of Its Own

R2 Records (07)

# UK TECH HOUSE

**Housey Doings**
Brothers
Grass Green Records (94) 12"

テリー・フランシス、ネイザン・コールズなどが始めたパーティー "Wiggle" を足掛かりに制作へと発展したUKテック・ハウス・シーンの最初の成果と言われる一枚で、シカゴ、デトロイト、ニューヨークからの影響がそのいずれとも違うグルーヴに昇華されている。パンピンかつメロウなアシッド・ハウス「Magical」がキラー。(西)

**Len Lewis**
Dark Cavern
Poodle Records (02) 12"

UKテック・ハウス第一世代の主要人物による人気作。スピード・ガラージの興隆を横目に並走するかのような重低音を響かせるサブベースと切れ味鋭いパーカッションとの対比が刺激的。20年代に入り活動再開、本格的に再評価の機運が高まっているアーティスト。(西)

**Schatrax**
Stamp Collecting
Schatrax (98)

94年からワイト島を拠点に謎めいたスタンプ押しホワイト・レーベルの連発でテック・ハウス人気の一翼を担ったジョッシュ・ブレントのシングル・コンピレーション。シェ&トレントを簡素化して機能性のみを抽出したようなグルーヴは中毒性が高く、ことあるごとに再発案件が持ち上がっている。(西)

**Peace Division**
Beatz In Peacez 3
NRK Sound Division (03) 12"

キックの一発でいかに確実に殺れるか、クラブ音響に完全集中したトライバル・ハード・ハウスの雄による、珍しくネタ感を打ち出したヒット作。「ハウスは我慢」という某DJの名言も思い出す圧迫感。活動末期のミニマル化が進行した路線のその先をもっと聴いてみたかった。(西)

# JAMES HOLDEN

## Nathan Fake

The Sky Was Pink

Border Community (04) 12"

ボーダー・コミュニティの第1弾として前年にリリースされた「A Break In The Clouds」でプログレッシヴ・ハウスの風景を一新させたホールデンだが、さらに衝撃的だったのが本作に提供したリミックスで、これはもうネイザン・フェイクというよりも完全にホールデンの代名詞となってしまった。美しくて禍々しいネオ・トランス。（西）

## Holden

The Inheritors

Border Community (13)

プログレッシヴ・ハウスのIDM化を推し進めた画期的アルバム『The Idiots Are Winning』から7年後の2nd。クラブ・プレイへの配慮は彼方へ飛び去り、モジュラー・シンセの非再現性を楽しむインプロヴィゼーションを主体とした（ミックスCDにハルモニアを入れるのも納得な）原始的電子音響へと変貌。いつの時代の音楽を聴いているのかわからなくなる。（西）

## Maalem Mahmoud Guinia / Floating Points / James Holden

Marhaba

Eglo Record / Border Community (15) 12"

ボーダー・コミュニティとフローティング・ポインツのエグロからのWネームEP。モロッコのグワナ音楽家マフムード・ギニア（15年8月没）と当地でコラボした貴重な音源。事前にモジュラーのパッチを準備したが、演奏に衝撃を受けて解体、再構築してレコーディング。今作を経てさらにサイケに傾倒していく。（猪）

# Translocal

## 2002–2013

ドイツ資本が世界の辺境に散っていく。チリや北欧、南アがまるでドイツのようになっていく。アメリカの影響力はかつてなく衰退し、日本は例によってガラパゴス化。アルゼンチンは南欧の一部にしか見えず、イタリアとルーマニアが結びつく。移民文化を吸収して独自のハウス・カルチャーを編み出したイギリスはそのポテンシャルをUKガラージとして吐き出し、意外なリーチの長さを印象づける。これでは、一体、どっちがワールド・ミュージックなのかわからない……

# 2002

## Luciano
### Amelie On Ice
**Mental Groove Records 12"**

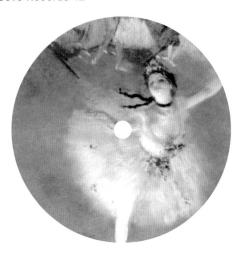

ひと昔前ならば“アッパー・ハウス／ポップ・ダンス”と区分されていたような、大箱向けのキラー・チューンを連発するようになったカデンツァだが、ヴィラロボス共々、ラテンの気質がそうさせるのか、ミニマルの旗手であるルチアーノも受けを取ることには躊躇のない人なのだろう。カデンツァ発足前夜にスイスの老舗から完全ノークレジットで発表された本作は、世界的ヒット『アメリ』から借用した優美なストリングスをせわしないエレクトロ・ビートに被せたA2がインスタント・ヒット、コズミック古典でもあるスイスのシンセポップ、グラウツォーネの「Eisbær（白熊）」をクリックなアレンジでリミックスしたB1も良い。後年のヴィラロボスと共に手掛けたと噂のブーティー・リミックス・レーベル、RALへと繋がる1枚？（西村公輝）

**Michel Cleis**
La Mezcla
Cadenza (09) 12"

スイスから寡作家のサード・シングル。アンデス民謡を思わせるコロンビアのトト・ラ・モンポシーナ「Curura」（92）をサンプリングした奇天烈なトライバル・ハウス。南米に特有の乾ききったドラムや笛が抑制の効いた躁状態をつくり出す。ストリクトリー・リズムがライセンス。（三田）

# RICARDO VILLALOBOS

**Ricardo Villalobos**
Enfants
Sei Es Drum (08) 12"

ミニマル・テクノのアイコニックな存在となって久しいリカルド・ヴィラロボスがスタートしたSei Es Drumの2作目。仏プログレ・バンド、マグマの記念コンサートの児童合唱によるチャントをミニマル・ハウス化。原曲の魔術的要素をトランスへと変換。裏面はニコラス・ジャーもネタに。キックレスなので取り扱い注意。(猪)

**Ricardo Villalobos**
For Disco Only 2
For Disco Only (05) 12"

フランクフルトのライヴ・アット・ロバート・ジョンソン系列のアノニマス・レーベル、フォー・ディスコ・オンリーより。歪んだ空間と無限回廊のようなクラップによるテック・ハウスもさることながら、フィリップ・グラスをネタにした「Mormax」がヒット。エクストリームとスタンダードがハウスで溶け合う。(猪)

**Villalobos**
Alcachofa Tools
Playhouse (03) 12"

初期名盤『Alcachofa』のCD盤のみ収録の楽曲をヴァイナルでEPカット。「Waiworinao」はロウファイなギター・リフをレイヤー化。リカルド史上最も現世的な哀愁を感じさせる名曲ながら、ドラム展開は後半までお預け。「Bach To Back」は本EPのみ収録で、エモを取り去った電子音響実験ハウス。(猪)

# NICOLAS JAAR

## Nicolas Jaar

A Time For Us / Mi Mujer

Wolf + Lamb Music (10) 12”

マルチに楽器も挽くニコラス・ジャーが10代のうちに発表したダンス・トラック。自身のルーツであるフランス語とスペイン語によるアンニュイなヴォーカルとトライバルなパーカッション、ラテン音楽の旋律は、ベルリン育ちのヴィラロボスやスイス生まれのルチアーノとは異なる位相をエレクトロニック・ミュージックにもたらす。(猪)

## Nicolas Jaar

Space Is Only Noise

Circus Company (11)

音楽評論家からも絶賛されたエレクトロニック・ミュージック新世代の台頭を告げるデビュー・アルバム。“音楽に政治を持ち込む” 姿勢と実験性をおそらくは経験というバランスで束ね上げたリスニング作品の中に、後のニコラ・クルースを始めとするスロウ・テクノの萌芽が散見されているのは重要。以降、本人名義ではハウスから乖離していく。(猪)

## Against All Logic

2012 - 2017

Other People (18)

変名で出されたサンプリング・ハウス・トラック集。意味深な「私に残されたのはこの古びたハウスだけ」にはじまり「古き良き」ソウル〜ファンクを大いに活用、素材由来のロウファイさにIDM以降のシンセ使いやグリッチが違和を差し挟み、ブラック・ミュージックとエレクトロニカの関係性を問うている。最後はAFX風。2年後の続編はより実験的に。(小)

# INNERVISIONS

**Âme**
Rej EP
(05)

ソナー・コレクティヴ傘下、レーベルのA&RによるA面の「Rej」は新しいハウス・サウンドを世に知らせた。ファンキーなベースラインに中毒性のあるドイツ風のアルペジオ・シンセが広がるドラマティックでカッコいいアンセム。ディープ・ハウス、テクノ、プログレシッヴ・ハウスといったジャンルの枠を超えたゼロ年代を代表する大ヒット曲。(アレ)

**Osunlade**
Envision Remixes
(11) 12"

ヨルバの司祭オスンラデのヒット曲をアームがリミックスしてさらにヒットしたインナーヴィジョンズ・クラシック。シンセ・リフのレイヤーとオスンラデのヴォーカルがミックスしたテック・ハウスをアームお得意のワイルドピッチ式にビルドアップしていくアフロ・エレクトロ・ハウスへ再構築。彼らのキャリアでも「Rej」と並ぶ代名詞といえる。(猪)

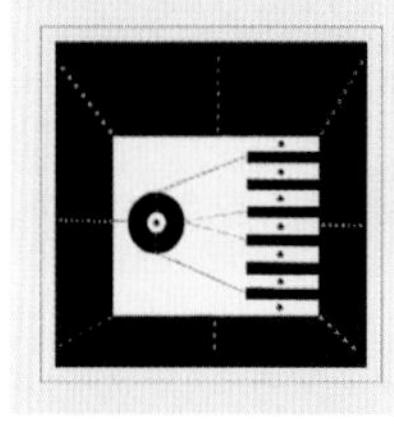

**Frankey & Sandrino**
**Acamar EP**
(15) 12"

テン年代以降のインナーヴィジョンズがカイネムジーク、テール・オブ・アスとともに強くサポートしたのがフランキー&サンドリノ。同レーベル2作目にしてDJハーヴィーがプレイして一気にブレイク。シンセを幾層にも重ねたサイケな音色は、ある種ゴシック的美学でプログレッシヴ・ハウスのモダンを突き進む。(猪)

**Culoe De Song**
The Bright Forest
(09) 12"

13年までにソウリスティックから3枚のアルバム・リリースがあるクロエ・ズールーによるファースト・シングルで、坂本龍一を思わせる官能的なストリングスの優雅さと不気味な鳴き声に引き裂かれたようなタイトル曲は南アの変化を映し出す。カップリングの「African Subway」にもひと筋縄ではいかないトライバル・リズムが横溢。(三)

# 2003

## Henrik Schwarz
Chicago

**Moodmusic 12"**

現代ジャーマン・ディープ・ハウスの筆頭として名高いヘンリック・シュワルツは盟友サッセの主催するムードミュージックから02年に「Supravision EP」でデビュー。翌年、本作で早くも世界的な評価を確実なものとする。ロイ・エアーズが主宰のウノ・メロディックから83年に放ったブギー傑作「Chicago」をサンプリング、初期のムーディーマンを彷彿とさせる粘着質なループの組み立てでフロアの熱気をみるみる高めるA面はあっという間にクラシック化するヒットに。催眠的なパーカッションと蕩けるようなジャズ・ピアノ・サンプルが淡く発光するB面「Feel Da Vibe」も素晴らしい。後にブッゲ・ヴェッセルトフトとのコラボレーション・アルバムを発表するのも納得のジャジーネス。（西村公輝）

### Henrik Schwarz
Welcome To Sunday Music

Sunday Music (03) 12"

ベルリンからセルフ・レーベルを設立して1枚目。流れるようなフュージョン・タイプの清々しいオリジナル「Jon」がまずは素晴らしく、これを自らベーシック・チャンネルを鉄から木に変えたようなトライバル・ハウスにリミックス。途中からアーメ風のクラシック・テイストが混ざり合って、かなり不可思議な曲になっていく。（三）

# HENRIK SCHWARZ etc

## Henrik Schwarz & Amampondo

I Exist Because Of You Versions

Innervisions (08) 12"

エレクトロニック&プログレッシヴなインナーヴィジョンズは早くからアフリカのミュージシャンとコラボしたリリースも重ねている。南アフリカのパーカッション集団アマンポンドとコラボ。アフリカン・パーカッションとエレクトロニック・サウンドのアンサンブルは、インナーヴィジョンズのレーベル・カラーとなっていく。(猪)

## Omar Feat. Stevie

Feelin You (Henrik Schwarz Remix)

Peppermint Jam (10) 12"

後にクラシック音楽や現代音楽、コンテンポラリー・ジャズとのコラボレーションを積極的に行っていくことになる彼は、この時期からその方向性へ舵を取る。ネオ・ソウル・シンガー、オマーとスティーヴィー・ワンダーがコラボしたR&Bファンクをリミックス。全く別のソウル・エレクトロニック・ジャズ・ハウスへと組み替える（猪）

## Ebo Taylor / Pat Thomas / Henrik Schwarz

Ene Nyame 'A' Mensuro

Strut (15) 12"

ハイライフの巨匠エボ・テイラーと伝説的シンガー、パット・トーマスというガーナ音楽のレジェンダリー・ミュージシャンが1980年のロンドンで制作した楽曲をリミックス。原曲のもつアフリカン・スピリッツを増幅、主要要素をほぼ残してハウス化。まるでセッションしているかのような中盤のエレクトロニックなブレイクもGOOD。(猪)

# SASSE

## Freestyle Man
Que Domingo Inquieto
Puu (97) 12”

この頃フィンランドのトゥルクを拠点としたサッセ（フリースタイル・マン）は、ラリー・ハード、そしてハーバートや地元のミカ・ヴァイニオなどの影響を受けながら、ハウス（ディスコ）を量産。当時の彼は北欧らしいクリーンで空想的な音響を特徴とした。ジミ・テナーも参加したA1もさることながらロマンティックなB1が最高。（野）

## Sasse
Jersey EP
Moodmusic (97) 12”

この時期の、サッセ、フリースタイル・マン、モーリス・ブラウン等々、多くの名義を使っていたクリス・リンドブラッドの作品は全て良い。イギリス海峡のジャージー島に捧げられた本作も例外ではない。ハーバートにも通じる最小限の跳ねるリズムとラリー・ハードを思わせるアトモスフェリックなストリングス、それだけでクラバーに幸せな旅をさせる。（野）

## Sasse
Third Encounter
Moodmusic (12)

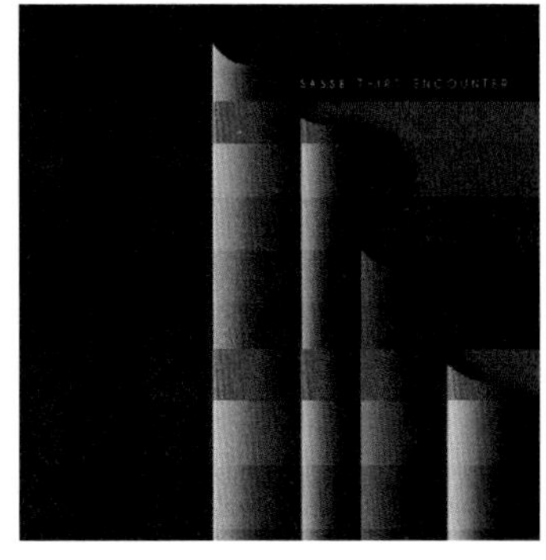

ホルマー・フィリップソンとの『A Splendor In The Grass』から3年、透き通るような「Fingers Inc」と題された曲で始まるサッセ名義では4作目。ヒップホップやクールなディスコ・ダブから、ついにディープ・ハウス回帰かと……。「Gravity」（06）系の「Eagle Eyes」もいい。（三）

# SVEK

**Stephan-G**

Stay With The Machine

(96) 12"

リリース当時はハウス・テクノのシーンからはあまり注目されていなかったスヴェック・レーベルは、ゼロ年代中期ごろからテック・ハウス〜ミニマルの文脈で再評価される。イェスパー・ダールベックとともにレーベルを運営したステファン・グリーダーのプロジェクトで、展開という概念をほぼ削ぎ落としたことでグルーヴの美学が引き立つことに。(猪)

**J. Dahlbäck**

The Persuader

(97) 12"

後にフィル・ウィークスのP&Dが再発する、北欧ディープ・テック・ハウス・クラシック「What is the time, Mr. Templar?」収録。ヘヴィーなキックと締まったハイハット、湿った音質。トーキング・ヘッズ「Seen and Not Seen」とビドゥ・オーケストラ「Rain Forest」がネタ元。(猪)

**The Persuader**

A View From Slussen

(98) 12"

「Thousand Fingerman」のパーカッションを使ったジャジーなディープ・ハウス「From West To South」、そして夭折の天才エロットによる「Slussen」のダブ・ミックスが素晴らしい。北欧の清涼な空気感の元、テクノ／ディープ・ハウス／ディスコ・ダブが交差した稀有な名盤。(西)

**Mr. James Barth & A.D.**

Knockin' Boots (Vol 1 Of 2)

(98) 12"

テクノ・シーンで絶大な支持を集めたカリ・レケブッシュとアレクシ・デラーノがコラボしたテック・ハウス傑作。固く締まったビートと鋭いダブ処理で解き放たれるシンセとヴォーカルが鮮烈。「Above The Skyline」はダニエル・ベルがトレゾアからのミックスCDにて使用。(西)

# 2004

## Flying Rhythms
Doragon Balls
**Zi-Koo 12"**

70年代から活動する日本アンダーグラウンド・シーンの重鎮ドラマー、久下恵生、セネガル出身のパーカッショニスト、ラティール・シー、ドライ&ヘヴィを皮切りにダブ・エンジニアとしての存在を確立した内田直之から成るトリオの1stシングル。ジャンベ、コンガ、ドラムによる正確無比でダンサブルなビートと表情豊かなダブ処理によるグルーヴは、トリオ結成の多大なるインスピレーションの源泉となったというNYCクラブ・シーンの古典、ウォルター・ギボンズとフランソワ・ケヴォーキアンによるレア・アースの非公式リエディット「Happy Song Or Dance (Remix)」のごとく、時空を超えてダンスフロアの始源と未来を繋ぐ。まさに名は体を表す“飛び”っぷり。(西村公輝)

高円寺グラスルーツを拠点に全国区的人気を博していたDJのヒカルとミュージシャンのテツによるヘッドミュージック・ユニット、ブラスト・ヘッドのアルバム『Outdoor』からのカット。アシッドなサルサ調の「Slide Out」も良いがマニュエル・ゲッチング直系の彼岸系バレアリック・ミニマルを聴かせる「Soft Step」が白眉。33回転にするとさらに良い。(西)

**Blast Head**
Slide Out
Zi-Koo (07) 12"

# KUNIYUKI TAKAHASHI

**Kuniyuki**

Precious Hall

Natural Resource (02) 12”

国内屈指のハウス箱として海外のDJもリスペクトするクラブの名を冠した初期傑作。凍てつく北の大地を想起させる環境音が覚醒を促すアンビエント・シンセへと溶け込む展開。コンガとヴィブラフォンとフルートにガバキックという意外な組み合わせを極自然にミックスする技量は、後にエンジニアとしても成功することの裏付け。（猪）

**Kuniyuki**

Earth Beats

mule musiq (05) 12”

ジョー・クラウゼルがフックアップしたことで注目が集まる中、日本のmule musiqがこぎ着けた3作目。ゲッチングのようなギターをダブとアンビエントで包み込むが、ミニマルの陶酔ではなくスピリチュアルに近い。また、ブロークン・ビートはダンスを忘れていないため、グルーヴは失われない。後にラリー・ハードもリミックス。（猪）

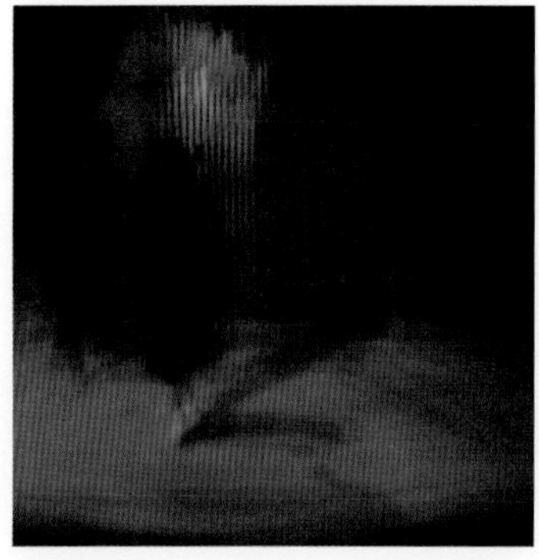

**Kuniyuki Takahashi**

All These Things

mule musiq (07)

80年代に実験的なアンビエントやNEW WAVEを生み出していた彼による実質的ファースト・アルバム。数々の実験を経て生み出された美しい音楽は、どこをとっても不朽。イアン・オブライエン、ヘンリク・シュワルツ、アレックス・フロム・トーキョーらも参加。長らくCDオンリー・アルバムだったが、2019年に初ヴァイナル化。（猪）

# GONNO

## Gonno

### Acdise #2

International Feel Recordings (11) 12”

ロラン・ガルニエに渡したデモ音源をインターナショナル・フィールが耳にしサイン。トッド・テリエからジェームス・ホールデンまでプレイ、一気に世界的プロデューサーへと駆け上がったゴンノの出世作。エレクトロとアシッドをシューゲイザー的に多幸感で束ねた表題曲は、国内でのあらゆるパーティーでもプレイされアンセム化。（猪）

## Gonno

### The Noughties

Beats In Space Records (13) 12”

「ACDise #2」を気に入ったティム・スウィーニーが早速自身のレーベルからリリース。マーチのリズムとアルペジオ・シンセがマッドかつサイケデリックに展開するレフトフィールド・ニューディスコ。2011年に早逝した盟友サーモンに捧げるダビーなサイケ・ロック・ダンス「Salmon Is Jamming」も収録。（猪）

## Gonno

### Remember The Life Is Beautiful

endless flight (15)

10年ぶりにリリースされた2ndアルバムはmule musiq系列のendless flightから。人生の美しさを忘れないで、というタイトルに収められたドリーミーなシンセサイザー音楽は、すでにDJで多忙を極めていたゴンノによるリスニング・ミュージック的側面も色濃い。躍動するエモーションと鎮静化する肉体。（猪）

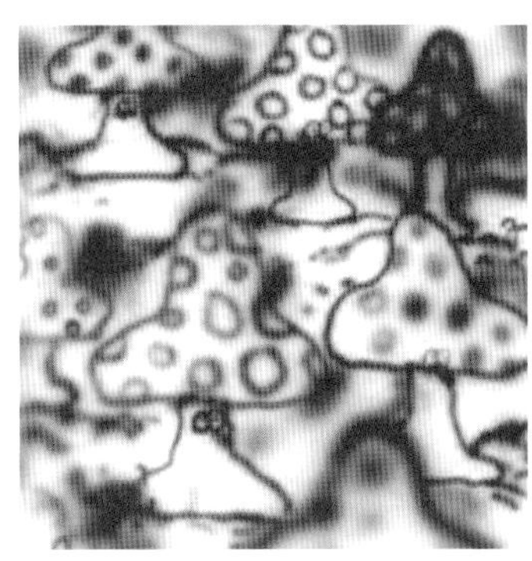

# FLOWER RECORDS

## Coastlines
Coastlines
(19)

コーストラインズは90年代初期にDJを始めた池田正典と鍵盤奏者の金子巧（クロマニヨン）によるバレアリック・ユニット。レゲエ、トロピカル、フュージョンなど様々なジャンルにまたがる叙情的なチルアウト性を海岸性をイメージさせるスロウな楽曲に閉じ込める作風は、国内はもとより海外からも評価され、翌年にライセンス・リリース。（猪）

## Slowly
Let The Music Take Your Mind
(21)

高宮永徹による95年始動の老舗レーベルFlower Recordsを代表するユニット、スロウリー。06年にファースト・アルバムをリリースした後に活動は停止していたが川原亮をメンバーに迎え18年再始動。カーティス・メイフィールドやデバージのカヴァーを筆頭にポップなセンスでバレアリック・レゲエを聴かせる2ndアルバム。（猪）

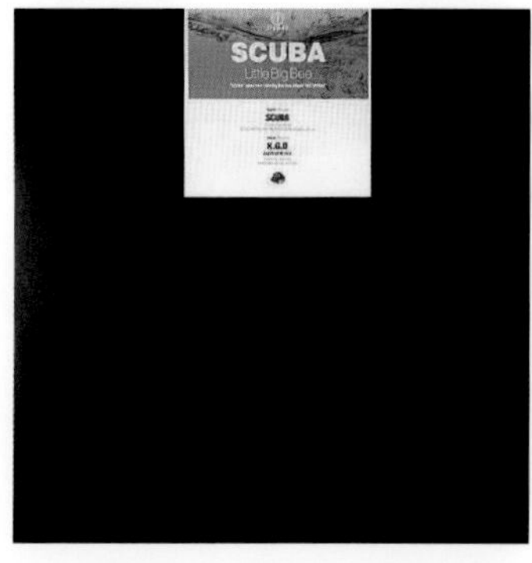


## Little Big Bee
**Scuba**
(06) 12"

高宮永徹を中心としたプロデューサー・チーム、リトル・ビッグ・ビー。アルバム『Waterman』の冒頭を飾る楽曲の12インチ・カットで、ベース、ギター、キーボードのゆったりとしたメロウ・ダビー・ハウス。テン年代後期から日本のクラブ・ミュージック発掘の流れで発見され、ミュージック・フォー・ドリームズもコンピ『音の和』で再評価。（猪）

# JAPANESE HOUSE

## Satoshi Tomiie

New Day

Abstract Architecture (15)

フランキー・ナックルズに見出されて本場NYでいち早くハウス最前線に立った日本人。その後も多種多様なトレンドを体現してみせたVIPだが、近年はモーリツィオ以降のダブ・テック系譜の抽象的スタイルに変貌、これがまた凄い完成度。ブラウザー、ロン・トレント、フレッドPなどのリミックス集も見事な仕上がり。(西)

## DJ Nori

We Don't Know EP

Running Back (13) 12"

70年代に活動開始、86年に渡米。ラリー・レヴァンとDJし交流を深め、帰国から今日まで日本のダンス・ミュージック・シーンに絶大な功績を残し続ける、まさにDJ's DJ。本作はモーリス・フルトンが来日中に制作したもので、その後も複数のエディットを発表。現在はDJムロとのキャプテン・ヴァイナルが人気を博している。(N)

## DJ EMMA

EMMA HOUSE XX 30th Anniversary

ユニバーサル ミュージック (16) CD

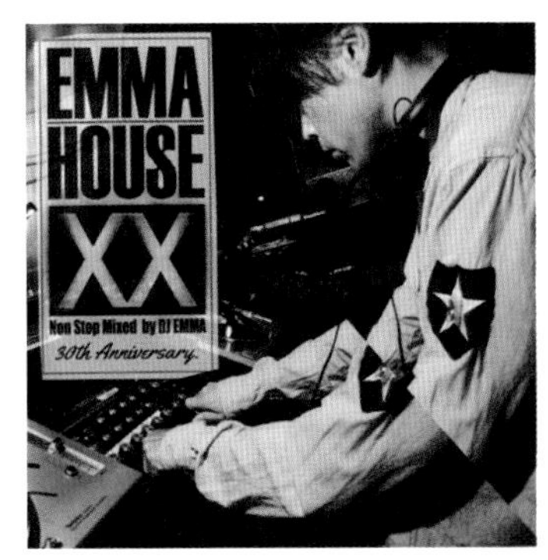


90年代から00年代において『EMMA HOUSE』シリーズは全国のハウス・ファンにとって大切な情報源だった。完成度の高いミックスCDは未成年や地方在住者にもハウスの魅力を伝え続け、収録曲は全国のアンセムとなった。本作は活動30周年を記念したものに相応しく、本人がセットの要所で掛け続けた楽曲群が光る集大成的作品。(N)

# JAPANESE HOUSE etc

**A Hundred Birds**
Jaguar
Wave Music (03) 12"

DJヨクが1996年に結成したダンス・ミュージック集団がデトロイトのDJローランドが放ったクラシック「Jaguar」をオーケストレーションでカヴァー。パワフルでエモーショナルな原曲をストリングス、パーカッション、ホーン、鍵盤で奏でるアンサンブル。フランソワKのウェイヴ・ミュージックからリリースされクロスオーヴァーにヒット。(猪)

**Jazztronik**
Samurai
Chez Music (04) 12"

野崎良太のメイン・プロジェクト、ジャズトロニックの代名詞的な名曲。流麗かつドラマ性の高いピアノの旋律が、西ロンドン発のブロークンビートと一体化。留まることなくリスナーを圧倒的なグルーヴで押し流すクロスオーヴァーなヒット曲。ジャイルス・ピーターソン、ダニー・クリヴィット、ルイ・ヴェガらもサポートした。(猪)

**AK**
Say That You Love Me
Pantone Music (09) 12"

柿原朱美として今井美樹や原田知世などに楽曲を提供してきた彼女が現名義で再出発した際に、NYの重鎮フランソワ・ケヴォーキアンにリミックスを依頼しエリック・カッパーが共作で手掛けた日本語verが01年にスマッシュ・ヒット。日本語ハウスの金字塔となった。本作はパートナーのダニー・クリヴィットのエディットを収録。(N)

**Being Borings**
Love House Of Love
Crue-L Records (11) 12"

"渋谷系"興隆の一翼を担った重要拠点クルーエル・レコーズはミレニアム期のダンスフロアに照準を定めた名作も多いが、これもその一枚。フレンチ・タッチとディスコ・ダブの作法をラフに掛け合わせた瀧見憲司と神田朋樹による本作は、ハーヴィー、エリック・ダンカンなどもプレイしたキラー・チューン。(西)

# JAPANESE HOUSE etc

現在はXTALとして活動し、トラックス・ボーイズ、(((さらうんど)))のメンバーであるクリスタルがCRUE-Lに残した多幸感ハウス。サニーデイ・サービスやスギウラム作品にも参加する高野勲がキーボードで参加、天上のエレクトロニック・ピアノ・ハウスへ昇華。B面はピアノをドラマティックにしたヴァージョン。川崎のエモがここに。(猪)

**Crystal**

Heavenly Overtone

Crue-L Records (11) 12"

ハーヴィー以降のディスコ・ダブ・ムーヴメントを敏感にキャッチしていたKZAとDJケントのB-Boyコンビによる2nd アルバムからのカット。USライセンス盤。即効で極まるサンプリングの美学が横溢。イジャット・ボーイズ、ホットリップス&ホークアイのリミックスもそれぞれの良さが出ている傑作。(西)

**Force Of Nature**

Unstoppable

Headinghome Recordings (05) 12"

ベルリンのパーティー/レーベル〈カクテル・ドゥ・アモーレ〉との親交も厚いDJチダの主宰レーベルからのDJケント(フォース・オブ・ネイチャー)によるソロ。マニュエル・ゲッチング流儀のサイケデリックなギターがトランスへと誘う、極上のプログレッシヴ・ディスコ・ハウス。(西)

**The Backwoods**

Cloud Nine / Blue Moon

Ene Records (10) 12"

アンビエント/ニューエイジの間(あわい)を繊細に見極める井上薫のダンス・ユニット。世界各国からのバレアリック系コンピレーションに収録される成功を収めた「Aurora」はジョー・クラウゼルにも比肩する国産生音系ディープ・ハウスの金字塔的傑作。(西)

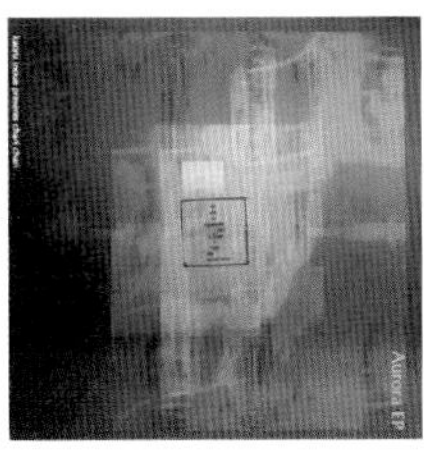


**Kaoru Inoue Presents Chari Chari**

Aurora EP

Bonjour (02) 12"

# JAPANESE HOUSE etc

**Calm Presents K.F. "KeyFree"**
Shining Of Life
Music Conception (04) 12"

デヴィッド・マンキューゾのザ・ロフトを参照した、リスニングとダンスを両立させる至高の音響空間への飽くなき探求にも称賛が集まるカームの別名義KFによる、四つ打ちダンス・ジャズとディープ・ハウスのクロスオーヴァー傑作。日本人らしい繊細な祝祭感の表現が素晴らしい。(西)

**Juzu a.k.a. Moochy**
Morning Grow
Crosspoint (05) 12"

オルタナティヴな文化と精神の在り方を問い続ける求道者ムーチーがキューバで録音した、ディープ・ルンバのハウス発展系グルーヴ。B面ではサイジジー・レコーズの稲岡健が参加、エレクトロニックなテクスチャーの取り入れ方も実に秀逸。後にテーリ・テムリッツのリミックスが出るのも納得のディープネス。(西)

**Foog**
Open Your Eyes
mule electronic (10) 12"

日本ハウス界屈指のベテランにして、数々なスタイルを展開してきた福富幸宏がエレクトロニック/ミニマルな志向を表現した名義。ヴィンテージなルーツへの回帰をみせていたシーンへの回答としてこの上なく正解な、マーシャル・ジェファーソン名曲の傑作カヴァー。(西)

**Hiroshi Matsui a.k.a. Royal Mirrorball**
(Earth In) Blue
Rush Hour (22) 12"

CM/ゲーム/アイドルなど多岐に渡る楽曲提供で高い評価を受ける職人気質の作家、松井寛が00年に身内で配布していたプロモ盤が蘭ラッシュ・アワーに捕捉されて正規販売へと至ったもの。イタロ・ハウスの一番ヤバい感じが脳裏をよぎる、驚嘆すべき傑作。(西)

# JAPANESE HOUSE etc

天宮志狼と達朗の兄弟とキーボーディスト小滝みつるを核に据えた、日本ハウス草創期の代表的ユニットによるメジャー・デビュー・アルバム。NYハウス初期の立役者であるマーク・カミンズのサポートも受け、独特の泥臭くも神々しいミクスチャーを展開。22年にLP化再発。(西)

**Ecstasy Boys**
Moon Dance
cutting edge (94)

00年代に大阪発の名レーベル、サウンド・チャンネルを拠点に精力的に活動していたベテランがUKから復活。アジア各地のフォークロアを配合したアシッド・ダブは、欧米視線のエキゾチカを逆手に取った絶妙なバレアリック感覚。手練れの技。(西)

**Akio Nagase**
Global Acid EP
[Emotional] Especial (21)
12"

寺田創一、横田信一郎をカタログに揃えるロンドンのレーベルから武茶こと福島武司による未発表曲メインのEP。90年代から活動し、テン年代以降の極東発掘の動きで発見されたプロデューサーの1人。しっかりした骨太のロウと、輪郭がはっきりした主旋律によるハウスで、ケリー・チャンドラーやジョヴォーンの影響も見える。(猪)

**Takecha**
A Tale Of Shiga
Hhatri (17) 12"

新潟長岡を拠点とするレーベルiero(家路)から発表された国産アンダーグラウンド・ハウスの名曲としてフローティング・ポインツやムーヴDもプレイしたEP。丁寧で繊細なアンビエント要素とパーカッションの絶妙な組み合わせの「Drafting〜」と、アコーディオンのリフでグルーヴを牽引する「Jump〜」。2022年に活動再開。(猪)

**Takuya Matsumoto**
Drafting Under The Stars
Iero (10) 12"

# TERRE THAEMLITZ

## Various

### Fagjazz - Comatonse Super Best Collection

Comatonse Recordings (00) CD

NYでハウスの洗礼を受け、アンビエント中心だったベイ・エリア時代にセルフ・レーベルからリリースしたコンピレイション・スタイルの（テクノは除きハウスでは事実上の）1作目。ニュー・グルーヴを思わせるスタンダード・タイプからチャッガのリミックスではアヴァンギャルド・ピアノと、バラエティ豊かに見せている。（三）

## Kami-Sakunobe House Explosion K-S.H.E

### Routes Not Roots

Comatonse Recordings (06) CD

住所が特定されそうな名義で（ハウスでは事実上の）2作目。これもバウンシーな「B2B」、アッパラパーな「Fuck The Down-Law」、悲しくもゴージャスな「Down Home Kami-Sakunobe」と、多種多様な曲が詰め込まれ、繊細な神経を堪能できる。いかにもNYといった感じの情景が浮かぶ「Crosstown」以外、NYの面影はあまりない。（三）

## DJ Sprinkles

### Gayest Tits & Greyest Shits: 1998-2017 12-inches & One-offs

Comatonse Recordings (21) CD

フロア・オリエンテッドな名義で発表していた12”音源を中心にまとめたCD2枚組。異形のヴォーグ、NYCハウス古典の狂ったリエディット、ノイズがつんざくテーリズ・ニュー・ファズ・フュージョン名義作など、現行のヴァイナル・カッティング技術ではいまだフォローしきれないダイナミクスを有した、初期の荒々しい傑作が適正な音質で楽しめる決定版。（西）

# 2005

## Switch

A Bit Patchy

**Dubsided 12"**

3作目でUKガラージに乗り換えたからか、トレヴァー・ラヴィーズ（セカンド・ネイチャー）が脱退し、デイヴ・テイラーだけとなったソロ・プロジェクトが通算4作目で方向性をがらっと変え、チープでダーティなベースラインにインクレディブル・ボンゴ・バンド「アパッチ」をサンプリングしたところ、これが年間を通じての大ヒットに。さらにはレイヴ風のシンセサイザーを特徴とするフィジェット・ハウスと呼ばれるジャンルまで派生し、クルッカーズやジェシー・ローズがこれに続き、トレヴァー・ラヴィーズも結局……。ワールド・ミュージックとの架け橋をなしたこともあって、ディプロとメジャー・レイザーを結成したデイヴ・テイラーはM.I.A.のメイン・プロデューサーとして知られるようになる。（三田格）

T・ラヴィーズがスウィッチ以前にグラフィティ・ライターのA・ユザフやN・ケイシー、サルト・シティ・オーケストラのS・ブラッドショーと組んでいたユニットの2作目。典型的なUKディープ・ハウスで、清々しいメロディ・ラインが横溢。フィジェットを抜けてからの「Lotta Livin' EP」やリル・ボー・トゥイーク名義もいい。（三）

**House Of 909**

The Children We Were

Pagan (97)

# 2006

## Dave Aju

### The Tables Turn

**Circus Company 12"**

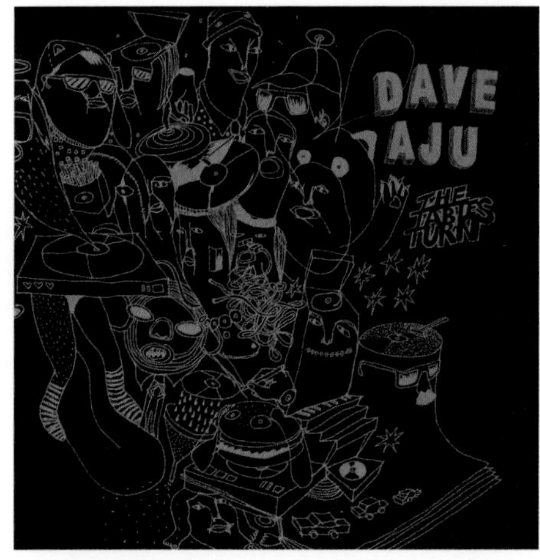


サン・フランシスコからマーク・バーライトによるサード・シングルは、あまりに驚愕の内容で、もはやワールド・ミュージックにしか聴こえないクリック・ハウスに。パーカッションとフルートは生で加えたものなのか、アフロ・ビートとの絡み合いがどこまでも平行線を辿りながら、脳と身体にぐいぐい食い込んでくる。元がとんでもないからか、クリコールによるリミックス・ヴァージョンもぶっ飛んでるけれど、カップリングの「Living Proof」はインダストリアル・パラダイス・ガラージとでもいうべき未知の快楽へと確実にリスナーを引き込む最高の瞬間。さらに「Runout」はレジデンツをDJカルチャーに放り込んだような……。これは天才の仕事でしょう。来日していた!!!に薦めたら、最後まで全部聴いて買っていった。(三田格)

**Dave Aju**

**Listen To Your Heartbeat**

Accidental (12) 12"

ハーバートのレーベルから『Bodily Functions』の10周年リミックスと前後して新作も。オルガンとコーラスをビートに同期させ、踊れるミュジーク・コンクレートとでもいうような演劇的作風でアプローチ。「Crazy Place」(08) で一度試みている手法ながら、シャッフル感が格段にアップしている。(三)

# WEST COAST

UKからトーマス・バロック（後のラブン・タグ）、イェノ、マーキー・マークとともにサンフランシスコに上陸、ウィキッド・サウンドシステムを立ち上げて人気を博したDJガースが当地のブレイクビーツ・ユニットとタッグを組んだ出世作。トライバル・アシッド・モンスター。（西）

**DJ Garth & E.T.I.**

Twenty Minutes Of Disco Glory

Wicked (96) 12"

近年再評価の機運が高まるサンフランシスコのベテランがシカゴの名門から放った傑作。MPCから滑らかに叩き出されるダンス・ミュージックとしての普遍的な魅力が満載のサンプリング・フレーズ。ジョーンズ・ガールズ・ネタのB2には盟友クリス・ラムが参加。（西）

**DJ Rasoul**

Soul Searching Vol. 1

Large Records (98) 12"

各自ソロでも活躍したエリック・ギャラヴィズ（Hipp-E）とヘイローによる初期代表作。程よい固さと重量感のボトム、クリスピーなパーカッションが一心不乱にぶっ飛んで遊ぶのに最適な、ハウス好きもテクノ好きもまとめて面倒を見る懐の深さの西海岸シーンらしさが体現されたトライバル傑作。（西）

**H-Foundation**

420 Sessions E.P.

Siesta Music (99) 12"

サンシャイン＆ムーンビーム・ジョーンズ夫妻から成るサンフランシスコの人気サウンドシステム・ユニットによる大ヒット。UKハウス大手〈ディフェクテッド〉にライセンスされたことで彼らは世界的な知名度を得る。パーティーを永遠に引き伸ばすユーフォリックなバレアリック・グルーヴァー。（西）

**Dubtribe Sound System**

Do It Now

Imperial Dub Recordings (00) 12"

# WEST COAST

**Sublevel (Doc Martin)**

Just Us

Sublevel (02) 12"

US西海岸を代表するロサンジェルスのDJ、ドック・マーティンが自主レーベルから放ったアンセム。長らく活動を共にする妻リリア（19年没）をヴォーカルに、ディープともハードとも言い切れない、濃厚にダビーで重心の低いLA地下流儀グルーヴでがっちりキメる名作。（西）

**Kat Williams / Angel Freakin**

That Track By Kat / Angel Freakin

Shadowprint Records (02) 12"

ロサンジェルスのリエディット職人ピーター・ブラックのレーベルから出ているが、元々はUK原盤であまり情報が出回っていない一枚。催眠的アシッドの大傑作「That Track By Kat」はヴィラロボスのミックスCD『Taka Taka』に収録されたことでカルト的ステータスを獲得。（西）

**Rollmottle / Broker/Dealer**

SEN001

SENTRALL Records (01) 12"

ヨットロックと（後の）ヴェイパーウェイヴから等間隔の位置にある（ような）ドライなバレアリックの新感覚を打ち出したセントラルの1番。ホール＆オーツのブレイク古典「I Can't Go For That (No Can Do)」を使ったブローカー／ディーラーの「Haulin' Oats」の地に足の付かなさが絶品。（西）

**Claude VonStroke**

The Whistler

Dirtybird (06) 12"

SFからダッチ・ハウスをヒネったような「Deep Throat」がデビュー・ヒットだったバークレー・クレンショーがこのトボケたセンスは確信を持ってやっていると言わんばかりのBサイド「誰がデトロイトを恐れるか？」で追い討ちを。フザケついでに哀愁も取り混ぜ、タイトル曲では乱れ飛ぶSEが過去のハウス・カルチャーをすべて嘲笑う。（三）

# OSUNLADE

**Osunlade**
Paradigm
Soul Jazz Records (01)

90年代にメジャー・レーベルで楽曲プロデュースやリミックス・ワークなど裏方的な仕事を数多くしていたクリスチャン・ウォーレンによるプロジェクト、オスンラデ。アフロ〜トライバルな生楽器もふんだんに取り入れたこの時代ならではのビューティフルなディープ・ハウス・アルバム。ビートダウン方面でもヒットしたシングル「Blackman」も収録。（島）

**Osunlade**
Cantos A Ochun Et Oya
Yoruba Records (01) 12"

2000年前後はオーガニックな生音を重視したハウス作品が溢れた時代。これはヨルバ・レコーズから3枚目にリリースされた初期ヒットEPで、軽快かつダンサブルなトライバル・ビートにアフリカン・チャントとジャジーなコードを織り交ぜ、躍動感に溢れている。エレガントなピアノとグルーヴをリードするハーモニカのソロの融合も印象的だ。（島）

**Afefe Iku**
Mirror Dance
Yoruba Records (08) 12"

後にオスンラデの別名義と判明したアフェフェ・イク。ブラジリアン・カルト・サイケの秘宝フリー・ソン「F. D. P.」をネタにしたアフロ・パーカッション・ハウスのフロア・ヒット。ハウスDJはもとより、ヴィラロボスなどのミニマル・テクノのDJも軒並みプレイしたオリジナルVer.はベースラインとシンセが特に肝。（猪）

# FRED P

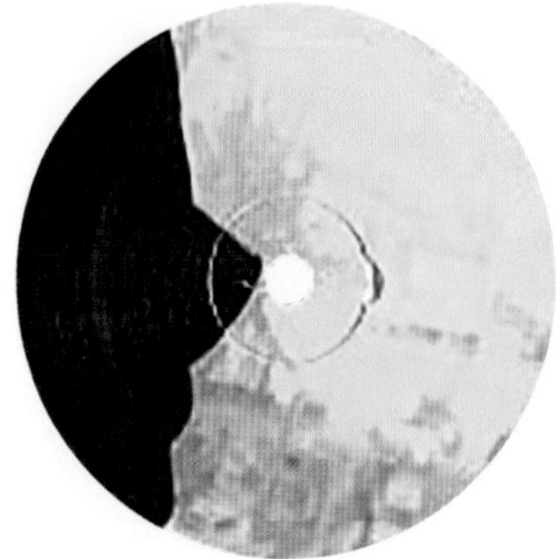

## Fred P.

### Incredible Adventures Of Captain P

Soul People Music (10)

NYのハウス・シーンといえば主にソウルフルな歌モノを思い描きやすいが、その低迷期に新潮流として頭角を現したのがフレッド・Pだ。本人名義のこの1stアルバム、ブラック・ミュージックの要素を感じさせるグルーヴと色気はまさにディープ・ハウス。無機質だったり内省的だったりモノトーンな要素も漂わせる。初回盤にはDVDも付属。(島)

## Fred P.

### Finale Revisited Vol 1

Finale Sessions (12) 12"

ハウスとテクノをクロスオーヴァーするカタログが人気のファイナル・セッションからの1枚。ケリ・チャンドラーのような太いボトムとコード、デトロイト・ハウスに通じるざらつきを持ったクラップのアクセント、コズミック感覚溢れるキーボードが三位一体となって壮大なグルーヴの渦を作り出す。(島)

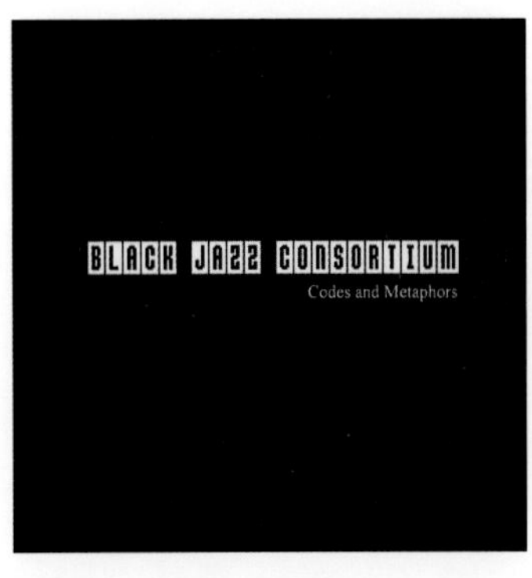


## Black Jazz Consortium

### Codes And Metaphors

Soul People Music (13)

フレッド・Pが使うもうひとつの名義がこのブラック・ジャズ・コンソーティアム。このアルバムでは美しいアンビエンスを漂わす深めのリヴァーブ、とりわけサウンドスケープに重きを置いたディープ・ハウスが並び、ホーム・リスニングにもちょうど良い。DJジャス・エドやアイビーなどリミキサーを交えた3部作のアナログ盤もある。(島)

## Brothers' Vibe

### Bang The Drum II

Jersey Underground (00) 12"

グルーヴ・エッセンシャル名義でも活動、NYのソウルフルなヴォーカル・ハウス作品とは一線を画しトラックものを量産するニュージャージーの古参。ボンゴやパーカスなどのドラム類をミニマルに展開する作風は、2000年代以降のイーストコースト・シーンのルーツのひとつかも。フルートをフィーチャーした本作はアンダーグラウンドならではのDJツール。(島)

## Dennis Ferrer

### Son Of Raw

Ibadan (05) 12"

ジェローム・シデナムのイバダンに残されたゼロ年代テック・ハウス・クラシック。ヒプノティックなリフとデニス自身によるジャズ・タッチのキーボード、後半からの女性ヴォーカルのサンプリングまでピークタイムにアジャストするトラック。後に本作を発展させたソン・オブ・ロウ名義でも「A Black Man In Space」をリリース。(猪)

## Levon Vincent

### Fabric 63

Fabric (12)

ディコンストラクト・ミュージックとノベル・サウンズのふたつのカルト・レーベルを運営するNYのレヴォン・ヴィンセント。ハウスとテクノの境界線を突いた内容で、自身の周辺アーティスト(DJジャス・エド、DJキューなど)でガッチリ固めたミックスCD。ファブリック・シリーズを通してアンダーグラウンド・ハウスの魅力を伝えた。(島)

# EAST COAST etc

**DJ Jus-Ed vs. DJ Qu**
Real House Music...
Underground Quality (10) 12"

ゼロ年代のイーストコーストにおけるUSハウス・シーンのキーパーソンは間違いなくDJジャス・エドだろう。商業化する中でひたすらプリミティヴな作品を発表、同じ志と価値観を持ったアーティストを束ねシーンを形成した。アントン・ザップやニーナ・クラヴィッツのデビューEPもまたアンダーグラウンド・クオリティーからだった。(島)

**Archie Pelago**
The Archie Pelago EP
Mister Saturday Night Records (12) 12"

NYの新潮流パーティ、ミスター・サタデー・ナイトが立ち上げたレーベルはアンソニー・ネイプルズをはじめ多くの新人を発掘している。レーベル第2弾でフックアップされたのはブルックリンの3人組人力ハウス・バンド、アーチー・ペラーゴ。シンセだけでは奏でられない有機的な生音をエフェクティヴに処理したマージナルなハウス。(島)

**Joey Anderson**
Fall Off Face
Dekmantel (13) 12"

「USアンダーグラウンド・ハウス」という言葉で括られるアーティストの中で注目されているのがDJキューと同じハウス・ダンサー出身のジョイ・アンダーソン。アンチ・オーセンティックで予測不可能なリズムと、ドープに処理されたシンセがユニーク。制作キャリアは比べると若干浅いが、独特な個性を感じ取ることができる1枚。(島)

**Escape Force**
Confused House 4
Confused House (14) 12"

コンフューズド・ハウス主宰スティーヴ・サマーズ+ブックワームズ+テレッケというL.I.E.S.主力3者の新ユニット。その化学変化っぷりも凄まじく、波打つ地を彷徨わされているような悪意に満ちたヨレヨレのシンセが気持ち悪すぎる。インダストリアルの上澄みだけで作り上げたような仕上がり。(島)

# L.I.E.S.
# (Long Island Electrical Systems)

## Two Dogs In A House

### Dog House

(10) 12”

主宰ロン・モレリと、スティーヴ・サマーズ名義での活動が知られるジェイソンによる2人のユニット、トゥー・ドッグ・イン・ア・ハウス。かつてのシカゴ・ハウスのようなオールド・スクールなサウンドではあるが、メンタルをテストされているかのように訴えてくるエクスペリメンタルなトリックがドープに響く。不穏、ひたすら孤独。(島)

## Steve Moore

### Zero-Point Field

(11) 12”

ジョン・カーペンターやゴブリン（クラウディオ・シモネッティ）の影響も大なシンセ・ディスコ展開も見せるピッツバーグの現行プログレッシヴ・ロック、ゾンビの片割れによるソロ。ゾンビでの傑作「Sapphire」(06年）を踏襲した重厚にしてドラッギーな電子音が上昇／旋回するトランス・ディスコ絵巻。(西)

## Legowelt

### Sark Island Acid

(11) 12”

蘭デン・ハーグのエレクトロ重鎮ダニー・ウォルファーズによる、シカゴ・ハウスのあり得なかった進化形を幻視させる傑作。ヴァーゴをとことんダークにしたような「Backwoods Fantasies」をハーヴィーがミックスCDに収録したことで、日本でもレゴウェルトの認知度は高まった。(西)

# L.I.E.S.
# (Long Island Electrical Systems)

**Simoncino**
Dreams EP
(12) 12"

イタリアからシモーネ・ヴェスコヴォが『Beat The Street EP』(11) を踏襲しつつ、先達のDFCチームを薄味にしたというか、地中海ののんびりとしたイメージをトレースした4曲入り。翌年のセカンド・アルバムにはロン・トレントやドリーム・2・サイエンスをフィーチャー。(三)

**Svengalisghost**
Mind Control
(12) 12"

L.I.E.S.からデビューしたスヴェンガリスゴーストもまたロン・モレリが発掘したアーティスト。ディープでミステリアスなベースラインに絡んだアシッド・シンセのバランスが抜群。動画サイトで見られるPVを制作しているのは、かつてロン・ハーディと活動を共にし、後に訪れた困難も乗り越えて活動しているマーカス・ミックス。極アシッド。(島)

**Tzusing**
A Name Out Of Place Pt. II
(15) 12"

東アジアを代表する存在へと浮上したツーシンによる出世作。シカゴ・ハウスの原始的フォームを参照点とするレーベル・カラーにEBMのテイストを持ち込み、強烈なインパクトを与えた。激烈にハードだがハウスともミックスはしやすい。(西)

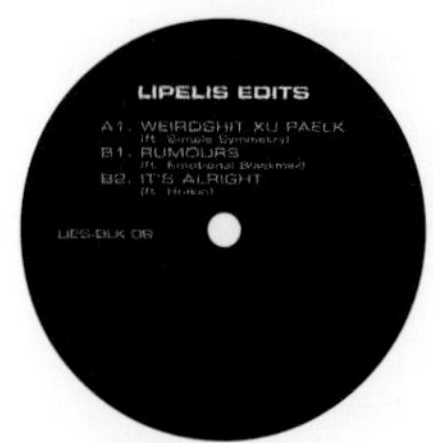


**Lipelis**
Lipelis Edits
(15) 12"

モスクワのレオニード・リペリス。ライズの限定ブラック・ラベル・シリーズより。タイのお子様エレクトロ歌謡バンド、ノラクエをエディットしたA1が蠱惑のアジアン・サイケデリック・ディスコとして話題に。仏産カルトAORファンク「Rumours」やバーバラ・マーカイの歌モノ・ディスコを変態アシッドに仕上げるなど、にじみ出るカルト性。(猪)

# NY UNDERGROUND DISCO

西海岸からNYに移住し、ワープと契約したパンク・ファンク・バンドをラブン・タグが彼らの屈指の傑作と呼べるミニマル・ディスコに見事に改造。ベーシストのジャスティン・ヴァン・ダー・ヴォルゲンはバンド脱退後はクラブ・サーキットに本格参入。（西）

**!!!**
Hello? Is This Thing On?
Warp Records (04) 12"

NYCアンダーグラウンドでラブン・タグ、マップ・オブ・アフリカを筆頭とした数多のユニットでサイケデリック＆パンクなハウス／ディスコ・カルチャーを醸造したトーマス・ブロック。シークレット・サーキットとの本作でも、ダウナー・フォークからサイケ・ファンク、コズミック・ダウンテンポ、ディスコ・ロックを西海岸の空気で展開。（猪）

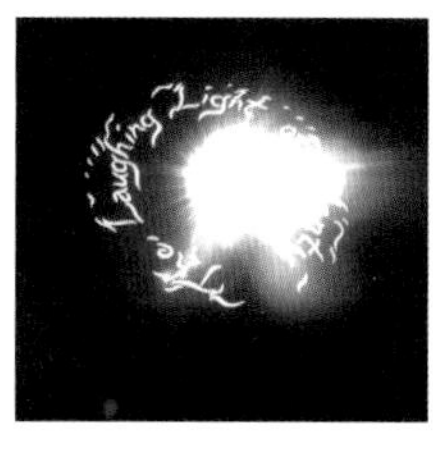

**Laughing Light Of Plenty**
Laughing Light Of Plenty
Whatever We Want Records (10)

マーク・EのJ・ジャクソン使い、DJネイチャーの諸作で2010年前後に強い影響力を放ったゴルフ・チャンネル。シンプルなトライバル・パーカッションの序盤を経て後半からのサイケ・ロック化するマッドな展開。声ネタはA・ホドロフスキー監督のカルト映画ホーリー・マウンテンから。マーク・Eはミニマル・ダブなリミックスを披露。（猪）

**Ghost Note**
Holy Jungle
Golf Channel Recordings (08) 12"

DJハーヴィーとT・ブロックのワットエヴァー・ウィ・ウォントで最もヒットしたアンセムで、後にハーヴィーのリミックスをもリリース。ミステリアスなアンビエント・ハウスとして始まった物語が圧倒的感動をもたらすピアノ叙事詩として着地する13分。オリヴィエ・スペンサー（スティル・ゴーイング）とシャヒール・ウマーのユニット。（猪）

**House Of House**
Rushing To Paradise
Whatever We Want Records (09) 12"

# 2007

## Apple

### Mr. Bean

**Street Tuff Recordings 12”**

ジャングルのパーティではセカンド・ルームでプレイされるガラージはBPMが早くなって……（後略）。広義にはダブステップやベースライン、あるいはグライムまで含まれるというUKガラージはグラント・ニルスンやソー・ソリッド・クルーが始めたとされ、そのなかでトライバル・スタイルとして認知されたUKファンキーの「イノヴェイター」によるデビュー作。これがストリングスのループとボンゴ、そして、パーカッションを延々と重ねているだけで、リズム・イズ・リズム「Strings Of Life」を解体したようなサウンドなのに、3年後に2枚組みのリミックス集がつくられたほど人気が持続。6作目「Amirah Sleeps」（10）はボビー・コンダーズを思わせるものがある。（三田格）

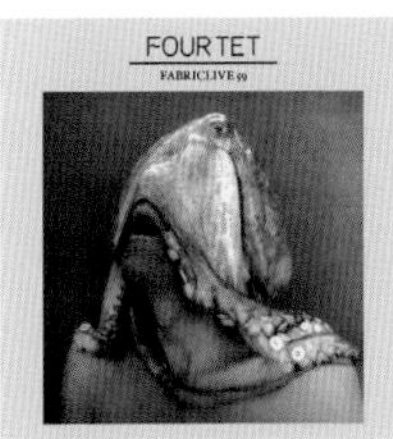


**Four Tet**
FabricLive 59
Fabric (11) CD

上記「Mr. Bean」を収録したキエラン・ヘブデンによるミックスCDはこれでもかとUKガラージを繋ぐ。ミュジーク・コンクレートのミシェル・レドルフィにはさすがに驚くけれど、自作のハウス6曲に加えてベリアルやフローティング・ポインツ、はてはシカゴ・アシッドのジョシュアやアルマンドーまで。（三）

# FOUR TET

## Four Tet
### Love Cry (Remixes)
Domino (09) 12"

デビュー間もないジョイ・オービソンを抜擢、先見の明がもたらしたリミックス盤。裏面のロスカが自分の曲にしてしまっているのに対して、オービソンはガラージ／ダブステップのアクセントを取り入れつつ、ハウスのピッチをキープ、原曲の音色を活かしたことで魅力的なガラージとミニマル・ハウスとの出会いを創出。(野)

## Four Tet
### Locked
Text Records (11) 12"

セオ・パリッシュのレフトフィールド・ハウスに触発され、UKベース・ミュージックと共振しながらダンスに急接近。10年の『There Is Love in You』で試みたディープ・ミニマル・ハウスを機能的に展開する。フォー・テットらしい実験精神と陶酔的な旋律は健在で、パーカッションの上をメロウなレイヤーが何重にも重なる。(野)

## Four Tet
### Beautiful Rewind (Remixes)
Text (14) 12"

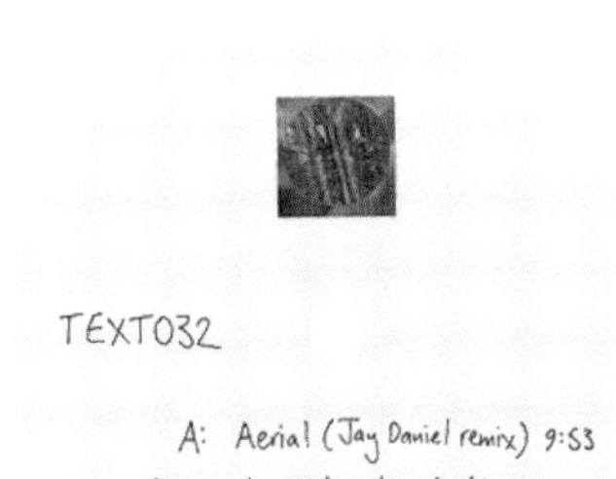

ベース・ミュージック、テクノ、そしてハウス（あるいはアンビエント）が混じり合ったアルバム『Beautiful Rewind』からのリミックス盤。デトロイトのジェイ・ダニエル、テキサスのセヴェン・デイヴィス・ジュニアらアメリカ勢が新世代感覚のアフロ・ディープなハウスに変換している。とくにジェイのリミックスは最盛期のカール・クレイグを彷彿させる。(野)

# DISCLOSURE

**Disclosure**

Settle

PMR (13)

ダブステップがEDMに取り込まれていくなかで、ジョイ・オービソンとジェイミーXXが試みた繊細なハウスの復権運動をもっとも絶妙なタイミングでポップに翻訳した南ロンドンの兄弟。じつに間口の広いそのセクシーさは、売れまくった。疑わしいほどの完成度だが、それよりもキッズがソウルをここに感じたことが重要だ。(木)

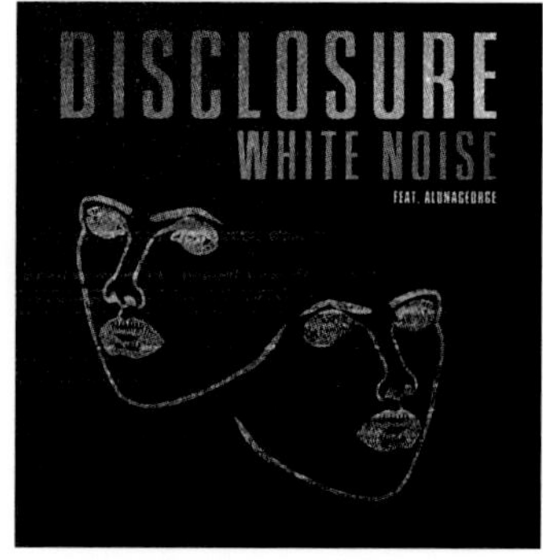


**Disclosure**

White Noise Feat. AlunaGeorge

PMR (13) 12"

「ただの雑音、ホワイト・ノイズ」。そんな風にうそぶきつつ、確信犯的にディープ・ハウスを援用するこのシングルでは、ジェイムズ・ブレイク以降のポスト・ダブステップの成果をまんまとキャッチーに変換したアルーナジョージを招聘。どこまでもファッショナブルで、そして来る者を拒まないカジュアルな快楽がある。(木)

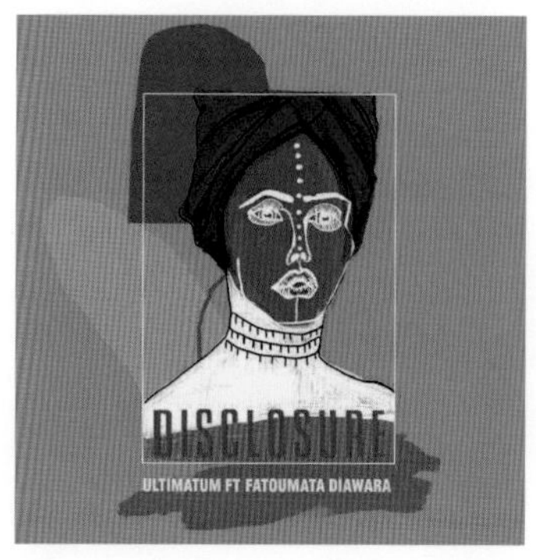


**Disclosure**

Ultimatum

Island Records (18) 12"

2017年の小休止を経ての一発目。マリはファトゥマタ・ジャワラの声を拝借、エレピと絡みつかせてアフリカンなバンガーに。ルーツたるUKガラージ、あるいは愛するソウルへの憧憬でもない。若くしてポップ・フィールドにおけるハウスの復権を試みた出自を踏まえれば、反復するキックを携えての帰還は自然の成り行きと言うべきか。(mw)

# UK BASS

この時期のロンドン・アンダーグラウンドにおけるセオ・パリッシュの影響は絶大だった。ベリアルが高校の先輩フォー・テットとのタッグで制作した「Moth」は、その背景をもって生まれた最高の成果と言っていいだろう。遅めのピッチのディープ・ハウスにダブステップ経由のメランコリーと低域の美学が融合し、歴史的な1曲が生まれた。(野)

**Burial + Four Tet**

Moth / Wolf Cub

Text Records (09) 12"

UKベース系で、ジャンルを越えてダンスフロア受けした曲のひとつ。ハウスDJもテクノのDJもこれはプレイしていた。ほんの少しスネアとバスドラが入る程度で、ほぼクラップのみによるリズムで構成され表題曲は、DJにしたら使い勝手が良いのだ。B面のラテンでアフロな「Level Crossing」も同様で、あとはDJの腕次第というわけだ。(野)

**Joe**

Claptrap

Hessle Audio (10) 12"

00年代末以降のベース・ミュージックを牽引するナイト・スラッグスの主宰者のひとり。クラブから離れヴォーカリストとのコラボに力点を置いたミックステープの、これはリミックス盤で、再度ダンスに接近。UKファンキーやダンスホールのその後を聴かせてくれる。UNiiQU3、Zut Zutらが参加。悪酔いを誘うジミー・エドガーとの1曲もいい。(小)

**L-Vis 1990**

12 Thousand Nights - Club

L-Vis 1990 (18) 配信

UKガラージが洗練されていく過程で、そのBPMがハウスと合っていくのは必然だった。トム・ラッセル(トラス)&エド・ラッセル(テスラ)兄弟によるユニットの、両面キラーチューンのEP。いかにもUKらしい、早送りされるR&Bヴォーカル・サンプルのループと2ステップ系のブレイクビートの組み合わせの妙でもっていくB面はアンセム級。(野)

**Overmono**

BMW Track / So U Kno

Poly Kicks (21) 12"

# JAMIE XX

**Jamie xx**

All Under One Roof Raving

Young Turks (14) 12"

世代的にはUSラップやUKのグライム／ベース・ミュージックから来ているジェイミーだが、じょじょにテクノ／ハウスへと展開。このEPは、その題名（ひとつの屋根の下のレイヴィング）通り、彼のクラブ・カルチャー愛の表明。ジャングルとUKガラージの要素を取り入れながら、なんともチャーミングなダンス・トラックを完成させた。(野)

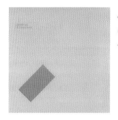

**Jamie xx**

Girl / Sleep Sound

Young Turks (14) 12"

UKベースのリズムを応用し、よりハウスへと接近したEPで、断片化したR&Bヴォーカルを効果的に使ったゴーストリー・ビートダウン・ハウスの「Girl」、そして透明でリリカルで美しい「Sleep Sound」。ジェイミーのアルバム『In Colour』に収録されたこのメロディアスな曲を聴くと、なぜ彼が幅広く愛されているのかよくわかる。(野)

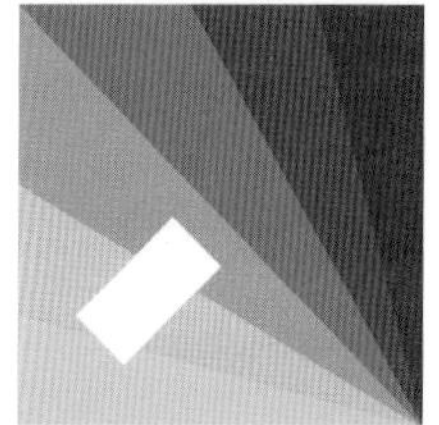

**Jamie XX**

Loud Places (Remixes)

Young Turks (15) 12"

ザ・XXのロミーのメランコリックなヴォーカルをフィーチャーしたキラーなトラックを、スペインのジョン・タラボットをはじめ、オーヴァーモノのメンバーで知られるテッセラ、ベテランのハーバート、ジャングル・シーンからはスペシャル・リクエストらがリミックス。ディスコ風のコーラスが入るオリジナルの輝きが素晴らしかったりする。(野)

**Jamie xx**

Idontknow

Young Turks (20) 12"

アフロ・パーカッションにはじまり、トラックは途中からBPMを上げ高速化する。ジェイミーXXの新境地を見せた実験的なトラック。ヴォーカルは瞑想的で、ジョン・ハッセルの「第四世界」におけるダンスホールさながらにこのリズミックな曲は展開する。2020年、コロナ禍で好きにダンスできない時期にドロップされた死ぬほど踊れる曲。(野)

# JOY ORBISON

UKのベテラン・ジャングリスト、レイ・キースの甥であるジョイ・オービソンは2009年にホットフラッシュからデビュー。ポスト・ダブステップの注目株だったが、自身のレーベルからリリースした本作でリズム・パターンをハウスへと転向。オリジナル・シカゴ直系のベースラインを引用しながら、ドラッギーで暗いダンスを展開する。(野)

**Joy Orbison**
BB
Doldrums (10) 12”

JOのキラー・トラックのなかのひとつ。ソース・ダイレクトのインタヴューの一部を効果的にサンプリング使用し、うねるベースと瞑想的なハイハットとの絶妙なコンビネーションをもって暗いダンスフロアを熱狂に導くUK産モダン・アシッド・ハウス。曲の後半で、お約束のピアノが入ってきてものせられてしまうのは、やはり腕がいいからだろう。(野)

**Joy Orbison**
Ellipsis
Hinge Finger (12) 12”

ミニマリズムとダブを強調した実験色の強い6曲入りのシングルで、ジョイ・Oの音楽的引き出しの多さを見せている。インダストリアルで、アンビエントなフィーリングもあり、とくに「Tennov6teen」や「Belly」は出色の出来。BPMを落としたアシッディな表題曲「81b」もそうだが、全体的にいかにもUKらしい折衷的なグルーヴになっている。(野)

**Joy O**
81b
Hinge Finger (18) 12”

アルバムではなくミックステープだと本人は定義している14曲入りは、2ステップ・ガラージ、UKベース、ディープ・ハウス、ダウンテンポなど、JOの多彩な音楽性を披露。歌もメロディもある。初期の「Hyph Mngo」のようなパワフルなベース・サウンドはないが、洗練されたUKモダン・クラブ・サウンドの最良のものが詰まっていることは間違いない。(野)

**Joy Orbison**
Still Slipping Vol. 1
XL Recordings (21)

# JUKE / FOOTWORK

**Gant-Man / D.J. Tone / D.J. Puncho**

Ghetto Allstars Vol. One

Dance Mania (98) 12"

DJ Punchoによる本作収録の「Juke It」がジュークの始まりだとされているが、90年代半ばのシカゴ／デトロイトの土着的シーンでは、さらにルーツに当たる「Jits」が、たとえばオックス88などのゲットー・エレクトロとリンクしていた。要はダンスバトルであって、それがアップデートされたのがジュークでありフットワークだった。(野)

**DJ Rashad**

Teklife Volume 1: Welcome To The Chi

Lit City Trax (12) 配信

ジョージ・クリントンが予見したように、黒人が持っている黒人らしさが抽象化されたとき、それは売れる。ハウスにおいて、他の民族には真似できないほどもっとも黒い（土着性の強い）スタイルがフットワークである。なかでもDJラシャドはそのブラックネスの多様性を具現化する達人だった。圧倒的で、いつ聴いても本作には発見がある。(野)

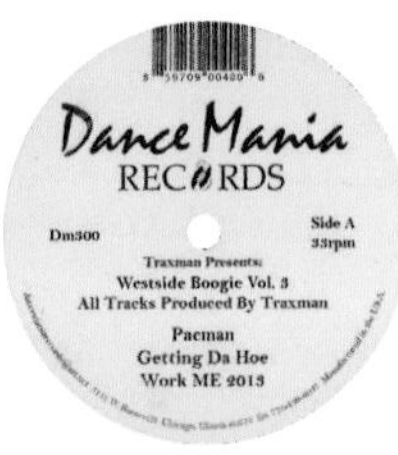


**Traxman**

Westside Boogie Vol. 3

Dance Mania (13) 12"

ゲットー・ハウスはアシッド・ハウスから派生した土着的スタイルで、その拠点がダンス・マニアだったのは周知の通り。ゆえに90年代から活動するトラックスマンがゲットーセントリックな進化においてフットワークを制作するのも必然だった。激しく踊るのに、ブーツィーなルーピングとファンキーなリズムさえあればほかに何が必要だろう。(野)

**RP Boo**

Legacy

Planet Mu (13)

90年代の最初期から活動するジューク／フットワークのプロデューサーとして地元で英雄視されているひとりで、これが最初のアルバム。UKのプラネット・ミューからのリリースとあって、ダンスの現場で磨かれたゲットーセントリックな音楽の黒い土着性は小綺麗にまとまってしまっている。まあ、逆に言えば、これをテクノの文脈で見たときの革新性（実験性）がここには強調されているのだろう。(野)

# UK BEAT DOWN

ムーディーマン周辺のデトロイト・ハウスが世界的に広まった結果、フォロワーと呼ばれるアーティストたちがそのスタイルを継承してリリースを始めた。こちらはUKはエディンバラから突出したクオリティを持ってリリースされた1枚。セオ・パリッシュやカール・クレイグなどデトロイト勢もそれに応えるかのようにプレイした。(島)

**Various**
Firecracker EP 1
Firecracker Recordings
(04) 10"

ファイアクラッカーのオーナー、リンゼイ・トッドとのユニット＝リンクウッド・ファミリーの片割れリンクウッド。キーボードに盟友ファッジ・フィンガズ、ヴォーカルにロレッタ・ハロウェイを起用。ソロアルバムでは70's ミディアムダンサー〜80'sブギーと彼らしいハウス。最後を飾るデトロイト・テクノのような「Nectarine」も良い。(島)

**Linkwood**
System
Prime Numbers (09)

ビートダウン・ハウスの一大産地UKはマンチェスターを拠点に活動するトラスミー。ラジオを用いたコラージュ、メイナード・ファーガソンやリズム・メイカーズなどジャズ〜ソウルからのサンプリングとインスピレーションが結ばれたデビュー・アルバム。忘れることのできないアートワークとともにこの1枚で彼の存在は圧倒的なものとなった。(島)

**Trus'me**
Working Night$
Fat City (07)

ブリストルの伝説的サウンドシステム、ワイルド・バンチの中心人物マイロ・ジョンソンは90年代から密かにハウスをリリースしてきたが、NY移住後10年代から本名義で本格的に活動を活性化。ロービットのサンプルから立ち昇るブラック・ミュージックの色気。最高のアルバム。(西)

**DJ Nature**
Return Of The Savage
Golf Channel Recordings
(12)

# *UK BEAT DOWN*

**Mark E**

Mark E Works 2005 - 2009 Selected Tracks & Edits

Merc (10) CD

蘭のニューワールドアクアリウムに続き、デトロイト発祥ビートダウンにいち早く反応したバーミンガムのマークEによる初期シングル・コンピCD。当時のヒットをすかさず使用、大反響を呼んだジャネット「R&B Junkie」ネタ他、120BPM以下の低重心反復グルーヴに足元から絡め取られる傑作が揃う。(西)

**The Revenge**

Night Flight

Jiscomusic (08) 12"

L.E.S.S.プロダクションズからの超限定CDRで注目を集めたグラスゴーのグレアム・クラークもまたマークE、エディCと並ぶビートダウンの達人。焦らしまくるローパス・フィルターの壁をくぐり抜けてスティーヴィーが登場する「Night Flight」のカタルシスたるや。(西)

**6th Borough Project**

Part Two

Instruments Of Rapture (09) 12"

UKハウスのベテランDJ、クレイグ・スミスとリヴェンジのユニットがシックスト・バラ・プロジェクト。マークEやエディーCとともにインストゥルメンツ・オブ・ラプチャーや初期のデリュージョンズ・オブ・グランジャーから多数のヒットを放つ。ディスコ&ファンクのスロウ・ループもので、ベテランらしい手堅い使い勝手の良さ。(猪)

**Cottam**

Cottam EP 2

Cottam (09) 12"

14歳からDJをやっていたというポール・コッタムによる2作目。6thボロウ・プロジェクトと同じく、ノザーン・ソウルをベースに思いっきりレイドバックしたスタイルで知られ、とくにレイジーなホーンをループさせたBサイドはビートダウン中のビートダウンといえる。オリジナルはハイライフのボラ・ジョンソン（？）。(三)

# *UK BEAT DOWN*

ビートダウンやサンプリング・ハウスのプロデューサーはソウルやジャズ、ヒップホップへの造詣が深い人物が多く、ネブラスカことアリスター・ギブスもその1人。ストリングスやキーボードのネタ使いをハウス・マナーで組み立てる手腕は非常に洗練された佇まい。2016年までバーバリーのクリエイティヴ・ディレクターでもあった。(猪)

**Nebraska**
A Weekend On My Own E.P.
Rush Hour (09) 12"

ファイアクラッカーのサブ・レーベルから限定クリア・ヴァイナルでリリースされたスコットランドのヴェテランDJ＆プロデューサー、ニール・マクドナルドによるハイ - テック・ソウル。リズム・イズ・リズムを思わせる美しくデトロイティッシュなアナログ・シンセがほぼビートレスで展開され、12分近くも持続する。(アレ)

**Lord Of The Isles**
SHEVC007
Shevchenko (13) 12"

キャリア初期はクロスオーヴァーなクラブ・ジャズやブロークンビートをプロデュースしていたフリーレンジ主宰のジンプスター。ディープ・ハウスのスタイルにしてから派手さはないもののツボを抑えたプロダクションでDJ筋の評価は高いベテラン。様々なパートを駆使しながらバランスを崩さない中域の気持ちよさと、支える確かな4つ打ち。(猪)

**Jimpster**
English Rose E.P.
Freerange Records (15) 12"

謎めいたロンドン・ブラック新世代による大傑作アルバム。SP-303/404内蔵エフェクトを熟知したローファイでサイケデリックな音像の変容はイージーかつ確実に精神に作用。マルセラス・ピットマンがもっとヨレているような危険な世界から抜け出せなくなりそう。(西)

**Tribe Of Colin**
Age of Aquarius
Honest Jon's Records (19)

# 2008

## Kyle Hall

Worx Of Art EP 1

**Wild Oats 12"**

オマー・Sのレーベルからデビューしたカイル・ホールは、うまいだけの早熟な天才（11歳から作りはじめ、13歳でリック・ウィルハイトのレコード店の常連となった）ではない。彼は2013年のファースト・アルバムの題名と写真に、かつてのギル・スコット・ヘロンのように、ムーディーマンのように、作品にジャーナリスティックな眼差しを与える。裕福層の娯楽であるボート・パーティなる言葉と廃れた風景と音楽がデトロイトの現在を伝えているが、彼は自分がどこから来ているのかを意識しているのだ。本作は彼自身のレーベルからの第1弾。新人とは思えない濃密なディープ・ハウスで、「新しくて古い世界」が広がる。甘いムードの、忘れられるべきではない音楽として。（野田努）

**Kyle Hall**

Kaychunk

Hyperdub (10) 12"

UKのダブステップ／ベース・ミュージックの重要レーベル、ハイパーダブからのまさかのリリース。カイル・ホールの興味はドラム・パターンに向いている。それがUKドラムンベースを背景に持つこのレーベルとの接点となって、ダブステップの影響を受けたのではないかと思えるほど、ベースは面白いように唸る。回転数はホールの作品にしては速め。（野）

# KYLE HALL

## Bsmnt City Anymle Kontrol

The Perfekt Sin

Wild Oats (09) 12"

カイル・ホールはクリシェにとどまることなく、早くも実験を試みる。A1では生演奏に自ら鍵盤で参加。アンプ・フィドラーの息子（故人）がドラムを叩き、アナログ・シンセはコズミックなフュージョンを展開。B1ではエキゾティックな旋律とレゲエ風のリズムで新境地を見せ、B2ではセオ・パリッシュばりの汚れた低音で勝負する。（野）

## Kyle Hall

Must See EP

Third Ear Recordings (10) 12"

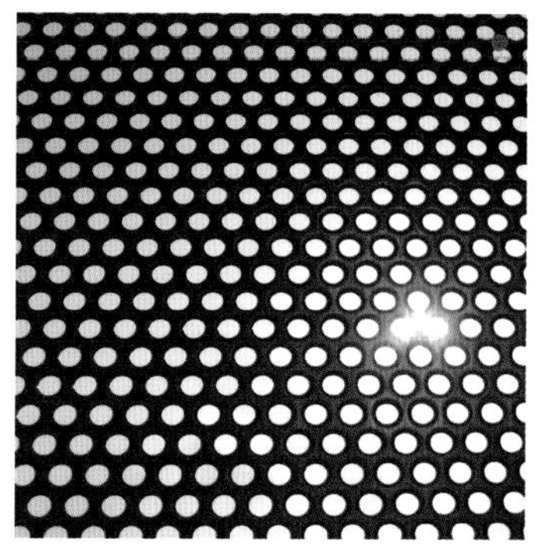

ダンスフロアから離れることなく、いかにエクスペリメンタルでいられるのか。スリー・チェアーズ以降のハウスにまだ開拓の余地はあるのか……若きホールはそこに真っ向から挑む。ロンドンのサード・イアーからのEPは、メランコリックで、彼の出来としては地味かもしれないが、4曲ともリズムに凝り、それぞれに変化を与えている。（野）

## KMFH

The Boat Party

Wild Oats (13)

天才青年の待望のファースト・アルバムは、ドラム・プログラミングの可能性を探る。テクノとハウスの中間を彷徨いながら、ラリー・ハードのジャーキン・ジャークス名義をも彷彿させたかと思えば、ジュークやヒップホップにも近づく。甘さは回避され、激しく、ときにアシッディに、機械は叩きつけられる。生々しく、瑞々しいマシン・ファンク。（野）

# KASSEM MOSSE

**Kassem Mosse**
Aqueous Haze (The World Dissappeared Into An)
Mikrodisko Recordings (08) 12"

ライプツィヒからグンナー・ヴェンデルによる3作目。マーシャル・ジェファーソン・ミーツ・ベーシック・チャンネル。コード進行がクラシックを思わせるのはご愛嬌として、柔らかく澄んだテキスチャーには新しい息吹が。ヴァージョン違いの「578」は本名名義に改められてオマー・SがリミックスБ盤をFXHEからリリース。(三)

**Kassem Mosse**
Workshop 12
Workshop (11) 12"

ワークショップの3番手としてデビューし、8番ではイゾレを模した感じもあったけれど、12番でシリーズ最高峰へ。「センシュアリティ(官能)」の両端を取って「エンシュアリ」という発音を徹底的にループさせ、キック、ベース、ハットによる単純なアンサンブルはなぜか肉体を強く意識させる。これは21世紀のベーシック・チャンネル。(三)

**Kassem Mosse**
Workshop 19
Workshop (14)

ミックス・マップとのデトロイト再構築アルバムに続いてようやくフル・アルバム。ハインツ・リルケのピアノをフィーチャーしたメランコリックなオープニングからいきなり引きこまれ、ミニマルな情感の連打は圧倒的。時間をかけてつくられた印象があり、シンプルながら既視感ナシ。エンディング2曲も圧巻。2014年、最初のマスター・ピース。(三)

# WORKSHOP

テクノ寄りの『The Early Portrait』(97)、ハウスに接近した『Secret Corner』(02) という2枚のアルバムをリリースしてきたイェンス・クーンがハードワックス傘下の新設レーベルから第1弾としてミニマル・デトロイト・ハウスを放ち、大きな話題を呼んだ上で、さらに追い討ち。スウィング感のある極上のテキスチャー。(三)

**Lowtec**
Workshop 06
(08) 12"

02年にアウト・トゥ・ランチからデビューしたポール・ダヴィッド・ロールマンによるフィジカル2作目。延々と「デトロイト……」というヴォイス・サンプリングが繰り返されるA1の優美な感触も、DJピエールのワイルド・ピッチを異次元で成立させているようなB1も、不思議なセンスとしか。ミッドナイトオペラとのタッグはあまりに実験的。(三)

**Even Tuell**
Workshop 07
(09) 12"

92年からフランクフルトで活動するムーヴ・Dことデヴィッド・ムーファンと、05年にデビューし、イスラエルから現在はオランダに移ったジュジュ&ジョーダッシュによって結成された年の差ユニットのデビュー・シングル。トーマス・マン『魔の山』でハイ(になる)と名づけられたユニット名通り、延々と地に足が着かないロング・トリップ。(三)

**Magic Mountain High**
Workshop xx
(12) 12"

ナ・ケイチアからマウリ系(?)らしきT・マルセリスのソロ2作目。ポリネシア気質に由来するものなのか、ローンズが弾くベースに導かれてふわふわと宙に浮くA1、催眠的なパーカッションをメインとしたB1など。続くダブル・パック『I Am Woman』(13) でもワールド系のニュアンスが強く滲み出している。(三)

**Marcellis**
Workshop 16
(12) 12"

# *EURO BEAT DOWN*

**Sound Stream**
"Live" Goes On
Sound Stream (08) 12"

ベルリンのレコードショップ、ハードワックスが送り出したカットアップ・プロジェクト、サウンドハックとして現れたフランク・ティム。本作ではトゥー・トンズ・オー・ファンやケリー・リーマンのレモン使いの「Rainmaker」など、ディスコ・クラシックをサンプリング。シンプルでミニマルな展開と肉厚のグルーヴはテクノDJもプレイ。(猪)

**Arto Mwambé**
Mudhutma!
Brontosaurus (07) 12"

バイシュゼンガー＆ラウアーによる2作目。「Ombala Mbembo」は細かくループさせたアフリカン・チャントや小細工が面白く、カップリングはワールド感がそれを上回る。イナーヴィジョンズとカデンツァの隙間に面白い道を見つけた感じ。続く「Noh Ngamebo」のトボけ方もいい。ミュンヘンのタンビエンがまたいい。(三)

**Soulphiction**
Underground Railroad
Philpot (09) 12"

2021年に急逝したジャックメイトことソウルフィクションはドイツ・ビートダウン作家のパイオニアとして90年代後期からリリースを開始。自らが運営するフィルポットを中心に積極的なリリースを続けていた。ウッドベースとエレピにヴォイス・サンプル使いの表題曲は、奴隷解放組織からの引用。シュガーヒル・ギャング使いのB1も白眉。(猪)

**André Lodemann**
Fragments
Best Works Records (12) CD

ジャザノヴァやソナー・コレクティヴの運営にかかわるダニエル・W・ベストが共同で主宰するベルリンのレーベルから1作目。ドイツでは劣勢といえるファンク／ソウル色が濃い1枚。「Where Are You Now?」やナタリー・クロードをヴォーカルに起用した「Searchin'」も採録。オマーやヴァクラに提供したリミックス集との2枚組。(三)

# EURO BEAT DOWN

デトロイト・テクノとUSハウスが好きなクラシック育ちによる2作目。ジョウの名義で継続中の8部作と同じ路線で、モダン・クラシカルな色彩が強かった前作と違い、スローなダブ・ハウスが全編を覆う。『内部の動き』というだけあって、ひたすらストイックな分、抑制された情感がこぼれ出す瞬間はインパクト大。若きヴェラーノがこれを追う。(三)

**Sven Weisemann**
Inner Motions
Mojuba (13)

ドイツ・ワイマールのパーティー・コレクティヴ、ギーグリング。後に発展して同名レーベルへと成長、レーベルを代表するプロデューサーであるエドワードの2ndアルバム。現代音楽やニューウェイヴの要素をハウスやテクノにナチュラルにミックス、実験的でありながらフロアでの機能性は維持。レーベル・カラーが理解しやすい形で現れた一枚。(猪)

**Edward**
Into A Better Future
Giegling (14) 12”

独の本格派ハウス・ユニット、ニー・ディープの片割れセバスチャン・ドゥーリンクがビートダウンに急接近した傑作。「Welcome To The Club」「Electric Counterpoint」「Let No Man Put Asunder」という大ネタを絶妙に処理、確実にフロアをロックする一枚。(西)

**Lovebirds**
Honeybadger EP
Teardrop (11) 12”

アムステルダムからレネ・エ・ガストンの後者とA・ディクステルホイスによるドブル&ジャームズの変名1作目。「Not Forgotten」の発展形で、もわ〜っとしたシンセサイザーの広がりをカチッとしたスネアで引き締めるというユーロ・スタイルの典型をつくった。トゥーシェからはオーランド・ヴォーンのドープ・ドッグも◎。(三)

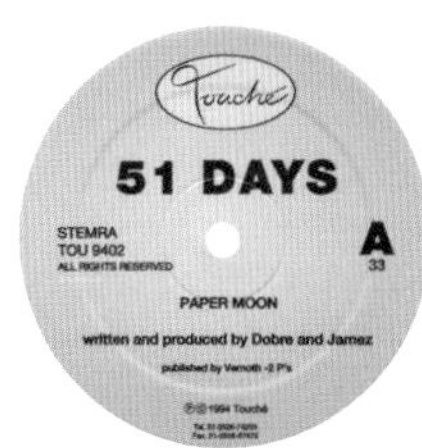


**51 Days**
Paper Moon
Touche (94) 12”

# EURO BEAT DOWN

**Juju And Jordash**
The Hush EP
Psychostasia Recordings (05) 12"

後にイスラエルからアムステルダムへと移住してきたギャル・エイナー＆J・ザマンスキーによるデビューEP。管楽器の優しい音色をいくつも重ね合わせ、ダブ・ヴァージョンなどで構成。「ハッシュ」とはハッシシの略らしい。ムーヴ・Dとのユニット、マジック・マウンテン・ハイとしても知られる。レジー・ドークスのレーベルから。（三）

**Newworldaquarium**
Trespassers
Delsin (00) 12"

オランダにおけるプロトIDMの嚆矢ロス154の活動を経てヨケム・ペテリは本名義でデトロイトにダブテックな意匠を添えて、本家以上に深く沈降する実験的ビートダウンを展開。本作はセルジオ・メンデスを使った麻酔的ループの桃源郷で、例外的にクラブ・ヒット。（西）

**Tom Trago**
Use Me Again (And Again)
Rush Hour (12) 12"

オランダのプロデューサーによる代表曲。ミリー・ジャクソン「We Got to Hit It Off」をまるまるネタに、ストリングス部分をループし高速化。サビにエフェクトをかけたブレイク部分まで、フロア・ヒット。カール・クレイグによるリワークはエフェクトを眩した内容。オリジナル盤にはシルヴェスターのエディットを収録。（猪）

**Lars Bartkuhn**
Transcend
Rush Hour (21) 12"

ドイツ生まれのプロデューサーで現在はブラジルに拠点を移したラース・バートクン。キーボード、パーカッション、ギターも自らが操り、様々なジャンルへの深い造詣に根ざしたサウンドは活動再開以降、新しいファンを増やしている。ECM作品を思わせるエレピとギターがパーカッシヴなハウスとマッチ。逆面のニューエイジ・ダウンテンポも極上。（猪）

# MOTOR CITY DRUM ENSEMBLE

## Motor City Drum Ensemble

### Selectors 001

Dekmantel (16)

ビッグ・フェスとしてもおなじみデクマンテルが始動したコレクタブル・オムニバス専科第一弾として、セレクターとしての実力が満天下に知れ渡った一枚。T・オリヴィエラからK・アレクシーらデトロイトやシカゴのハウス、P・アダムスやP&Pのブギーやディスコ、バージニアのマイナー・モダン・ブギーまで、文字通りの秘宝音源集。（猪）

## Motor City Drum Ensemble

### Raw Cuts # 3 / Raw Cuts # 4

MCDE (08) 12"

ハウスDJから火がついたMCDEの出世作シリーズ『Raw Cuts』第二弾。初期ムーディーマンの影響を強く感じさせるビートダウン・スタイルで、#3はメルバ・ムーア「Just Another Link」をネタに紡ぐグルーヴィーなサンプリング・ハウス、真夜中のモーター・シティー・ソウルに直結する#4を収録。（猪）

## Motor City Drum Ensemble

### Raw Cuts # 5 / Raw Cuts # 6

MCDE (09) 12"

シリーズ最終章となるVOL.3。マーヴィン・ゲイ「What's Going On」とバーバラ・リン「I'm a Good Woman」を引用した#5はキャッチーなソウル・ネタ使いのお手本のようなビートダウン良作。#6ではエレピのサンプリングを用いてセオ・パリッシュのようなマイナー調のロウなハウスを披露。（猪）

# EDDIE C

## Eddie C

### You're Welcome

Jiscomusic (09) 12"

カナダ出身のスローモー・ハウスの名手エディー・CのデビューEP。ジスコミュージック随一のもっさり感と、それによって生じる腰に溜まるグルーヴは定番サンプリング・ソースであるルー・ドナルドソン「You're Welcome, Stop On」使い。裏面の2曲含め、ヒップホップDJからも支持を集め一躍注目のプロデューサーに。(猪)

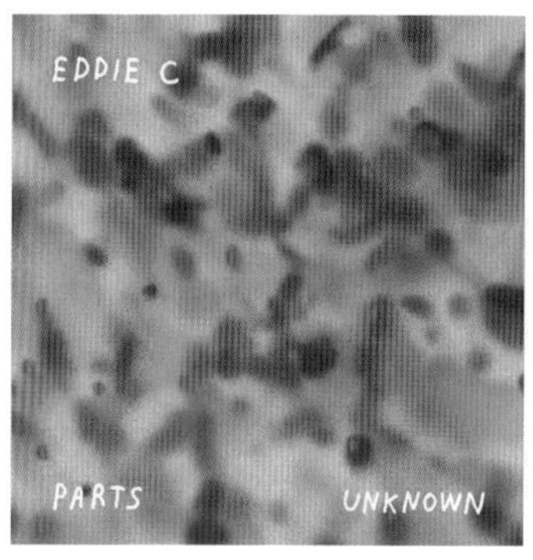


## Eddie C

### Parts Unknown

Endless Flight (11) CD

デビュー作以降、スリージー・ビーツや7インチズ・オブ・ラヴなどから立て続けにリリースを続けていた中でmule musiq傘下endless flightがデビュー・アルバムをリリース。こちらでも定番ネタ、マンチャイルド「We Need We」で始まりつつも、サイケ、バレアリック要素もあり、広い懐も垣間見せた。(猪)

## Eddie C

### Believe In Love b/w Forever In My Life

Bump'n Grind (21) 7"

プリンス「Forever In My Life」のライヴ・ヴァージョンをネタに、ファンキーでダビーなサイケデリック・ディスコに。元ネタのエッセンス抽出センスはやはり随一で、デビューから10年以上を経て安定期に入りつつあったベテランがパンデミック期間中に存在感を放った特大キラー・エディット。本レーベルは次作以降も大ネタでヒット。(猪)

# DJ KOZE

## DJ Koze
### Amygdala
Pampa Records (13)

マティアス・アグアーヨ「Minimal」のリミックスの大ヒットを経て、ベテランの余裕を見せつけた4thアルバム。多彩な上モノにパステル・カラーの色づけがされて、深夜から朝へと向かうダンスフロアの煌きを再現する。カリブーやミロシュ、アパラットにマシュー・ディアらがヴォーカルで参加し、ムードに広がりをもたらしている。(木)

## Matias Aguayo
### Minimal
Kompakt (08) 12"

チリ出身の異才マティアス・アグアーヨのラテン・ミニマル・ファンクをなぜかバレアリック解釈。個性派が並ぶコンパクト勢の中でも、際立つポップなセンスが光るDJコーツェによるリミックスは広範囲でヒット。サンセットなギターリフが原曲のアクを多幸感に塗り替えたリミックスで、キャリア屈指の楽曲となる。(猪)

## DJ Koze
### XTC
Pampa Records (15) 12"

ドラッグとエクスタシー、瞑想について問いかける女性の声をサンプリングしたミスティック・ハウス。『Amygdala』と、ロイジン・マーフィーやスピーチら豪華ゲストを迎えた『Knock Knock』の間にリリースされたアルバム未収録曲。スウェーデンのSSWロビンが本作をきっかけにアルバム『Honey』を制作したことは有名。(猪)

# 2009

## Floating Points
### Vacuum EP
**Eglo Records 12"**

音楽学校でピアノを学んだ後に神経科学の博士号を取得、ロンドンの名クラブ“プラスティック・ピープル”のレジデントとして頭角を現す。超ハイスペックなカスタムDJミキサーの監修でも話題を振りまいた、死角のない天才サム・シェパードによる自主レーベルからのデビュー作。セオ・パリッシュ以降のタイム感を軸にしたビートダウンなボトムに70年代ジャズからの影響が強い飛翔する鍵盤さばきが素晴らしく、この時点ですでにアーティストとしての風格は充分に備わっている。（西村公輝）

**Floating Points**
Shadows EP
Eglo Records (11) 12"

2枚組4曲入りの彼の傑作。カール・クレイグのピーク時にも近いモダンなジャズ・ハウスで、アンビエントなテイストまで取り入れようとするUKらしい折衷主義が活きている。ディープ・ハウスだろうがダウンテンポだろうがベース・ミュージックを通過したリズムがあり、全編に渡って彼の抑制の効いた、美しいキーボードの演奏がある。（野）

# FLOATING POINTS

## Floating Points
Marilyn
Eglo Records (11) 12"

フローティング・ポインツのルーツは70年代のジャズ／ラテン、ディープ・ハウス／テクノにある。初期は4/4ドラムに頼っていた彼も、本作ではポスト・ダブステップからの影響を咀嚼、デジタル処理され細かくずれるビートと美しい旋律とを融合。B面はイージーなハウスのリズムにパーカッションを載せて、艶のあるシンセの音色を響かせる。(野)

## Floating Points
King Bromeliad
Eglo Records (14) 12"

「Vacuum Boogie」のエモーショナルが爆発するようなイメージはなく、ドラムとシンセベース、パーカッション、それぞれのループに微細な変化やズレを加えることで、独特の中毒性をまとった楽曲に。ジャズ・セッション的志向は翌年の『Elaenia』で開花、クラブ・ミュージック外へも才能が知れ渡ることになった。(猪)

## 宇多田ヒカル
Bad モード
Epic (22)

歌手作詞家作曲家としても天賦の才を持つことが改めて証明された宇多田ヒカルをフローティング・ポインツがプロデュースしている事実の衝撃。コロナ禍の距離的分断を綴ったアシッド・ハウス「マルセイユ辺り」は筆舌に尽くしがたい。「BADモード」のポップさ、街角の日常を描写した「気分じゃないの」のメランコリアまで、彼の引き出しの底は知れない。(猪)

# 2010

## Brawther

### Untitled

**Balance (10) 12"**

シェ・ダミエのバランス・アライアンスからデビューEPをリリースするやまたたく間にディープ・ハウス・シーンの重要プロデューサーの1人に数えられることになったブラウザことアレクサンドル・グイエット。制作からA&Rまで音楽ビジネスにかかわる多くのことをシェから学び、師弟でもあり友人でもあるという関係を築けるほど密接な間柄となる。シェが長らく停止していたバランス本体を復活させるという、師から受け継ぐようにリリースされた『Untitled』EPは、プレスクリプションが90年代中期に担っていた処方箋としてのディープ・ハウスを私たちに再び提供した。小惑星の塵、海王星などの宇宙を想起させるものから、物理学の概念を曲名にするなど、その点も哲学的で興味深い。（猪股恭哉）

**Brawther**

The Driver / Basix (Deep Mix)

Cabinet Records (21) 12"

オーセンティックなUSディープ・ハウス志向の中にも窺えたミニマルな志向性に意識的（田中フミヤとの交流など）な近年のブラウザーだが、キャビネットからは3枚目となる本作もまたその傾向を強めている。よりテック・ハウスの現場に即した無駄のなさ、シャープに走るグルーヴが奏でる機能性が美しい。（西）

# BRAWTHER

## Izmo

### Where is Eddie? EP

9Ts Records (07) 12”

フレンチ・ハウス新世代を代表するブラウザ。A1はSMACKのエディ・ペレーズへのトリビュート。ブラウザはペレーズに象徴されるニュージャージー・ハウスに大きく影響されている。そのヴァイブスを再現することで、感謝の意を表す。A2は95年あたりのケリ・チャンドラー風のベースとソウルフルなオルガンが盛り上げる。(アリ)

## Paris Underground Trax

### Vol.1

My Love Is Underground (10) 12”

ジェレミー“マイ・ラヴ・イズ・アンダーグラウンド”率いるパリで話題のMLIUから新世代フランス人DJ &プロデューサー、ブラウザが送る4曲入りハードコア・オールド・スクールUSディープ・ハウス。プレスクリプションかMAWそのままといえるドープでパワフルなトラックもので、新鮮味は薄いが完成度は高い。(アレ)

## Brawther, SE62

### MLIU 11

My Love Is Underground (12) 10”

A面に収録されたブラウザの「Don't Go」は妥協なしのダーク・ディープ・ハウスで、彼の実験精神が出ている。鉄の樽をぶったたいているようなインダストリアル・ドラムは圧政的な雰囲気を創出。ハイハットが入り、途中から「あなた行かないで」と聴き手を不安にさせるヴォーカル・ネタが重なる。まるで悪夢の中にいるようだ。(アリ)

# FRANCE

**Dungeon Meat**
SE62
The Fuck Off Track (13) 12"

ロラン・ガルニエに評価され、広く注目されることになった1枚。A面はブラウザの新ユニット。ダンジョンに潜るように暗さに染まり、ベースは強調される。B面はフロアをクレイジーにさせる危険なトラックだ。男性ヴォーカル・ネタがNYガラージ・ハウス風のパワフルなドラム・ラインに載る。MLIUの勢いを感じる力作。（アリ）

**DOP**
Greatest Hits
Circus Company (10) CD

クレメント・ゼムストフ、ダミアン・ヴォンデサンデ、ジョナサン・イレルによるシャンソン・ハウスの1作目。ブルージーなヴォーカルを全編に渡ってフィーチャーし、どの曲も雰囲気たっぷりにシネマティックな情景を浮かび上がらせる。「UR」ではスティール・パンが悲しく響き、「Final Dive」の悲愴感は絶品。じつにフランス的。（三）

**Lazare Hoche & Malin Genie**
I Don't Sync So Part 1.
Lazare Hoche Records (12) 12"

パリで、MLIUに次いで評価の高いレーベル。MLIUと同様、ラザー・オシュとマラン・ジニは90年代NYガラージを現代風に解釈。A3はケリ・チャンドラー風のベースとドラム、ジャジーで陽気なローズ。B2ではMK風のネタの切り方とガラージ風のキー使い、パワフルなインストが見事に融合。（アリ）

**Albinos**
Ritual House Vol.1
Antinote (13) 12"

フランスでは映画音楽家のフランソワ・ド・ルーベや細野晴臣が引き合いに出されているアフロ・ハウス。いきなり「Baka Tribe」で空中浮遊。ピグミー族との交信がテーマになっているらしい。「Herzog」ではアフリカン・チャントが目一杯取り入れられ、「Apocalypta」ではイタロのダブルFMが出力異常。『Vol.2』もよい。（三）

# RUSSIA

ジュークを取り入れた「Ghetto Kraviz」(11)が光る1作目。それにしても、この重さ。ヴィジュアルでは女性的な記号を撒き散らすけれど、サウンドは徹底的にストイック。深々と沈むビートにつぶやくようなヴォーカル。ジャズがかったフレーズが出てくるだけでたまりません。しんみりとしたアンビエントもあり。(三)

**Nina Kraviz**
Nina Kraviz
Rekids (12)

自身のレーベル名「エーテル・サウンド」、作品名「水」、彼の音楽を暗示する言葉だ。初期エイフェックス・ツインのようであり、大気のように広がるアンビエント・ディープ・ハウスだが、リズムは過去の焼き直しではなく、硬質なミニマル・テクノからの影響がうかがえる。寒いのか暗いのか、何とも言いようのないムードだが、確実に美しい。(野)

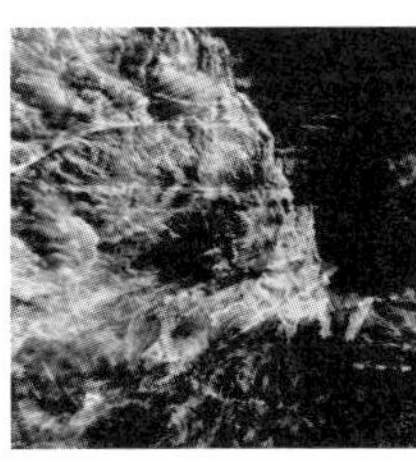

**Anton Zap**
Water
Apollo (13)

昼は銀行で紙幣を数え続けるループ男の7作目。これまではテクノだったものが、MAWの変名、ケンルー「The Bounce」を思わせるバウンス・ビートに変化した2曲+フランスからカバンヌによるリミックスもシャレている。アンリリースドというのは正式なレーベル名。オール・インのオーナーとも共作あり。(三)

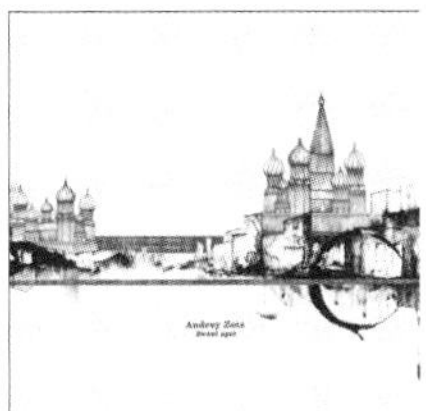


**Andrey Zots**
Sweet Spot EP
Unreleased (14) 12”

そのレフトフィールドな才能を世界各国から発信するモスクワ出身のパヴェル・ミルヤコフがアンソニー・ネイプルズと写真家ジェニー・スラタリーの主宰レーベルから。彼の数多いリリースの中でも最もクラブ・ユースに適したハウス・グルーヴ。しかし上モノは徹頭徹尾フリーキーに揺らぐ。(西)

**Buttechno**
Minimal Cuts
Incienso (19) 12”

# KiNK

## KiNK and Neville Watson

### Full Flight

Hour House Is Your Rush Records (08) 12”

ブルガリアのキンクとUKのネヴィル・ワトスンがタッグを組んだ1枚で、ラッシュ・アワーのサブ・レーベルから最高にアップリフティングで、ずっとヘヴィー・プレイしていたいデトロイティッシュなハウス・アンセム。リズム的にはシカゴ・ハウスで、デリック・メイをビヨン・トシュケがリミックスするとこんな感じだろうか。(アレ+三)

## KiNK

### Psyche Funk EP

Undertones (09) 12”

スタラヒール・ヴェルチェフによる不安定を音にしたようなフィジカル7作目。タイトル曲はスローモーションで魔法にかけられているような細かいアルペジオの嵐、「Trevoga」はあまりにサイケデリックで、リズムの骨組みはMAW「The Bounce」かも。続いて滅茶苦茶な「Aphex KiNK EP」。(三)

## Kink

### Leko

Burek (11) 12”

トム・ディマックとのスプリットに提供した「Bitter Sweet」が話題となり、その後、しばらくテクノづいていたので余韻が残っているものの、それがいい方に出た11作目。エレピをクニャクニャにしてループさせたようなタイトル曲はだんだんと素っ頓狂なテンションに舞い上がり、口笛(?)などを混ぜた高音のアンサンブルが突拍子もない。(三)

# RPR SOUNDSYSTEM

## Petre Inspirescu

Intr-o Seara Organica...

[a:rpia:r] (09)

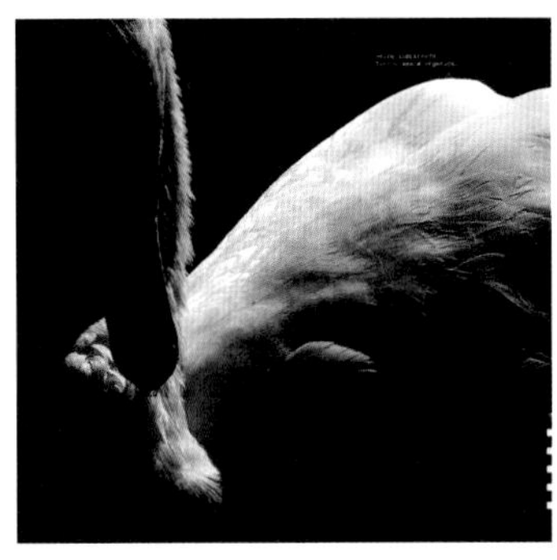

ルーマニアのシーンを主導してきたRPRサウンドシステム、中でもプロデューサーとしての影響力も大きいのがペトレ・インスピレスク。クラシック音楽の技術と理論を作品に取り入れながら、ヴィラロボスが舗装した道をさらにサイケデリックに上塗りするようなモジュラー・サウンドと融合した前衛的テック・ハウス。再発して欲しいが可能性はなさそう。(猪)

## Rhadoo

Semantics EP

Nervmusic Records (19)

モスクワのポスト・ルーマニア系のネルフミュージックからの2枚組。アルバム・フォーマットながら、あくまでもDJユースな視点による片面1曲づつの合計4曲というストロング・スタイル。繰り返されるハイハット、旋律を排除したミニマムな構成。広域中域全ての音がリズムのコントロール化。ヒエロニムス・ボスのようなアートワークも◎。(猪)

## Raresh

Vivaltu Remixes LP

[a:rpia:r] (14)

RPRメンバー中、滅多に音源を出さないラレッシュによる貴重なリミックス音源メインの2014年2枚組。13分超えのオリジナルは、展開らしい展開は皆無ながらゆっくりと飲み込まれる亜空間ミニマル。クラシック・オーケストラの要素を取り入れたペドロ、例によってほぼ別の曲に仕上げたリカルドのリミックスもレーベル屈指の仕上がり。(猪)

# *ROMANIA*

**Barac**

Variety Of Different Feelings LP

Metereze (14)

RPRクルーに継ぐDJとして知られるバラク。ラレッシュのメテレーズからで、ルーマニア勢らしいストレッチした時間軸の中で、パーカッシヴ、トライバル、UKスタイルのテック・ハウス、ブレイクビーツなど、リズムを追求したハウス・トラックが並ぶ。ただし随所に挟まれるエフェクトや音響処理、纏ったアンビエントは素面ではないので要注意。(猪)

**Lazăr Cezar**

Din Gând În Când EP

Understand (11) 12"

[a:rpia:r]を筆頭にルーマニアのレーベル配給を一手に引き受けるourown系列のアンダスタンドからレーベル主宰のラザル・セザールのデビューEP。クラリネット奏者ワジム・ボンダレンコとコラボした16分超えの「Fri1911」は圧巻。各音パーツを抽象化、常世との境目が融解する重トリップ作品。逆面の鳴りも一級品。(猪)

**Dan Andrei**

Muzici Mai De ... EP

Jesus Loved You (10) 12"

ダン・アンドレイはRPRと並ぶルーマニアの重要DJプロデューサー。おそらく10代当時に制作されたシーン勃興期のカルト・トラック。基本的な構成ながら特徴的なアブストラクト音響が全面展開されるA面と、クラシック音楽の幻影がうっすらと背後に浮かぶダブ・ミニマルは、当時のテクノやハウスの主流と比べるとあまりにも異質。(猪)

**Vlad Caia**

Swan Lake

Pluie/Noir Recordings (13) 12"

クリスティ・コンスとアンフィアを主催するウラド・カイアが手掛けたEP。白鳥の湖として知られるラヴェル「クロエの哀願の踊り」を引用したルーマニア・テック・ハウス名作。B面もクラシック・オーケストラのストリングス使いで高品質。田中フミヤや半野喜弘をカタログに揃えるアーティスト・コレクティヴ、プリュイ/ノワールから。(猪)

# *ITALIA*

すでに鬼籍に入った70／80年代の伝説的DJたちと同期、NYやシカゴの流儀で培った感覚で臨むと頭がバグる圧倒的な音楽的情報量をクラブ・シーンに注ぎ込んでいた、いまだ現役の怪物の秘儀の一端が窺えるミックスCD。再発見以降の新世紀からのダンス・ミュージックに与えた影響は途方もない。（西）

**Daniele Baldelli**

Cosmic - The Original

Amarkord (07) CD

プレスクリプションとA・シェイカーに心酔するイタリアン・プロデューサーの1作目。その通り、全体に軽くジャズがかったような曲がいい感じ。ジャマール・モスは自身のレーベルを通じて同じくイタリアのシモンチーノ『Open Your Eyes』（13）、ギリシアのオーディオ・アトラス『Window 2 The World』（13）も紹介。（三）

**Jamal Moss Presents Marcello Napoletano**

The Space Voodoo

Mathematics Recordings (09)

DJチダと親交を結ぶベルリン拠点カクテル・ドゥ・アモーレのレジデント伊人コンビによるナルコティックなミニマル・ディスコ傑作。コス／メスと東京在住のバレアリック紳士マックス・エッサがタッグを組んだリミックスはさらにパーティーから帰るタイミングを見失ってしまうグルーヴァー。（西）

**Discodromo & Massimiliano Pagliara**

Samba Imperiale

CockTail d'Amore Music (12) 12"

ヴェネチア出身の彗星による東京ミュール・ミュージックからの2nd EP。第三世界への憧憬が滲むトライバル・パーカッションと湿度の高いアシッド・シンセを武器に、アフロ／コズミックが向かわなかった未来を手繰り寄せているかのような、ストレンジかつ実直なダンス・ミュージックを展開。（西）

**Simone de Kunovich**

Mondo Nuovo

mule musiq (22) 12"

# *SPAIN*

**Skymark**
Waves From The Nucleus
Modern Sun Records (15)

アジムス影響下のブラジリアン・フュージョンを演奏してきたスカイマーク。ピアノやエレピ、シンセなどの鍵盤奏者、プロデューサーでもあり、アマチュア・ミュージシャンを自称しほぼ全てパートを自らが奏でる。エモーショナルなダンサブル・フュージョンである本作からは後に⑥をロン・トレントがリミックスしラッシュ・アワーがEP化。(猪)

**Jose Rico**
Dreams With The Mirror Planet
Off Minor Recordings (16)
12"

バルセロナ出身のスペイン屈指のハウスDJとしてテン年代以降から頭角を現してきたホセ・リコ。マイク・ハッカビーやスペクターとのスプリットEPを残すなど、デトロイトやシカゴのハウスから影響を受けている。本作はエモーショナルなブレイクビーツ・ハウスから、アトモスフィアなビートダウンまで、ツボを抑えたトラックを収録。(猪)

**Dubbyman**
Deep Is Dead
Deep Explorer (18)

東海岸のDJやファイアクラッカー勢のような知名度は得られなかったものの、ユーロ・ビートダウンをフォローするDJの間ではつねに信頼を集めていたディープ・エクスプローラー主催のダビーマン。18年にようやく発表できた本1st LPは同じ動作を繰り返してきた武術家のような美しさにも似たディープ・ハウス美学が注ぎ込まれている。(猪)

**John Talabot**
fIN
Permanent Vacation (12)

D.A.R.Y.L.名義で06年にデビューしたオリオール・リヴェローラによる1作目。ディスクロージャーに先駆けた作風で、ジェイムズ・ホールデンからダフト・パンク、あるいはUKガラージからインディ・ポップまで、あらゆる同時代的要素を取り込んで見事なほどポップに仕上げている。デラックス盤はボーナスCD付き。(三)

# 2011

## Cos/Mes

### Naruto

**King Kung Foo Records 12"**

09年にアンドリュー・ラヴフィンガーズが主宰するESPインスティチュートからライセンスされたアルバム『Gozmez Land - Chaosexotica』及びシングル4連作で華々しく脚光を浴びたフラティック&5ァイヴが、翌々年にベルギーの違いのわかる変態紳士ロニー&レンツォの主宰レーベルから放った強力作。エキゾティックなギター・フレーズにはクール・ジャパン・イメージを逆手に取った誤読上等なサンプリング・アートとしての矜持が窺える。ニュー・ビート誕生の地からのリリースに相応しく、ジリジリとした焦燥感が次第に快感へと変換されるスローモー・グルーヴも当時の気分（いまも？）を体現していた。（西村公輝）

アルヴァ・ノトをふっくらとさせたようなIDM系『Nano/Youth』（03）をリリースしていたフラティックに5ァイヴが加わった2作目。起源を忘れたようなシノワズリやジャングルの闇を思わせるベースなど、ジャケットのヴィジュアル通りとはいえ、強迫的なミニマルもぶり返して全体に巨大なものがスローで動き回っている印象を残す。（三）

**Cos/Mes**

Gozmez Land - Chaosexotica

SWC (09)

# ESP INSTITUTE

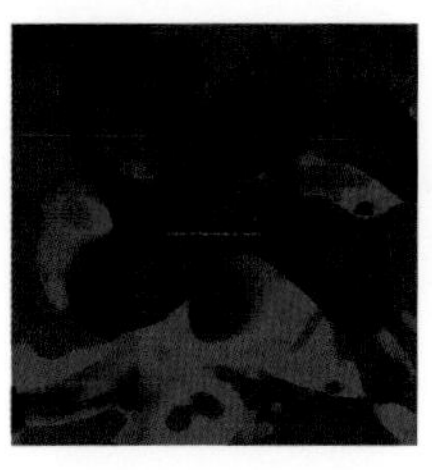

**Sombrero Galaxy**
Journey To The Centre Of The Sun
(10) 12”

世界各地のバレアリック愛好家のハブとして機能したブログをレーベルへと発展させたLAのアンドリュー・ラヴフィンガーズが満を持して送り出した第1弾は、元ディスコセッションのジョニー・ナッシュとミュージック・フロム・メモリー共同設立者タコ・レヤンガによるコズミック・プロッグ・ディスコ最高峰。(西)

**Young Marco**
Biology
(14)

ジジ・マシン、ジョニー・ナッシュとは“ガウス曲線”にてニューエイジの再定義に挑戦、セーフ・トリップを主催しイタロ・ハウス、トランス再評価にも道筋を付けるアムステルダムの才人による1st アルバム。80年代和モノ的エキゾティックさをたたえたメロディが心地良いシンセ・ポップ/アンビエント。(西)

**Tornado Wallace**
Circadia
(14) 12”

MFMのジェイミー・ティラーとはベーシック・スピリットを発足、トランス復興を仕掛けるメルボルン出身の重要人物によるレーベル2作目。すでにトランス回顧が窺えるヴォーカル・サンプルの幻想的なトレモロ刻み。ジョニー・ナッシュも達者なギター演奏で加勢してチルアウトからダンスまでもれなく対応。(西)

**Various**
Blackdisco Vol. 3
Blackdisco (09) 12”

ラヴフィンガーズがESPインスティチュート以前に発足していたリエディット専門レーベルの人気作。ハーヴィーが一時期定番的にプレイしたジャクソンズ「Living Together」ネタのA面は、ミレニアムのバレアリック新時代到来の気分にドンズバだった。(西)

# 2012

## Various

### A Compilation

**International Feel Recordings CD**

ウルグアイのリゾート、プンタ・デル・エステにて発足されたバレアリック新世代筆頭レーベルがイビザに移転する直前、第一期の記録。90年代からフューチャー・ループ・ファウンデーションとしてチルアウト志向のレフトフィールドなドラムンベースを繰り広げてきた主宰マーク・バロットの変名義作が過半を占めつつも、ゴンノをピックアップするなど柔軟な姿勢も見せ、イタロ、クラウトロック、ドリーム・ハウス、アフロ／コズミック、アンビエントといった様々な意匠を、ときに剽窃と紙一重の際どいリエディットも交えて、新時代のバレアリック概念へと包括させた重要楽曲群を確認できるコンピレーション。（西村公輝）

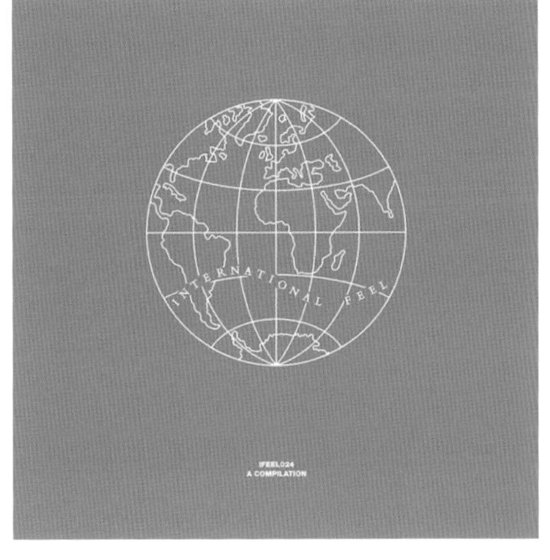


**Psychemagik**

Dance Hall Days

Psychemagik (12) 12"

バレアリック界隈屈指の博覧強記なディグ度で他を圧倒するコンビが、いつもの超レアネタ路線ではなく（おそらくは）狙って当てに行った本作は、ワン・チャンの80'sヒット・ナンバーをポップに調理したもので、後にアーティスト公認の正規リリースへと漕ぎ着けることに成功する。（西）

**Quiet Village**
Silent Movie
!K7 Records (08)

時空を超えてサウンド・ファクトリーとベルグハインを横断する強面テクノ／ハード・ハウスのマット・エドワーズ（レディオ・スレイヴ）と生粋のレコード愛好家ジョエル・マーティンが放った非公式リエディット傑作を!K7がコンパイル、いまとなっては発売が奇跡的なアルバム。見つけたら買い。（西）

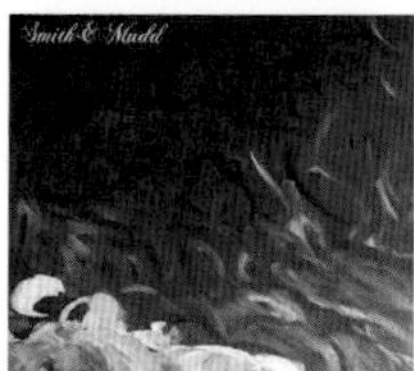


**Smith & Mudd**
Blue River
Claremont 56 (07)

ディスコ・ダブとバレアリック・ハウスの架け橋となるような作品を数多く残している老舗クラレモント56を主宰するポール・マーフィーと、アクワーバでも共に活動するB・スミスによる1作目。アコギター、ベース、ヴァイオリンによるチルアウト世界と、揺れているだけでグルーヴに乗せてくれるビート。元ピンク・フロイドのボブ・クローゼが参加。（猪）

**Hear & Now**
Aurora Baleare
Claremont 56 (18)

バレアリック・レーベルとしてのクラレモント56でベストを選ぶとなると個人的には本作を推す。パーティー・フリークであり、後にDJ、プロデューサーとしてキャリアを積んできたリック・Lとマルコラディによるユニット。古い記憶や孤独感を否応なく刺激し、幻想と実在の敷居を行き来する、至福のバレアリック時間が収められている。（猪）

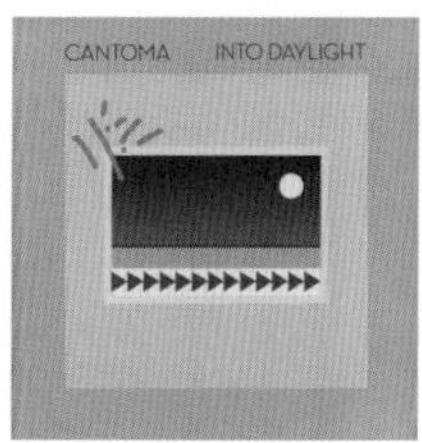


**Cantoma**
Into Daylight
Highwood Recordings (20)

故ホセ・パディーヤから薫陶をうけカフェ・デル・マーのレジデントも務めたUKを代表するバレアリックDJであるフィル・ミソン。幅広い音楽への造詣と愛情をDJで表現できる稀有な存在でもある彼が仕上げたカフェ・ミュージック。スパニッシュ・ギターやフルート、コーラスによる理想的なアレンジ。カフェ・アプレミディへのオマージュ曲もあり。（猪）

# BALEAREIC

ヒップホップDJとしてキャリアを開始、後にハウスDJ／プロデューサーへとシフトしたスイスのベテラン。様々なジャンルのレコード・コレクターでもあり、その指向性は本作でも立ち上っている。メロウなソウルから、スローモーなサイケ・フォーク、LoFiなノスタルジー・ダウンビートまで、作曲家としての才能が詰まった捨て曲なしのアルバム。（猪）

**Lexx**

Cosmic Shift

Phantom Island (19)

ノラ・ジョーンズの名曲「Sunrise」をレディオ・スレイヴがリミックス。エッヂの効いたマッド・トラックでフロアを阿鼻叫喚に陥れていた当時の彼が、本作で見せた最高のバレアリック文脈の再定義。ビートはRSらしいドープな仕様ながら、鐘、Vo.サンプル、ピアノをループ＆ダブ。さざなみも加えて極上のマジック・タイム用ビートダウンへ。（猪）

**Norah Jones**

Sunrise (Salida Del Sol) (Radio Slave Remix)

Supersingle (05) 12"

沖縄のシンガー・ソングライターで紅白出場経験もある石嶺聡子とDJ MIZUKI（21年没）によるバレアリック・プロジェクトをフィル・ミソンがリミックス。宮古民謡「なりやまあやぐ」をスピリチュアル・アンビエントに仕上げた2ヴァージョンと、笠井紀美子のシティ・ポップ名曲「バイブレイション」をグルーヴィーなジャズ・ファンクでカヴァー。（猪）

**Okinawa Delays Feat. Satoko Ishimine**

Nariyama Ayagu

Claremont 56 (17) 10"

10年代に勢力を拡大したワシントン発のニュー・ディスコ／ブギー・レーベル、フューチャー・タイムスから同レーベル初期のクラシック。西海岸調の開放感とタメが効いたグルーヴが心地よいバレアリック・ファンク「Swimmers Groove」は80'sマイナー・ブギー、C・ケンドリック「Third Degree」をモロ使い。（猪）

**Beautiful Swimmers**

Swimmers Groove / O Yea

Future Times (09) 12"

# ANDRAS FOX

### Andras Fox Ft. Oscar S. Thorn
Embassy Café
Dopeness Galore (13)

アンドリュー・ウィルソン名義「Overworld」がモダン・ニューエイジとして評価されたアンドラス・フォックスが友人のヴォーカリスト、オスカー・S・ソーンとコラボしたミニLP。80年代のシカゴ・ハウス、ニューエイジ、ブギーがブレンドされたプライヴェートな作品は時代のトレンドとマッチし代表作となる。(猪)

### Andras & Oscar
Café Romantica
Dopeness Galore (14)

『Embassy Café』に続く形でオスカーとのコラボ・アルバムを翌年に発表。ソフトに寄り添うようなオスカーの歌声と、キーボードやドラムマシンというヴィンテージ・ハードウェアによるサウンドはチルアウト作品としても素晴らしい。メルボルンはバンクーヴァーと共振しながらモダン・ブギー/ニューエイジ・ハウスの拠点となっていく。(猪)

### Andras Fox
Vibrate On Silent
Mexican Summer (14) 12"

溢れ出る創作欲求が次々と良曲を生み出していたこの時期のアンドラスがインディー・ポップ系レーベル米メキシカン・サマーからリリースしたEP。世俗的バレアリックなサンセット・イメージをブルー&8BIT化したアートワークは本作をよく表している。インストのため、キーボードやシンセが全面に出ていて、よりチルいテイストに包まれる。(猪)

# 2013

## DJ Nigga Fox
O Meu Estilo
**Príncipe 12"**

リスボンからポルトガル語で「マイ・スタイル」を意味するホジェリオ・ブランドンのデビュー作。大きくはアンゴラ起源のクドゥロにDJプーラのバティーダ、あるいはズークやアフロ・ハウスなど様々なリズムが重層的に取り入れられ、パーカッションを主体としつつ、カット・アップされたヴォイス・サンプルにダブやエレクトロ、さらにはポルトガルの伝統音楽に由来する弦楽器のループが見事にマッチした文字通りのハイブリッド・サウンドを形成している。オープニングの「Hwwambo」にいきなり驚かされ、リル・ルイスとイゾレを足したような「Weed」などヴァリエイションも豊富で、5曲だけでは飽き足らない。これは始まり。大きな始まり。(三田格)

母体となっている『Lisbon Bass』(12) を紹介したいところだけれど、ハウスの範疇外なのでアンゴラ起源のクドゥロを22曲 (CDは27曲) にまとめた編集盤。上記を始め、これにインスパイアされた各国の動きも含まれている。全体にゲットー・ハウスといった趣きで、ジェス&クラッブは続いてヴェネズエラのチャンガ・トゥキをコンパイル。(三)

**Various**
Jess & Crabbe Present Bazzerk - African Digital Dance
Mental Groove Records (11)

# PORTUGAL

**Rui Da Silva**
Stoned
Kismet (02) 12"

DJヴァイブとのアンダーグラウンド・サウンド・オブ・リスボン、クリス・ココ（ココ・スティール&ラヴボム）とのココ・ダ・シルヴァ、ソロでは「Touch Me」（00年）のヒットで知られる暗黒プログレッシヴ・ハウス重鎮。コマーシャルな大箱シーンのダークサイドを長年に渡り牛耳るキーパーソン。（西）

**The Johnwaynes**
Get Up
Endless Flight (10) 12"

スタジオで働くミュージシャンのアントニオ・ホルへ・ロドリゲスバストスとDJのジョアン・ペドロ・ヴィエイラ・ダ・シルヴァによるオフ・シュートのようで、タイトル曲は「Jibaro」を思わせるミッド・テンポのファンク・ビート、カップリングの「High」も非常にリラックスしたムードのキューバン・ジャズ・スタイル。（三）

**Tiago**
Disambiguation
DFA (10) 12"

TNTサブヘッドの名義でエレクトロ・ハウスのアルバムもリリースしたティアゴ・ミランダによる4作目。ここではほわっとしたバリアリック・ハウスを展開。非常に実験的な作風も披露するが、こういう曲もあるので見極めが難しい。「Rider」をコス/メスがリミックス・ヒットさせた。（三）

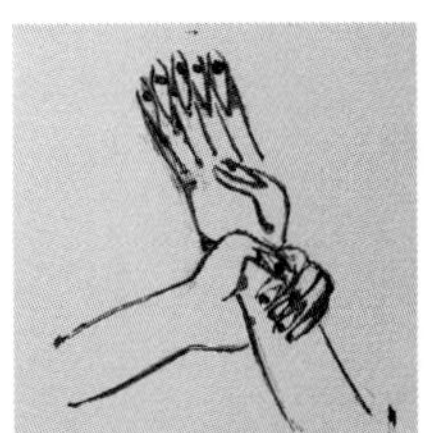

**Niagara**
Apologia
Príncipe (18)

クドゥロを始めとした当地の伝統音楽を下地に現代的なミクスチャーを展開するレーベル代表格トリオによる2nd アルバム。ラフな電子音と生楽器の簡素な組み合わせから溢れ出すポリリズムを含んだ豊穣なグルーヴ。80年代のアーサー・ラッセルの実験とも遠からずな前衛的ダンス最前線。（西）

# Nu School / Multipolar Of House

2014–2022

ヴァンクーヴァーにおけるニューエイジ・アンビエントやモダン・ブギーの再評価、メルボルンでのLAやUKのソウルやジャズとクロスする動きはテン年代の潮流の一つになる。南米ではローカライズされたサイケデリックなハウスが、韓国からは世界を席巻するK-POPとは別でポップな才能が現れる。南アフリカの独自進化、ヴェイパーウェイヴからのLoFi化も拡散していくなか、マイノリティーたちによるムーヴメントはメインストリームも変える。史上最も多様性に満ちたハウス黄金時代が始まった。

# 2014

## Jack J
### Looking Forward To You
**Mood Hut 12"**

北米西海岸ヴァンクーヴァーのムード・ハットは地元パーティー・コレクティヴとして始まり、10年を経てもその立ち位置は変わらない。主宰のジャック・ジャトソンは本EPとワシントンのフューチャー・タイムズからの「Thirstin'」の2枚で、ノスタルジーを刺激するニューエイジ・アンビエントとモダン・ブギーという80年代のサウンドをハウスに注ぎ込み地元を代表するプロデューサーとなった。不確定なキーボードやサックス、タイトでシンプルなドラム・ループ、それらを繋ぎ止める暖かく湿ったベースラインは、気心の知れた仲間たちと長年培った友愛のような、まったりとした居心地のいい空気が閉じ込められている。本作の8年後に発表されたアルバムではインディー・ポップを披露。（猪股恭哉）

**Pender Street Steppers**
Raining Again
Mood Hut (17) 12"

ジャック・Jと盟友リアム・バトラーによるユニットで、レーベルが世界的な評価を受けた後に発表されたEP。ジャケットからもわかる通り、ニュー・エイジ・ステッパーズへのラヴレターと思われる内容。過去作に見られたLoFiハウス＆ブギーに、UKダブの要素が散りばめられたムード・ハット流ダビー・ハウス。次作ではさらにNW化。（猪）

# *NU GENEA*

## **Nu Guinea**
The Tony Allen Experiments
Comet Records (16)

イタリアはナポリのインディペンデントな音楽愛好家たちが、2010年代以降の有機的なミニマル・ハウスの枝葉として俄かに傾倒していた古典音楽の歴史と即興的な生演奏、エレクトロニクスの融合の集大成的作品。シーンの中核ニュー・ギニアによるトニー・アレンのマジック・ドラムをリコンストラクトした電化ジャム・セッションの記録。(S)

## **Nu Guinea**
Nuova Napoli
NG Records (18)

ベルリンのフラッグシップ・スタジオ、Tower Studioに集うスタジオ・ミュージシャンとのジャム・バンド形態として進化に迫るニュー・ギニアによるセカンド・アルバム。70年代、80年代の地中海沿岸を彩った快楽的なイタリアン・ジャズ・ファンク古典をトレースした20世紀のナポリタン・ハウスのマスターピース。(S)

## **Nu Genea**
Bar Mediterraneo
NG Records (22)

南イタリア人の蔑称Guineaをギリシャ語で誕生を意味するGeneaと改め、ワールド・ミュージック・ジャム・バンドとしてスタイルを確立させたニュー・ギニアのサード・アルバム。方言を交えたヴォカーリストの起用や、30年代まで遡るポエトリー・リーディングといったローカリズムに根ざす伝統音楽への色彩豊かな好奇心がナポリ湾を望郷させる。(S)

# *MODERN BOOGIE*

**Kon**
On My Way
BBE (13)

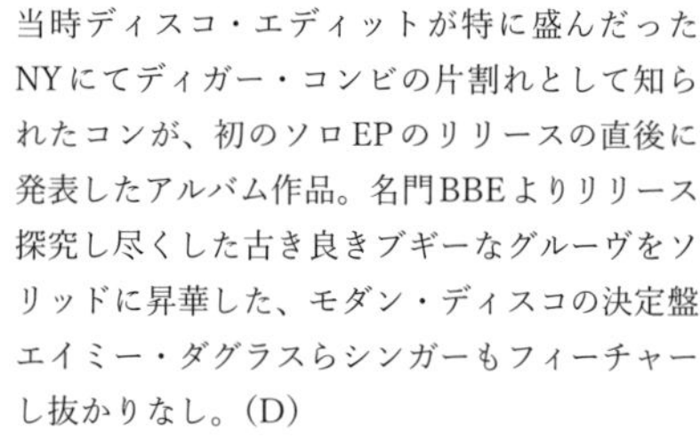

当時ディスコ・エディットが特に盛んだったNYにてディガー・コンビの片割れとして知られたコンが、初のソロEPのリリースの直後に発表したアルバム作品。名門BBEよりリリース。探究し尽くした古き良きブギーなグルーヴをソリッドに昇華した、モダン・ディスコの決定盤。エイミー・ダグラスらシンガーもフィーチャーし抜かりなし。(D)

**The Vision**
The Vision
Defected (20)

後にUKのベン・ウェストビーチとNYのコンであったことが判明するユニットが、ジャズファンク・ハウス、フィルタードなディスコ・ハウスを展開。1975年のグリッター・バンドの「Makes You Blind」から2005年のR&Bヒット曲までチョイスする幅広いネタ選びや、高揚感を煽る隙のない構成など、非常にモダン。(D)

**Space Ghost**
Dance Planet
Tartelet Records (21)

このカリフォルニアのアーティストはパンデミック中に寺田創一の音源を愛聴していたらしく、そこかしこから氏に通ずるアイデアが滲み出る。クリアな音像とハウスやスロー・ジャムを行き来する展開が相まり、過度にロマンティックな陽性ヴァイブ。1980年代後半以降のクラブ・ミュージックの甘い部分を総集した、充実の一枚。(D)

**Caserta**
Bobby
Bridge Boots (19) 7”

ボビー・コールドウェルによるブルー・アイド・ソウル屈指の泣きの名曲「Open Your Eyes」をスロー・バレアリック・ブギーにエディット。元ネタが良すぎる感もありつつ、歌唱が一層オブスキュアに処理されたコンのダブミックスがオリジナルより数段ドラマティックで、この辺りはベテランの腕前に脱帽。(D)

# MODERN BOOGIE

エレクトロ・ファンク名手デイム・ファンクのストーンズ・スロウからのアルバムは2009年にリリースされており、メジャーまで波及した世のブギー・リヴァイヴァルより数年早い登場だった。周囲がサンプリングに夢中だった頃からヴィンテージ機材を携えて音作りに励んでいたという経過が、超大作として結実した。(D)

**Dâm-Funk**
Toeachizown
Stones Throw Records (09)

知られざるブギー作品の発掘を続けていたPPU。そこに所属する当時数少ない現役アーティストだったムーンBの本作は、かつてカセットのみで流通していたシンセ・ファンク。ローファイすぎる音像にも表れたDIYな精神性がフューチャー・タイムズ、L.I.E.S.あたりとも結び付き、US地下経由で多様な好事家の目に留まることに。(D)

**Moon B**
Untitled
Peoples Potential Unlimited (12)

先述のPPUやデイム・ファンクとも、当初レコードの売買を通じて交流していたトム・ノブルの別名義がハウス・オブ・スピリッツ。NYの名門からリリースされた本名義の唯一作はあまりに感動的で、A面の原曲はフィリー・ソウルすら想起させる。アンタルやMCDEら、現行ディスコ/ハウス・ラインのトップDJもプレイ。(D)

**House Of Spirits**
Holding On
Beats In Space Records (14) 12"

デイム・ファンクと比肩する注目を集めたベネデクが、2013年のPPUからのアルバム振りにリリースしたのが本作。スムースなエレクトロ・ブギーに限らず、プロト・ハウス、ダウンテンポ、ニュージャックス・スウィングまで触手を伸ばす多彩さ。後にL.I.E.S.やアプロンといった膝を打つレーベルからサポートを受ける。(D)

**Benedek**
Bene's World
Leaving Records (17)

# 2015

## Chaos In The CBD

### Midnight In Peckham

**Rhythm Section International 12"**

デトロイト発、フランス経由で世界に広がったビートダウン・ハウスがUKでも爆発する。モーター・シティ・ドラム・アンサンブルがボイラー・ルームで伝説的なショーを披露し、セオ・パリッシュが「ザ・ユニット」というバンドを引き連れてヨーロッパ・ツアーを成功させたのとほぼ同時期に、ペッカムという全く聞き覚えのないロンドンの郊外の町で産声を上げたレーベル、リズム・セクション・インターナショナル。その代表作はペッカムを拠点に活動していたニュージーランド出身の兄弟ユニットによる、ディープでジャジーなハウス・ミュージック。地元の伝説的クラブ、プラスティック・ピープルがクローズし、ロンドンの音楽シーンが新たなステージへと移り変わる上で重要な作品のひとつ。(Midori Aoyama)

**Chaos In The CBD & Friends**

Emotional Intelligence / It's Up To Me

Neroli (19) 12"

ペッカムのダンス・コミュニティーで名を挙げた2人が2019年にイタリアのネロリからリリースした快作。同郷ニュージーランドのレジェンド、サクソフォニストのネイサン・ヘインズや、UKジャズ・ジーンでは欠かせない存在となったジョー・アーモン・ジョーンズを招いたA・B面共に哀愁漂う1枚。(M.A.)

# RHYTHM SECTION INTERNATIONAL

## Henry Wu

Good Morning Peckham

(15) 12"

自らを「神童」と名乗るペッカムが産んだ天才ジャズ・プロデューサー、ヘンリー・ウーによる快作。他のビートダウンと一線を画す音楽性は、同時に彼が素晴らしいキーボーディストだから。この後、彼はカマール・ウィリアムスとしてUKジャズ・ムーヴメントの導火線に火を付けることにもなる。(M.A.)

## Earth Trax X Newborn Jr.

Sax & Flute

(16) 12"

初期RSはジャズ寄りなビートダウン・ハウスといった形で括られていたが、ポーランドの2人組によるEPではIDMやニューエイジといったジャンルにも通じるサウンドが垣間見られる。アース・トラックスはその後シャル・ノット・フェイドからもアルバムをリリースするなど、レイヴ的なサウンドにリンクするのも自然な流れ。(M.A.)

## Dan Kye

Small Moments

(20)

ニンジャ・チューンで数多くの良作をリリースしたニュージーランドの才人がハウス・ミュージックに注力して生まれたアルバム。フロア・ユースになりすぎず、聴き馴染みのよいプロダクションは流石としか言いようがない。近年のジャズ界隈で数多くのアルバム・アートワークを手がけるニック・ダーレンの躍動感のあるジャケットも好印象。(M.A.)

## Harvey Sutherland And Bermuda

### Priestess / Bravado

Clarity Recordings (16) 12"

現在は「Neurotic Funk」と自身のサウンドを形容する、オーストラリア、メルボルンのハウス／ジャズ・シーンを牽引したハーヴィー・サザーランドが、地元のミュージシャンと共にバンド、バミューダを結成して挑んだ意欲作。彼の相棒とも言えるJuno-60を軽快に鳴らしながら楽曲のボルテージがじっくりと上がっていく。(M.A.)

## Byron The Aquarius

### Ambrosia

Axis (20)

アトランタの「オタク」ミュージシャンがデトロイトのレジェンド、ジェフ・ミルズ指導のもとで挑んだ傑作。ジャズやフュージョン、ラテンの要素を取り入れ楽曲性の角度がワンランク上に仕上がっている。テクノ・レーベルで有名なアクシスがジャジーなディープ・ハウス・アルバムをリリースする。それだけでこの1枚の重要性は理解できるはず。(M.A.)

## Crackazat

### Coffee Time

Eureka! (16) 12"

ブリストル生まれ、スウェーデンはウプサラに拠点を置く天才ハウス・プロデューサーが日本のハウス・レーベルEureka!にファースト・リリースを提供。奇しくもこれが彼のNo.1ヒット・ソングになるとは誰も予想していなかったが、彼にしか出せないマジカルなコードとハッピーなグルーヴはダンスフロアにいつも爽やかな風を吹かせてくれる。(M.A.)

# JAZZ / SOUL

mule musiqやシャル・ノット・フェイドでも活躍する才人のファーストLP。UKビートダウン・ハウスの虎の穴（!?）チャーチからリリースされた。哀愁漂う雰囲気がどこか別世界へ誘ってくれる。「Saw You For The First Time」は東京の現場でも頻繁に鳴り響いた、思い出深い作品。(M.A.)

**Laurence Guy**

Saw You For The First Time

Church (17)

フレンチ・ビートダウン・ハウスの最高傑作とも形容できる、マルセイユのサンプリング・マスターによるセカンド・アルバム。大胆かつ、繊細なカットアップはハウスのみならずヒップホップやソウル・ヘッズも魅了した。ディフェクテッドを親レーベルに持つ クラシックからのリリースで彼のキャリアは一気にスターダムへとのし上がっていく。(M.A.)

**Folamour**

Umami

Classic (17)

2020年代にさしかかってからヨーロッパのディープ・ハウス界隈を牽引するミュンヘンのレーベル、トイ・トニックス。その看板アーティストによる16年のスマッシュ・ヒット。タイトル曲の「Back In The Days」はZレコーズ諸作を思わせるようなファンキーなサウンド。DJユースかつ、聴いても飽きがこない好EP。(M.A)

**COEO**

Back In The Days

Toy Tonics (16) 12"

ここ5年で30以上のEPをリリースするなど驚異的な多作で有名なコロンビアの鬼才、フェリペ・ゴードンが2021年にシャル・ノット・フェイドからリリースしたアルバム。王道なビートダウン・ハウスを現代版に昇華しつつ、独特のセンスでまとめ上げた人気の1枚。ディープ・ハウス愛好家ならマストバイ。(M.A)

**Felipe Gordon**

A Landscape Onomatopeya

Shall Not Fade (21)

**Dam Swindle**
Boxed Out
Heist Recordings (14)

オランダが産んだディープ・ハウスの最高峰。デトロイト・ハウスに影響を受けたスモーキーでローファイかつ、モダンなサウンドがアムステルダムのシーンの発展と同時に萌芽した。タキシードのメンバーでも知られるメイヤー・ホーソーンとコラボした「64 Ways」は2015年代以降のハウス・シーンを語る上で外せない1曲。(M.A)

**Hunee**
Hunch Music
Rush Hour (15)

ラッシュ・アワーの成功はこのアーティストの存在なくして語れない。ハウス、ディスコ、ソウル、アンビエント、テクノなど、あらゆるジャンルを絶妙にブレンドした自身のデビューLPはRAの2015年間ベスト・アルバムTOP10にもランクイン。寺田創一のリヴァイヴァルも彼の存在なくしてはならなかった。(M.A.)

**Seven Davis Jr.**
One
Must Have Records (13)
12"

かつてメジャー・アーティストのプロダクションも務めたLA拠点の鬼才、セヴン・デイヴィス・ジュニアの代表作。ムーディーマンを彷彿とさせるファンクネスなサウンドに自身のヴォーカルを重ねるマルチなタレントぶり。ディープ・ハウスが西海岸でも確実に鳴り響いている象徴になった1枚。(M.A.)

**Session Victim**
See You When You Get There
Delusions Of Grandeur (14)

自主リリースの過半数がヴァイナル・オンリー。徹底したレコード至上主義を貫くドイツ人デュオによる、オタク・レベルのサンプリング・スキルとミュージシャンシップが絶妙にブレンドされたモダン・ハウス・アルバム。リード・トラックとなった「Never Forget」はRAのセッション動画でも披露され、彼らのピュアな熱量は世界中に広がった。(M.A.)

# 2016

## DJ Boring / Magma

Winona EP

**E-Beamz 12"**

UKのイービームズから2016年末にリリースされた「Winona」には、Lo-Fiハウスの特徴が散見される。90sを踏襲するサンプリング手法（多くはネット上からの引用）やディープ・ハウス直系のマイナーなコードを用いつつも、フロアでの機能性は重視されず、ムードを醸すためにPC上で過度なコンプレッションが施される。人を食った名義で匿名性を保つが、YouTubeチャンネルからアルゴリズムの波に乗り、ミームとして広がっていく。俳優ウィノナ・ライダーの顔写真を、画面右側のタブで何度見たことだろう。制作から消費までがベッドルームで完結する遊びとして成立し、2010年代後半以降、この遊びを卒業した多くのDJたちがシーンで活躍する。（DNG）

**DJ Boring**

Sunday Avenue

LPH WHITE (17) 12"

レッツ・プレイ・ハウス傘下のレーベルから2017年にリリース。潰れた音像に物憂げなパッド、これぞLo-Fiハウスな表題曲はYouTube上で100万回を越える視聴数を誇る。地元の豪州からロンドンに移住したDJボーリングはこの時期には寵児となっており、クラブでの人気を得るのも間もなくのこと。（D）

# LOBSTER THEREMIN

**DJ Seinfeld**
Season 1 EP
(16) 12"

2016年にリリース、ロブスター・テルミンとメダ・フューリーのコラボレーベル第一弾。妄想が実現したかのような多彩なサンプル・ワークで激しく展開する、アシッド・ハウス／ロウ・ハウス。当時Lo-Fiに懐疑的だった音楽批評サイトで酷評されるも、DJサインフェルドの飛躍を予感させるエネルギーに満ちた一枚。(D)

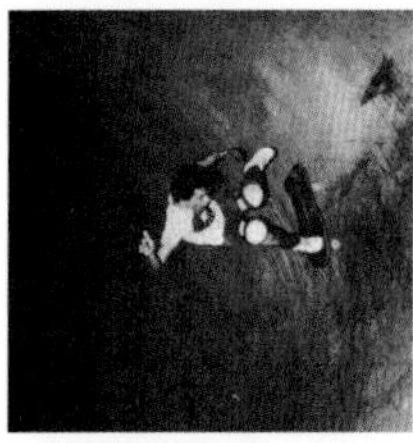

**Palms Trax**
Equation
(13) 12"

Lo-Fiムーヴメントの中心ロブスター・テルミンのカタログ1番。2013年作。アナログ・マシンで構成されたシカゴ・ハウス直系のグルーヴとイタリアン・ハウスからアイデアを得ているシンセ・リフ。すぐにデクマンテルからフックアップされたパームス・トラックスは、Lo-Fiゲームに参加することなくトップDJとなっていく。(D)

**Ross From Friends**
You'll Understand
Distant Hawaii (16) 12"

ロブスター・テルミンの傘下からリリースされた本作も、YouTubeを経由して広がっていったLo-Fiハウス代表作のひとつ。RFFは後にブレインフィーダーのような名門にも参加。スターダムを上がり、ビッグ・フェスティヴァルで鳴る「Talk To Me You'll Understand」のリフは、感動的ですらあった。(D)

**Route 8**
Dry Thoughts
(14) 12"

ロブスター・テルミンのカタログ4番の本作は、アブストラクトなグルーヴで上でノスタルジーなサウンドスケープを描き、当時先鋭的だったレーベルの評価を決定付けた。白昼夢のようなラベルやアノニマスなレーベル・ロゴとリンクする、Lo-Fiハウスの音楽性もこの時期に定義付けされ始めることになる。(D)

# MALL GRAB

収録曲「Can't」はアリシア・キーズの「Feeling U, Feeling Me」からの引用。やはり思い浮かぶのは同ネタのダブステップ金字塔のマーラ「Alicia」で、モール・グラブの他作品の元ネタを踏まえると明らかにオマージュ。オーセンティックなLo-Fiピアノ・ハウス「Down」なども収録。(D)

**Mall Grab**
Sun Ra EP
Church (16) 12"

収録曲「I've Always Liked Grime」のYouTubeチャンネルOOUKFunkyOOへのアップロードを受け、翌年DJハウスのレーベルからリリース。歪んだリズムに、超メジャー級グライムMCスケプタの語りと「That's Not Me」を引用。豪出身のモール・グラブのUKストリートへの偏愛が滲む。(D)

**Mall Grab**
Menace II Society
Unknown To The Unknown (16) 12"

2016年の『I Just Wanna』とボイラー・ルームでの衝撃のプレイ、そして翌年初頭の本作で、モール・グラブはベッドルームから飛び出し現場での評価を得た。某ギャングスタ・ラップ速回しのB1、キュートなパッドがループするB2も鮮烈なネタ使いが極まるが、特にホーンが吹き荒れるA1はこの世代のアンセムに。(D)

**Mall Grab**
Pool Party EP
Hot Haus Recs (17) 12"

自身のレーベル、スティール・シティー・ダンス・ディスクスでは当初、自他ともにディスコ由来の楽曲が目立ったが、2018年のルッキング・フォー・トラブルの始動と本EPから、レイヴ・サウンドへと接近していく。Lo-Fi感を残すA面に対し、B面ではソリッドなエレクトロ・テクノやアーリー90'sなブレイクビーツを展開した。(D)

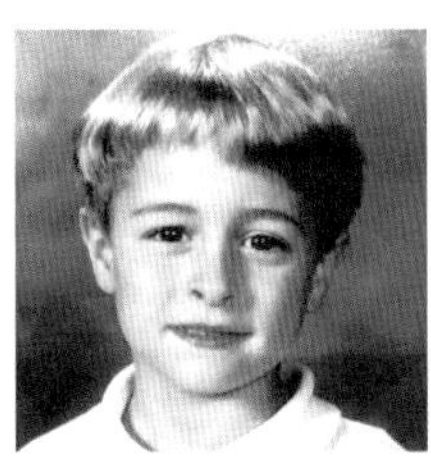

**Mall Grab**
How The Dogs Chill, Vol. 1
Looking For Trouble (18) 12"

# ANTHONY NAPLES

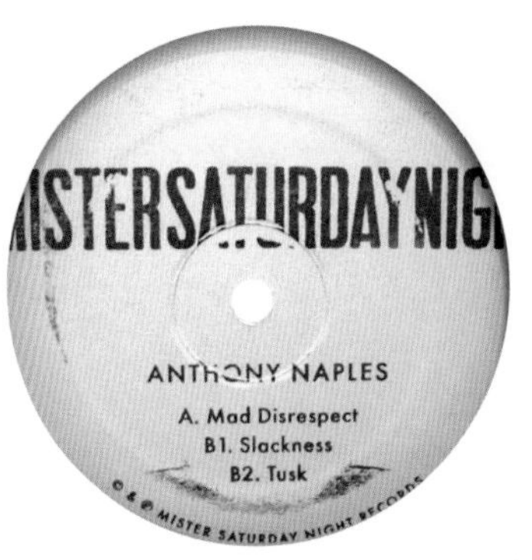


## Anthony Naples
### Mad Disrespect
Mister Saturday Night Records (12) 12"

NYブルックリンの震源地、ミスター・サタデー・ナイトからのアンソニー・ネイプルズの1stリリース。アナログな質感と、ユーモアとウィットに富んだサンプルのループやシンセ使い。オールドスクールな手法を参照しつつも新感覚で構成されたハウスとして、同時期のフューチャー・タイムズ周辺と並んで絶賛された一枚。(D)

## Anthony Naples
### Fog FM
ANS (19)

自身のANSからリリースしたアルバムで、この前年にグッド・モーニング・テープスから出したカセットでのアンビエントなモードを、フロア仕様に落とし込んだ作品。トリッキーなリフやパッド使い、非の打ちどころのないエフェクト処理を高解像度で展開するディープ・ハウス／ダブ・テクノ。氏の最高傑作との呼び声も高い。(D)

## Anthony Naples
### OTT / ZTL
ANS (18) 12"

ANSのリリース第一弾。本作にはいまだロウな質感を残した、アンダーグラウンド・ハウスを収録。TTTや自身のプロービトからの流れにあるビッグ・チューン「OTT」、以降顕著になる繊細な音作りや、腕を上げた時間感覚を狂わすアプローチが見て取れる「ZTL」のダブル・サイダー。成長過程を感じる、過渡期的な作品と言えるかも。(D)

# DJ SOTOFETT

ロウ・ハウス、ニュー・ディスコ、アンビエント、ダブ、エクスペリメンタルetc。あらゆる文脈からカルト人気を獲得してきたノルウェーの鬼才と、セックス・タグズとその傘下レーベル群の多様性／実験精神を象徴するような、奇天烈バレアリックなアルバム作品。この時点での集大成な感も。パリのジルベルらゲストも超豪華。(D)

**DJ Sotofett**

Drippin' For A Tripp (Tripp-A-Dubb-Mix)

Honest Jon's Records (15)

ブルックリンの曲者マッドテオとの共作。16分に渡って、燻んだベースラインのグルーヴとマッドテオのフリースタイルなヴォーカルだけが絡み続ける、脅威のアンダーグラウンド・ハウスをA面に収録。ヒプノティック・ロウ・ハウスなB面も相当パンキッシュだが、A面のせいで若干普通に聴こえる不思議。(D)

**DJ Sotofett Feat. Madteo**

There's Gotta Be A Way

Wania (13) 12"

A面は淡々とグルーヴするオーガニック・トライバル・ハウス。B面では中東圏の民族楽器と、バレアリック方面の盟友テレフォンズのコンガ演奏を交え、歪んだダブ・ハウスを披露。この対比が一枚のEPの中で成立するところが非常にDJソトフェットっぽい。デトロイトのフィット・サウンドからのリリース。(D)

**DJ Sotofett**

Percussion Mixes Vol. 1

Fit Sound (15) 12"

ベーシストのマイモウナ・ホーガン、ジルベルら、先述のアルバム『Drippin' For A Tripp (Tripp-A-Dubb-Mix)』に参加した面々のセッションによって生まれたドープ・アフロ・ビート。ライヴ感溢れるオリジナル、ロウ・ハウス化したB面、どちらも氏の諸作でも指折りの聴きやすいグルーヴ。(D)

**DJ Sotofett & Maimouna Haugen**

C'est l'aventure

Honest Jon's Records (18) 10"

# LO-FI / RAW

**Delroy Edwards**
4 Club Use Only
L.I.E.S. Records (12) 12"

NYのA1 Recordsの同僚、ロン・モレリと共にL.I.E.S.を立ち上げ、デビュー作をリリース。剥き出しのマシン・グルーヴはロウ・ハウスと呼ばれる由縁。ただし、当人たちは自称したことはないと思われる。その後デロイのレーベル、L.A.クラブ・リソースに繋がるパンク精神が産んだ、さながら冷たいシカゴ・ハウス。(D)

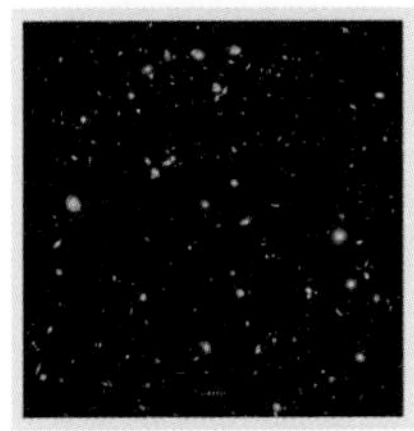

**Terekke**
YYYYYYYYYY
L.I.E.S. Records (13) 12"

Lo-Fiと称されるアーティストの中でも特異な表現をおこなってきた当時のテレッケの繊細さは、このEPやL.I.E.S.のカタログ100番で顕著。おぼろげにグルーヴするイマジナリーな本作からは、バイラル・ヒットする"Lo-Fiハウス"とは異なる思想が露わに。フューチャー・タイムズなどにも参加する才人の静謐さが堪能できる傑作。(D)

**Steven Julien**
Fallen
Apron Records (16)

エグロや自身主宰のアプロンで活躍していたUKのファンキンイヴンが、本名名義で放ったフル・アルバム。パンキッシュなアプローチのアナログ・グルーヴとデトロイティッシュなシンセ・ワークが反目し混ざり合う、マシン・ファンクネス。ロンドンのアフロ・ビート・バンド、ココロコのベーシストのデュアン・アシュリーが全編に参加。(D)

**Keita Sano**
Explosion
Mister Saturday Night Records (16) 12"

岡山の鬼才ケイタ・サノが、当時ジュン・カモダのリリースでも話題だったミスター・サタデー・ナイトから放ったEP。当レーベルからは2作目。シルヴィア・ストリプリン「Give Me Your Love」やカンディド「Jingo」といった大ネタを惜しみなくサンプリング、激ファットなビートと合わさった必殺の一枚。(D)

# 2017

## Calvin Harris

### Funk Wav Bounces Vol. 1

**Columbia**

ゲーム・チェンジャーというものがあるなら2017年の本作はEDMにおけるそれである。ゴールド・ディスクやプラチナ・ディスクを獲得、テイラー・スウィフトとの交際も報じられた文字通りのセレブ・アーティストが、これまで築き上げてきたポップ・スターのイメージから距離を取り制作した楽曲の多くはLAでレコーディングされている。EDMで稼いだ金をたっぷりと使い、フランク・オーシャン、ミーゴス、ファレル、アリアナ・グランデ、ヤング・サグ、などなど挙げればキリがない世界的ポップ・ミュージシャンたちと軽やかに生み出したポップ・バレアリック・ブギー・アルバム。EDMから距離をとっていた音楽評論家からも支持を集め、ポップ・ミュージックのモダン・ブギー／ファンク化を決定づける。（猪股恭哉）

**Poolside**

Pacific Standard Time

Poolside Music (12)

LA生まれのバレアリック・インディー・デュオ、プールサイド。自らのスタイルを真っ昼間のディスコと呼称し、AORやソフト・ロックのフィーリングをニュー・ディスコやメロウ・ファンク、モダン・ブギーに乗せて歌う、西海岸らしいリラクシン・バンド。ニール・ヤングのカヴァー、トッド・テリエやジェームス・マーフィーのサポートも話題に。（猪）

# 2018

## park hye jin

If U Want It

**clipp.art 12"**

数年先にイャエジやペギー・グーらの躍進が始まったことで、この韓国人女性アーティストの登場の準備が整った。すでにDJボーリングやサブジョイらを擁していたメルボルンのレーベル、クリップ・アートからリリースされた本作には、ローファイなトラックに内省的な歌唱が対応する表題曲「If U Want It」、同路線をリズミカルに極めた傑作「ABC」、後にブラッド・オレンジとのコラボ作に発展するローファイ・トラップ「Call Me」などを収録。ラフなようでいて計算されたミニマリズムは、すでにNYのガルチャー・ラストワークにも比肩。以降深化を遂げていく才人の、エポック・メイキングなデビュー作。(DNG)

**Peggy Gou**

Moment EP

Gudu Records (19) 12"

すでにトップDJ／プロデューサーとなっていたペギー・グーが、自身のレーベル第一弾として放ったヒット作。90'sピアノ・ハウスを参照点としつつ洒脱なヴォーカルでハングル／イングリッシュを行き来する。クラシックへのリスペクトとアジア圏の出自への自覚は、その後のレーベル・カタログにも反映されている。(D)

# KOREA / HONG-KONG

## Yaeji

What We Drew 우리가 그려왔던

XL Recordings (20)

ベルリン在のペギー・グーやLAに移ったパク・ヘジンと同じく韓国系のキャシー・イェジ・リーによるデビュー作は世界各地を回って最終的にNYで完成。17年作「Drink I'm Sippin On」から続くBPM遅めのエレクトロ・ハウスを基調に穏やかな日常をラップしていく。「Spell 주문」に日本からYonYonが客演。(三)

## Mogwaa

Del Mar

MM Discos (22)

シカゴのスター・クリーチャーでのシンセ・ブギー、香港Mr.ホーとのコラボではアシッドやエレクトロ、ペギー・グーのGuduでのダンス・チューンまで、広いレンジのスタイルで注目を集める韓国の新世代モグワー。ノスタルジックかつ東洋的な旋律を武器に、バレアリックなダウンテンポを本作では披露。(猪)

## Mr. Ho

Tales From Bao'an County

Klasse Wrecks (18) 12"

レーベルKlasse Wrecksをルカ・ロザーノと共同運営している香港のミスター・ホー。レイヴ・リヴァイヴァル、ブレイクビーツ、オールドスクール・エレクトロまで、フロアに根ざしたビートを出す。キャッチーな上モノを使いつつ、軸はフロアの快感原則に沿ったダーティーなビート。東アジアの地下で蠢くマシン・ファンク。(猪)

# JAPANESE NEW GENERATION

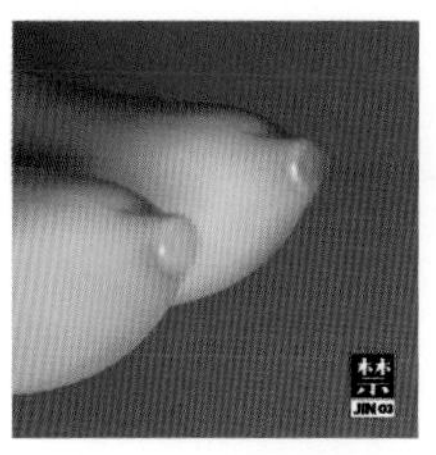


**Ground**
JIN 03 EP
禁 JIN (21) 12"

この頃すでにESPインスティテュートや自身のチルマウンテンを通して世界的評価を獲得していた大阪のグラウンドによる、台北のレーベルJin禁のカタログ3番。ヒプノティックな土着性にユーモアも備えるオルタナティヴ・ダンスな作品には、後にバンコク拠点のレーベル、シャムツインズを主宰するモガンボも参加。(D)

**Yoshinori Hayashi**
Pulse Of Defiance
Smalltown Supersound (21)

ハヤシと良好な関係にあるノルウェーの名門から放ったEPでは、DJプレイでも多用と探求を繰り返していた、ブリープ／レイヴ・サウンドが披露された。だが、氏の狂気を通して仕込まれた展開を孕んだ結果オマージュ以上の何かとなっており、フロアは爆笑と阿鼻叫喚に包まれる。レイヴ・リヴァイヴァルが進んだいま聴いても超新鮮。(D)

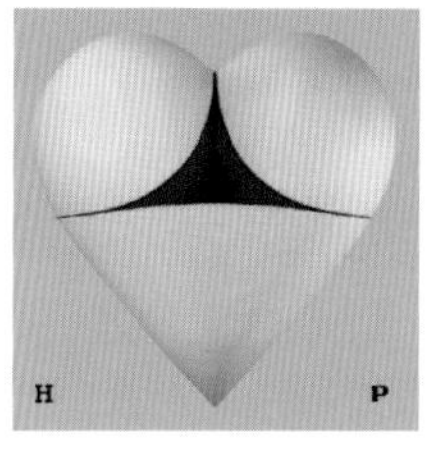


**Powder**
H
CockTail d'Amore Music (17) 12"

ボーンフリーやESPインスティテュートからのリリースを経たパウダーは、ベルリンのパーティーのレーベル・ラインからリリースした本作で、決定的な評価を得た。魅惑的なメロディーとレイヤーのセンスや、いなたいイタロからハードなロウ・ハウスまで包括するアウトプットは、神秘的で親密な当人のDJプレイのムードとも相通ずる。(D)

**Mori-Ra**
Jongno Edits Vol 4
Jongno Edits (17) 12"

グラウンドとのユニット御山エディットでも知られた大阪のモリラが韓国のアノニマスなレーベルにも登場。本作のようなバレアリック色の強い楽曲のディギングの深さと、レーベル・メイトのルード・Eやジャマール・モスらにも通ずるプロダクションが、いくつかのオルタナティヴなレーベルを通じ、世界中の好事家にヒットした。(D)

# 2019

## DJ Maphorisa x Kabza De Small

Scorpion Kings EP

**BlaqBoy Music 配信**

アマピアノの先駆者であり自他ともに認めるキング・オブ・アマピアノ、カブザ・デ・スモールと、アフロビーツやゴムをポップスとしてメジャー・シーンに押し上げ、ディプロとのコラボなどで南アフリカ音楽を世界へ広げる功績を残してきたDJマポリサの2人による1stアルバム。アルバム名の『Scorpion Kings』は彼らのユニット名でもある。サムシング・ソウェトなどのシンガーが歌うメロディアスな楽曲や、当時若干18歳のヴァイグロ・ディープによるハードなログドラムを取り入れた楽曲などの新しいサウンドを提示し、アマピアノのニュー・エラを築いた金字塔的アルバム。このアルバムによってアマピアノは南アで定着し、また世界へ飛び出すきっかけにもなった。(板谷曜子)

**Kabza De Small**

I Am the King of Amapiano: Sweet & Dust

Piano Hub (20) 配信

新しいサウンドを追い求め、日々膨大な量の楽曲を生み出し続けているカブザのソロ作は必聴。バーナ・ボーイやウィズキッドなどのナイジェリア勢をフィーチャーするなどポップでエモーショナルな歌ものアマピアノが収録されたSweet面とクワイトやヒップホップを取り入れたよりハードでダンサブルなDust面の2面で構成されている。(板)

# AMAPIANO

**JazziDisciples**
Disciples of Piano
Platoon (19) 配信

アマピアノのパイオニアの一組であるジャジーディサイプルズの代表作。ジョシュアのストリングスを使用したエモーショナルなメロディーラインとジャジークの浮遊感・抜け感があるグルーヴィーな音作りが融合したとても美しい作品。残念ながら解散してしまったが、2人とも人気のプロデューサーとして現在も第一線で活躍し続けている。(板)

**DJ Stokie**
My Journey
Universal Music South Africa 配信

南ア最大のタウンシップ、ソウェト出身のDJストーキーはアマピアノをいち早く紹介し南ア国内に広げるのに大きく貢献した人物で、この2ndアルバムには彼の功績を讃えるヒット曲「Superman」や、伝説的歌手ブレンダ・ファッシの楽曲の印象的なメロディーを引用した「Ipiano E'Soweto」など重要な曲が多数収録。(板)

**Teno Afrika**
Amapiano Selections
Awesome Tapes From Africa (21)

オーサム・テープス・フロム・アフリカが発掘した若手アマピアノ・プロデューサー、テノ・アフリカの1stアルバム。ユニークなリズム・パターンとハードなログドラムのサウンドは多くのリスナーに衝撃を与えた。この作品でアマピアノを知った人も多いはず。2021年にはフェス出演のため初来日を果たした。(板)

**Kelvin Momo**
Momo's Private School
Piano Hub (20) 配信

この頃のアマピアノはハードなログドラムのサウンドが主流になっていたが、対極にディープ・ハウスに近くラウンジ的でソウルフルなプライヴェート・スクールというサブ・ジャンルが生まれた。公立（主流）ではない、私立学校のような洗練されたサウンドを意味するそう。パイオニアの1人のケルヴィン・モモはこのアルバムで地位を確立した。(板)

# AMAPIANO

先述の『Scorpion Kings EP』にも参加し、若いながらも特徴的な強くブロークンなログドラム使いで人気を博してきたヴァイグロ・ディープの新境地がこのアルバム。ハード・ロックの空気を感じるような、それまで聴いたことがなかったユニークなサウンドのアマピアノを作り上げ、多くのリスナーの度肝を抜いた。唯一無二。（板）

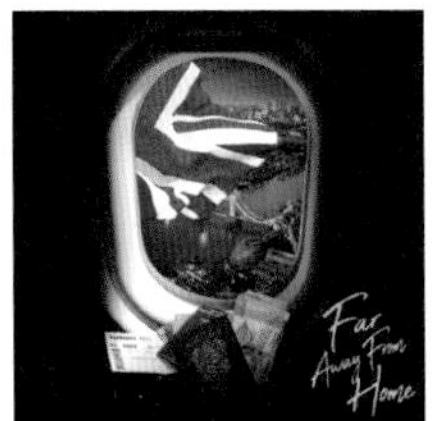


**Vigro Deep**
Far Away From Home
Kalawa Jazmee (21) 配信

アマピアノ発祥の地と言われているプレトリア出身のアーティストが現在数多く活躍しているが、中でもシーンをリードする若手プロデューサー・デュオ、メロウ＆スリージーは、00年代前半にプレトリアで人気を博したジャンル、バカルディ・ハウスのパーカッションや歪んだベースなどのサウンドを色濃く楽曲に取り入れ、いまや主流にした。（板）

**Mellow & Sleazy**
Barcadi Fest
South Africa Recordings (22) 配信

初のDJギグでのパフォーマンスのあまりのインパクトに一気にスターダムにのし上がったアンクル・ワッフルズだが、このデビューEPに収録された「Tanzania」はその後のアマピアノのスタイルを一変させた。高揚するシャウト、メロウな歌、よりベースを強調したログドラムが同居したスタイルはエポック・メイキングなかっこよさ。（板）

**Uncle Waffles**
Red Dragon
Kreativekornerr (22) 配信

ハウス・アフリカのアマピアノ・コンピ第一弾。MFRソウルズらパイオニアたちの楽曲を収録。現在のアマピアノの特徴的なスタイルが固まる前の雰囲気がわかる。ほとんどの楽曲で聴こえてくるキーボードのソロで、なぜこのジャンルがAmaPiano（The Pianosを意味する）と呼ばれるようになったかがわかりやすいと思う。（板）

**Various**
AmaPiano Volume 1
House Afrika (16) 配信

# AFRO HOUSE

**TKZee**
Halloween
BMG Africa (98)

アマピアノや南アのハウスを理解するためにクワイトを聴くことは必要不可欠だ。シカゴ・ハウスのテンポを落とし、現地語のラップや歌を乗せることで生まれた独自ジャンルのクワイトは、南アの全ての現行ダンス・ミュージックの源だ。まずは多くの南ア人にとって大切なこの作品をぜひ。跳ねるリズムと美しいメロディが印象的な永遠の名作。(板)

**Various**
Ayobaness! (The Sound Of South African House)
Out Here Records (10)
CD

ドイツのレーベル、アウトヒアからリリースされた良コンピ。現在アマピアノの主流になっているバカルディ・ハウスの始祖として尊敬されているDJムジャヴァの「Mugwanti / Sgwejegweje」や、下火だったクワイトをテンポアップし再度盛り上げたダーバン・クワイトの楽曲など、南ア・ハウスの豊かな土壌を楽しめる。(板)

**Various**
Gqom Oh! The Sound Of Durban Vol. 1
Gqom Oh! (16)

アマピアノとともに南ア独自のジャンルとして定着したダーバン発祥のゴムはやはり取り上げておきたい。特に初期のゴムのパイオニアたちの楽曲を収録したこのコンピはいま改めて聴くと大変面白い。ハウスとベース、ブロークン・ビート、トラディショナル・ミュージックが組み合わされたゴムは意外と現在のアマピアノとの共通点も多く見出せる。(板)

**Black Coffee**
Subconsciously
Ultra Records (21) 配信

「Superman」がハウス・ファンのアンセムとなり、世界各地を飛び回るレジェンドとなった南アの国民的スター、ブラック・コーヒー。美しいメロディーを重視し、アッシャーやファレル、ディプロや、南アを含めた世界中の素晴らしいアーティストたちと共に作り上げたこのアルバムで、ついに第64回グラミー賞受賞の快挙を成し遂げた。(板)

# AFRO HOUSE

ゴムやアマピアノに押されつつクワイトの新局面を開くキッド・フォンクのレーベルからスモーカーズな作風が素晴らしいSGVOやDwsonなど南ア勢＋UKからチャールズ・ウェブスターらを加えて「Racist Child」に「Sex Pot」などハードなブラック・フェミニズムを歌い上げるヨハネスブルグのシンガー、クールで洒脱な1作目。（三）

**Sio**
Features
Stay True Sounds (21) 配信

伸び伸びとして開放的。キッド・フォンクがリミックス・コンペで見出した才能で、すぐにもジャイルズ・ピーターソンやローラン・ガルニエも絶賛。レーベル・カラーを大きく逸脱し、クワイトがゴムやアマピアノを消化しきった瞬間といえる1作目はスウィング感あふれるアフロ・ビートの現在形を聴かせ、ジャズとハウスの距離を見事に縮める。（三）

**El Payo**
In Motion
Stay True Sounds (22) 配信

先述のブラック・コーヒーのアルバムにも参加したプロデューサー、サン＝エル・ミュージシャンのデビュー・アルバム。南アの2018年最大のヒット曲「Akanamali」や「Sonini」、「Bamthathile」など代表曲が数多く収録されている。独特の温かい音色やみんなで歌えるポップさを感じる彼の原点的アルバムだ。（板）

**Sun-El Musician**
Africa to the World
Sun-EL Musician (18) 配信

ブラック・コーヒーとの共演などでキャリアを確立し、ゲットーからのし上がってきたベテランのシンガー／プロデューサー／DJ、ザイクス・バントウィーニは、現在も南アのアフロ・ハウス／アフロ・テックシーンをリードし世界で活躍するキングだ。大ヒット曲「Osama」を始め、成熟した今っぽい南アのアフロ・テックが楽しめる良盤。（板）

**Zakes Bantwini**
Ghetto King
Mayonie Productions (21) 配信

# 2020

## Nicola Cruz
Hybridism
**Multi Culti 12"**

ニコラが自身で1stと2ndで確立した手法に、さらにモジュラー・シンセを導入駆使してまた新たな風景を魅せてくれた。今作はナイジェリアのイボ族のチャント（南米ケチュア族のチャントとの接点を見出したという）や、イランや中東で広く使われる伝統楽器ウードを取り入れフォルクローレの陰陽と血肉をトラックに注入。フロアがいままでのダンスと比べて解釈するのではなく、これで踊れると気付かされる新たな踊りを提案、芸術的とも言えるワールド・ステップ。リズムもモジュラーで強度と解像度が上がった。最近巷に増えてきたワールド・ネタのサンプリング・テック・ハウスとは一線を画す。古くからこの辺の音をサポートしている Multi Cultiからのリリース。(Shhhhh)

**Nicola Cruz**
Prender El Alma
ZZK Records (15)

2010年代南米エレクトロニクスの夜明けはZZKレコーズといったデジタル・クンビアだったが、"辺境"といった括りにとどまるのみだった。それに対しこの盤は進行形のダンス・ミュージックとシンクロしながら南米の訛りと個性、そして色気とフォルクローレの影を落とし、その定義を押し上げ世界的評価を得た金字塔。(Shhhhh)

## El Búho

### Camino De Flores

Shika Shika (18)

イギリスとコロンビアにルーツを持つトラックメーカー。この盤は南米フォルクローレの陰だけではなく、自然讃歌的な陽で美しい部分にフォーカスした作風。伝統楽器チャランゴの音色が美しく鳴り響くリスニングにも素晴らしいダウンテンポ。クラブ耳ではないブラジル／南米音楽関係者の多くが年間ベストにセレクトしました。(Shhhhh)

## Barrio Lindo

### Albura

Shika Shika (17)

ヴードゥーホップへのアルゼンチンからの回答？　アルゼンチン・フォルクローレの光と陰をダウンテンポに落とし込み、アンセスター（先祖）との会話のような霊的なダンス・トラックが並ぶ。デジタル・クンビアを一躍有名にしたチャンチャの弟子でもある。また、エル・ブオとともにレーベル、シカ・シカを主宰。(Shhhhh)

## Various

### Brazilian Shakedown

Brazilian Shakedown (14) 12"

デジタル・クンビアやフォルクローレよりもダンス・フレンドリーなトラック集。ヴードゥーホップ主宰トーマッシュの他に、一番ディスコ・ハウスのセンスが強いキャロット・グリーンの名を知らしめた一枚でもあるんじゃないでしょうか。南米リズムの訛りを残しながらブラジル音楽のポップ／普遍性を殺さずにフロアに昇華。(Shhhhh)

# SOUTH AMERICA / BRAZIL / OTHER

**Various**
Voodoohop Entropia 1.5
Voodoohop (16)

まともなDJ機材がないようなサンパウロの赤線地区からパーティを始め、エイブルトンで現行のテクノ・ハウスとデジタル・クンビアやブラジル音楽のエディットをミックスするトーマッシュの元に集まった異能集団。彼らの本質はワールドミュージックのサンプリングではなく、フォルクローレのダークさを体現しているところにある。(Shhhhh)

**R Vincenzo**
EP
Sähkö Recordings (17)
12"

異能集団ヴードゥーホップの1人。日本語サンプリングもブラジルからの角度が違う視点、そして異常に遅いBPMは上物の奇妙さを惹き立たせる。通していわゆるトライバルなハウス・テクノと全く違う妙なダンス・トラックに仕上がりました。このシーンでもヒット作ですね。印象的なジャケット・アートワークもご本人。(Shhhhh)

**Xique-Xique**
Xaxoeira EP
The Magic Movement (16)
12"

ブラジル／フランスにルーツを持つ、これまたヴードゥーホップの1人。一聴するとオルタナなハウス／ダウンテンポだが、リズムは南米経由、上物はアシッドではなくアヤワスカ。かといってスピったわけでもなく、ハウスの色気やダウンテンポの溜めは現行ダンスのセンス。決め手はこの浮遊感とマイナー・コードです。(Shhhhh)

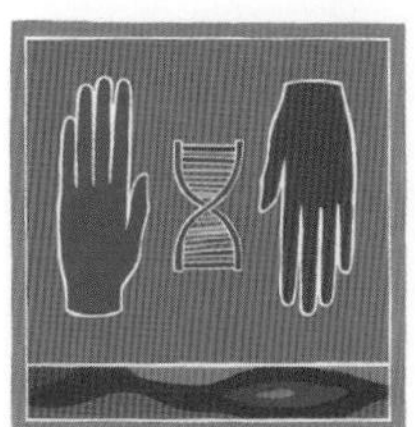

**Numa Gama**
Me Redesenho
Voodoohop (20)

ヴードゥーホップの末っ子的存在のガマ。彼らコミュニティの中でプラグインが発明され受け継がれていき、新曲が続々と送られてくるという狂った時期があったが、その中でも圧倒的存在感を放った盤。コロナ渦を境にフロアから離れ、プライヴェートな作風になったが来日が実現していたらまた変わっていたかも。奇盤。(Shhhhh)

# MIDDLE EAST

イスラエルのディオ、レッド・アクセスが老舗!K7からリリースした旅先でのインスピレーションを録音した「Trips」シリーズ三部作のパート2、ヴェトナム編。エレクトロへ傾倒したテン年代後半のキャリア成熟期において、本作は現地ミュージシャンらとのセッションによって原点回帰とも言える民族音楽への興味が充満している。(S)

**Red Axes**

Trips #2: In Vietnam EP

!K7 Record (19) 12"

フランスの中東音楽フリークたちによる中東音楽とクラブ・サウンド融合プロジェクト、アシッド・アラブによるセカンド・アルバム。バンド体制となった2016年以降に賞賛を集めた、オリエンタルなこぶし回しとアシッディーなハードウェア・サウンドがハーモニーを奏でるオルタナ・エレクトロ・ハウス代表作。(S)

**Acid Arab**

Jdid

Crammed Discs (19)

リカルド・ヴィラロボスのリミキサーとしても脚光を浴びたトルコのプロデューサー、バルシュ・ケーとロンドンのジョニー・ロックによる覆面レーベル2作目。トルコ・サイケの偉人バルシュ・マンチョの81年作をモチーフにしたA-1を筆頭に、オリエンタルとニューウェーヴの邂逅によって齎されたバレアリック・ディスコ新時代の草分け。(S)

**Paralel Disko / Afacan**

Disco Hamam - 2

Disco Hamam (15) 12"

イスラエル新世代オルタナ・ハウス・シーンからメインストリームへ台頭したモスコマンのレーベル3作目。ご当地プロデューサー集団84%クリエイティヴィティ・コレクティヴの面々が、トルコ古典特有のフォーキーでサイケデリックなムードをフロアに持ち込んだ、レーベル始動初期のインディペンデントなパッションが宿るオムニバス。(S)

**Various**

Disco Halal Vol.3

Disco Halal (15) 12"

# *OCEANIA*

**Eden Burns**

Big Beat Manifesto Vol II

Public Possession (21) 12"

ニュージーランド出身のエデン・バーンズがパブリック・ポゼッションと共に送り出すシリーズは、本作でその人気が決定的に。A1にも顕著な親しみやすいサンプル/メロディーのエンタメ性と、パーカッシヴなグルーヴはいまや彼の代名詞。本レーベル周辺のアーティストが撒いたユーモアあるダンス・トラックの土壌で、見事に咲いた快作。(D)

**Sleep D**

Rebel Force

Incienso (19)

メルボルンの中核を成すバター・セッションズ。その主宰であるスリープDがアンソニー・ネイプルズのレーベルからリリースした1stアルバム。アシッド/エレクトロを基調にトランシーに旋回、所々に実験性も滲み出る。地元の名レーベルの舵取りなだけに、多様なグルーヴ表現から背後のシーンの奥行きも感じ取れる。(D)

**Coober Pedy University Band**

Kookaburra

Animals Dancing (14) 12"

メルボルンで開催されいまやワールドワイドな人気パーティーのレーベルライン、その第一弾。主宰オトロジックの片割れウィリアム・パクストンと、同郷の才人トルネード・ウォレスの共作で、パーカッションにディジュリドゥ、動物の鳴き声が激走するトライバル・ハウス。日本でもチダ氏のボイラー・ルームでのプレイなどを経て話題に。(D)

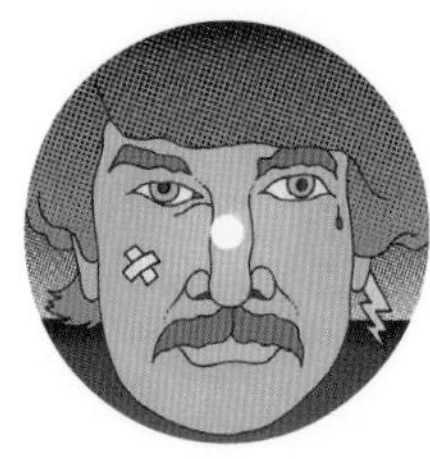

**Dude Energy**

Dude Energy

Animals Dancing (15) 12"

LAのキーマン、スザンヌ・クラフトの別名義。氏はこの直前にメルボルンのノイズ・イン・マイ・ヘッドからもリリースしており、当地とは密接な関係を持つ。A面の「Renee Running」が特に傑作で、歯切れの良いグルーヴに独特なメロディーがドラマティックに、ときに逆回転しながら進行するキラー・トラック。(D)

# DJ PYTHON

勢いを取り戻した10年代後半のNYを代表するプロデューサーのひとりが、アンソニー・ネイプルズのフックアップにより浮上してきたブライアン・ピニェイロことDJパイソンだ。肝はラテンとIDMの同時摂取で、デンボウのリズムと夢見心地でありながらインダストリアル的でもある独特のロウな音響を融合。「¡Estéreo Bomba!」(16) に続く1stアルバム。(小)

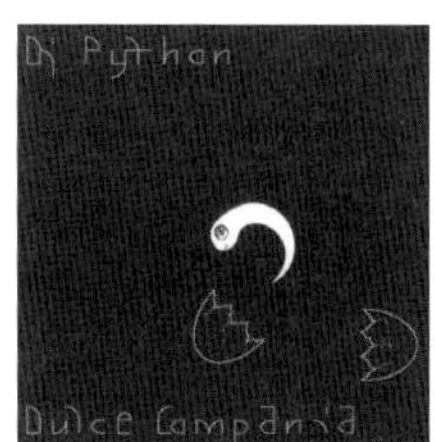


**DJ Python**
Dulce Compañia
Incienso (17)

上記作で「ディープ・レゲトン」(ディープ・ハウス+レゲトン) のスタイルを確立させた彼が、これまた自身の大きな音楽的ルーツたるエレクトロニカ、とりわけWarpのAIシリーズやボーズ・オブ・カナダ、ハーバートなどへの愛を爆発させたEP。ダンスとベッドルームをつなぎつつ、ノスタルジーがたんなる退行ではないことを示した会心の逸品。(小)

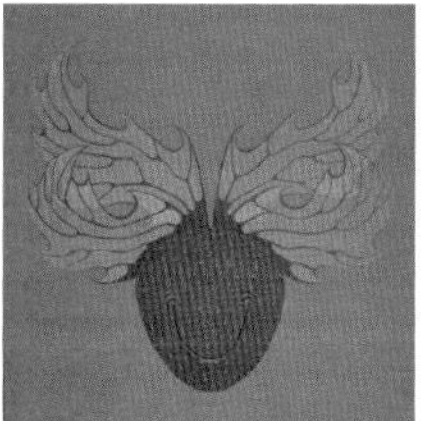

**DJ Python**
Derretirse
Dekmantel (19) 12"

ステージを上げた2ndアルバム。強めに鳴らされるキックは逆に意識から遠ざかり、催眠的なムードを増幅させている。細やかに変化するビートが一定に聞こえる不思議。「ADMSDP」で囁かれる「希望なんかないって感じてもOK、だって世界に希望はないから/死ぬことを考えたってOK」はコロナ禍ど真ん中のわれわれをぐさりと突き刺した。(小)

**DJ Python**
Mas Amable
Incienso (20)

過去の着想の斬新な組み合わせこそが音楽を前進させる。パイソンはそれを証明しつづけてきた。「Vol 2」と題され、存在しない何かの続編であることを暗示するこのシングルでは、ディープ・ハウス、レゲトン、IDM〜アンビエント・テクノを鮮やかにブレンドしてきた彼の技芸が洗練の極みに達している。あまりに美しいA面、90年代を再創造するB面。(小)

**DJ Python**
Club Sentimientos Vol 2
Incienso (22) 12"

# 2021

## Fred again..

Actual Life (April 14 – December 17 2020)

**Atlantic**

イーノ＆ハイドを皮切りにエド・シーランやリタ・オラといったメジャーどころと共作を重ねた後、一転してUKドリルと強く結びついたフレデリック・ギブスンによるデビュー作。ベリアルを陽気に反転させたというか、飽和状態となったUKドリルが音楽的な壁にぶち当たった時期にひときわ異彩を放っていたヘディー・ワンやFKAトウィッグスとの試行錯誤をハウスの文脈にねじ込み、抑制がひとつのスタイルとなっていたUKガラージに異様なほどの開放感をもたらした（現在、NYガラージを先導するスワミ・サウンドの青写真とも）。近年はあまりにもポップ・スタイルとなり、フューチャーをフィーチャーした最新作『USB』ではEDMとの融合にも傾倒。（三田格）

**Channel Tres**

Channel Tres EP

Godmode (18)

コンプトンからシェルダン・ヤングによるヒップ・ハウスの2作目。ミスター・フィンガーズを思わせるクラシカルなアシッド・ハウスを軸としつつ、穏やかなバリトンのラップが催眠的な陶酔感に導く。J・ペグマフィアをフィーチャーした「黒いモーゼ」はアイザック・ヘイズへのオマージュ、イギー・ポップに捧げた曲などコンセプトは挑発的。（三）

# MODERN TECH HOUSE

セス・トロクスラーやダミアン・ラザルスとともにモダン・テック・ハウスのシーンを永く牽引してきたベテランDJで老舗ホット・クリエイションズを運営するジェイミー・ジョーンズ。マルチネス兄弟とのコラボでボリウッド映画ディスコ・ダンサーで知られる「ジミー・ジミー・ジミー・アージャ」をサンプリングしたファンキーなテック・ハウス。(猪)

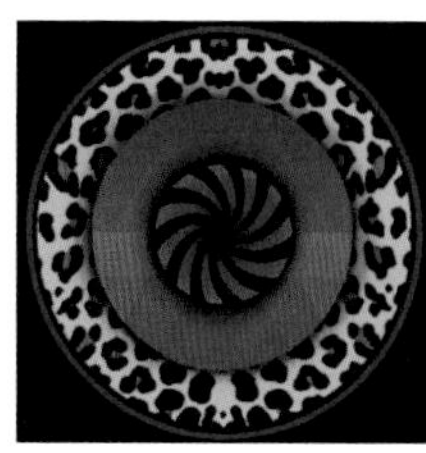

**Jamie Jones & The Martinez Brothers**
Bappi
Hot Creations (19) 12"

「Way Back」と『Dance Baby』で一気に世界的DJに駆け上がったボスニア・ヘルツェゴヴィナ生まれのソロモン。ムーディーマンも『DJ-Kicks』でピックアップするなどリミックス含めプロデュースには定評がある。本作はジェイミー・フォックスやアン・クラークら大御所とのコラボからインストまでリスニングでも味わえる一枚。(猪)

**Solomun**
Nobody Is Not Loved
BMG (21)

アダム・ポート、&ミー、ランパからなるDJコレクティヴ、カイネムジーク。リトル・ドラゴンをフィーチャーした東洋風エレクトロ・ハウスから、シリアスなピアノ・ハウスなど、丁寧な構成のメロディック・ハウスはフロアでもヒット。&ミーとランパはドレイク『Honestly, Nevermind』にプロデューサーとして参加。(猪)

**Keinemusik**
Send Return
Keinemusik (22)

ラッキー・デイやナイル・ロジャー、ロビン、チャンネル・トレスら錚々たるアーティストとコラボした『times』の3年前のEP。ブルーノ・メジャーやアルーナジョージといったメジャー勢とも引けを取らない洗練されたサウンドはすでに完成。トータリー・イノーマス・エクスティンクト・ダイナソーズとのコラボはエモーショナルな歌モノテック・ハウス。(猪)

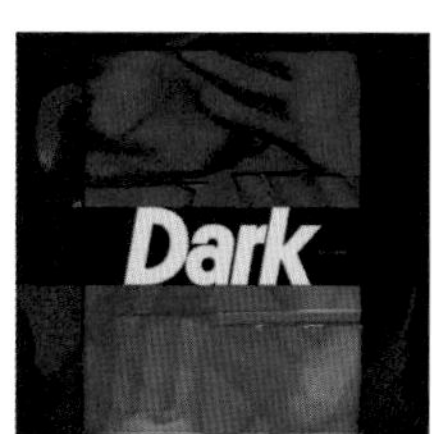


**Sg Lewis**
Dark
EMI (18) 配信

# 2022

## Beyoncé

Renaissance

**Parkwood Entertainment / Columbia**

90年代はハウスと言えばNYだったが、9.11は街から祝祭の音楽を消した。それからおよそ20年、BLMとパンデミックが音楽をさらに変えていった最中にビヨンセが本作を出したことは、スターが気紛れにハウスを流用したこと以上に意味があった。ドレイクの素朴さと違って彼女のハウス／ディスコは、作品の主題にクィア／トランスジェンダーを絡めたことで、「Break My Soul」は90年代のように恍惚とし、パーティ・アンセムの座を奪取したという意味において戦略的だった。グレース・ジョーンズがフィーチャーされたことは、このダンスホールとR&Bのハイブリッドが全16曲の多彩な一面であると同時に、「I Feel Love」を書き直した必要性についての考察も促す。(野田努)

**Honey Dijon**

Black Girl Magic

Classic (22)

シカゴ・ハウスを代表するレーベルからリリースされた彼女の第二作目アルバム。ビヨンセのアルバム収録曲プロデュースやコムデギャルソンとのファッションラインなど、煌びやかな活躍が目立っているが、レーベル主宰ルーク・ソロモンの協力を得て生み出されたサウンドはアンダーグラウンドなダンスフロアでも抜群の威力を発揮する。(N)

# LGBTQ+

## Eris Drew & Octo Octa

Devotion EP

Naive (18) 12”

トランスジェンダーの人々がお互いの身体と愛を分かち合うことのスピリチュアル性を謳いアンセム化したA2など、ファンクなサンプリング・ビートが特徴的なエリス・ドリューのデビュー作と、アーティストとしてのキャリアを確立後にカミングアウトしたパートナーのオクト・オクタが紡ぐユートピア感満載なブレイクビーツ・ハウスを収録。(N)

## Fiorious

I’m Not Defeated

Glitterbox (19) 12”

フィオリアスはこの曲のメッセージをLGBTQ+の闘争の歴史を讃えるミュージック・ヴィデオを併用することでより強靭なものにした。歌い上げるファルセットは初期ハウスの興隆を思い起こさせる。ハニー・ディジョンのリミックスもクルセーダーズのネタを使ったクリッコ・カステリのフレーズを引用してハウスの文脈を継承している。(N)

## The Shapeshifters Feat. Billy Porter

Finally Ready

Glitterbox (20)

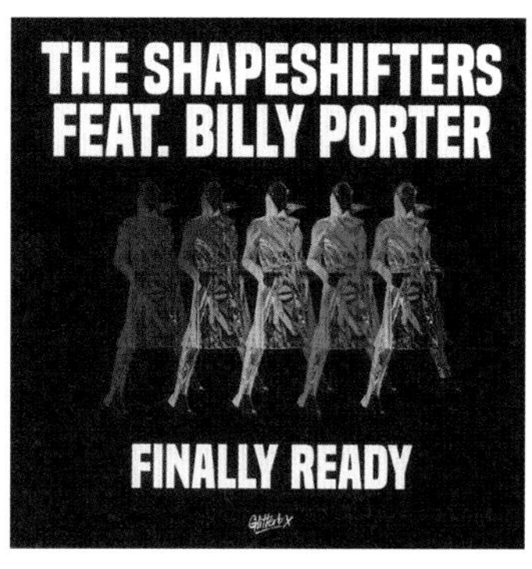


初期ディスコ同様にスタジオワークを重ねて創作するシェイプシフターズが、著名な俳優であり歌手でありLGBTQ+への啓蒙活動に積極的なビリー・ポーターを迎えた一枚。力強いメッセージを自身の歌詞に乗せてパワフルに届けるビリーの歌声と、華やかなストリングスやホーンが飛び交う純度高いディスコ・サウンドが胸に迫る。(N)

# *FEMALE*

**Logic1000**

In The Sweetness Of You

Because Music (21) 12"

フォー・テットがデビュー作を19年のベスト・トラックのひとつとして紹介し一躍注目を集める。制作は夫のビッグ・エバーと共作だが、初期シカゴ／デトロイトのディープなハウスを彷彿させるトラックと絶妙なヴォーカル使い、通気性のある音像は、彼女の一貫した個性を表している。本作では新星ユネ・ピンクと共作した歌ものが話題に。(N)

**Jayda G**

Both Of Us / Are U Down

Ninja Tune (20) 12"

ボイラールームでのパワフルなパフォーマンスで一躍有名になり、環境毒性学を専門とする修士課程修了と同時にファースト・アルバムを制作。そして本作でグラミーにノミネート。クラシカルでモダンなピアノ・ヴォーカル・ハウスで、ビートダウンするブレイクはリル・ルイス「French Kiss」を思わせる明確なフロア仕様。(N)

**D. Tiffany**

Blue Dream

Pacific Rhythm (17) 12"

当初はバンド活動でウェブカメラのマイクに録音するのに夢中になっていた彼女は、14年にカセットテープで自身のファースト・アルバムを発表後、ドリーミーな旋律とスペーシーな世界観が基軸のリリースを重ね、本作で拠点ヴァンクーヴァーから一気に知名度を広げることとなった。18年にレーベル、プラネット・ユーフォリックを設立。(N)

# FEMALE

### Róisín Murphy
Murphy's Law (Cosmodelica Remix)
Skint (20) 12"

ニューヨークの伝説的パーティ「ザ・ロフト」の創始者マンキューソとの確固たる信頼関係を築いたコズモのリミックスは80年代リアルタイムを彷彿とさせるピアノ・モダン・ディスコ。ロイシン・マーフィーはモロコ「Sing It Back」の歌姫だが、彼女の底抜けな表現力がパンデミックの人々に光を与えこの曲をヒットに導いた。(N)

### The Black Madonna (The Blessed Madonna)
Goodbye To All This
Stripped & Chewed (14) 12"

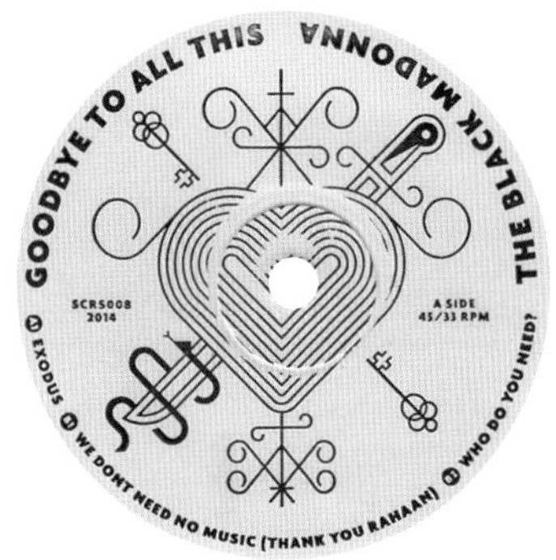


シカゴを拠点に90年代から活動する彼女がEU初めてのギグ（パノラマバー）を獲得する契機となったB1や、ジョバート・シンガーズのゴスペル・ディスコ・クラシックスを使用したAを収録。当初このEPのリリース時にはザ・ブラック・マドンナだった彼女は、文化の盗用を理由に署名運動が起こり現在の名義に変更している。(N)

### Sophie Lloyd Featuring Dames Brown
Calling Out (Remixes)
Classic (18)

アンプ・フィドラーにフィーチャーされ頭角を表した3人組ソウル・ヴォーカル・グループのデイムス・ブラウン。彼女たちの歌唱力と、ソフィー・ロイドのアイデア、それを具現化する音楽的パートナーのダレン・モリスが作り上げた熱量溢れるゴスペル・ソング。10分を超えるダニー・クリヴィットのエディットは圧巻の一言。(N)

# Index

## 0–9, etc



## A

## B



## C

## D

## E



## F

## J



## K

## L



## M

## N



## O



## P

## Q



## R



## S

## T

## U



## V



## W



## X



## Y



## Z



## う

# Profile

(西)西村公輝
90年代後半から輸入レコード業界にて働き始める。現在はLighthouse Recordsに所属。DJとしてはDr. NISHIMURAの名前で活動中。悪魔の沼の三分の一。

(猪)猪股恭哉
1977年仙台市生まれ青森育ち。90年代中頃よりテクノを聴き始め、99年にディスクユニオンに入社、07年より渋谷クラブミュージックショップで中古買取とバイヤー業務を開始。14年よりハウスのメインバイヤーとして異動。23年現職。

(三)三田格
ライター、編集。監修・編著に『AMBIENT definitive 増補改訂版』『TECHNO definitive 増補改造版』『永遠のフィッシュマンズ』ほか多数。

(野)野田努
ele-king編集長。

(N)Nagi
相方KeiとDazzle Drums名義で国内外にてDJ／楽曲制作活動中。様々な差別や貧富の差を音楽の力でフラットにするハウス・パーティの実現を模索する日々。毎月第2日曜夕方〈PRISMA〉をAoyama 0で始動。

(島)島田嘉孝
2014年までディスクユニオンのハウス・バイヤー。シカゴ・デトロイトを中心とした新譜ディストリビューションや再発制作も手掛けていた。現在は同社PR業務マネージャー。

(D)DNG
ハウス・ミュージック・コレクティヴCYKに所属。都内のクラブ／DJバーを拠点に、Rainbow Disco Club、FUJI ROCK FESTIVALなどでもプレイ。渋谷のレコード店Lighthouse Records勤務。

(アレ)Alex Prat
パリ在住。DJ／プロデューサー。レーベルworld famous主宰。Tokyo Black Starとしても数多くの作品を残している。www.alexfromtokyo.jp

(板)板谷曜子(mitokon)
アマピアノ、ゴム、クワイト、アフロ・ハウスなど、南アフリカのダンス・ミュージックに特化したDJ。日本初のゴム・パーティー・クルー「TYO GQOM」のメンバー。南アフリカを中心にアフリカ各国の音楽や文化に魅了され続けており、DJ、ソーシャル・メディアや音楽誌への寄稿などでその魅力を発信し続けている。

(M.A.)Midori Aoyama
東京生まれ。DJ／プロデューサー。ハウス・ミュージック・レーベルEureka!主宰、インターネットラジオTsubaki fm発起人。Quality house music never betray

(Shhhhh)Shhhhh
DJ／東京出身。オリジナルなワールド・ミュージック／伝統伝承の発掘活動。フロアでは民族音楽から最新の電子音楽全般を操る。執筆活動やジャンルを跨いだ海外アーティストとの共演や招聘活動のサポート。2018年秋よりベトナムはホーチミンのクラブ、The ObservatoryのレジデントDJに就任。

(アリ)Alixkun
フランス生まれ。日本に11年間在住、DJとレーベル活動を展開。90年代の日本のハウス『ハウス Once Upon A Time In Japan...』、および日本のアンビエント・ポップのコンピレーション『雲の向こう』を監修。現在も日本の音楽のレコードを蒐集し、今後もいろいろやってく予定。

(水)水越真紀
ライター、編集者。共著に『日本を変える女たち——女性政治家インタヴュー集』『7・8元首相銃撃事件　何が終わり、何が始まったのか？』など。

(S)SISI
Rainbow Disco Clubレジデント。Timothy Reallyファウンダー。ディスクユニオン所属。オブスキュア、バレアリック、コズミックなサウンドに魅了されながら、東京のアンダーグラウンド・クラブ・シーンに関与。

(小)小林拓音
ele-king編集部。

(木)木津毅
1984年大阪生まれ。音楽／映画ライター。著書に『ニュー・ダッド　あたらしい時代のあたらしいおっさん』。編書に『ゲイ・カルチャーの未来へ』。

HOUSE definitive 増補改訂版

2023年6月20日　初版印刷
2023年6月20日　初版発行

監修・執筆　西村公輝
編集協力・執筆　猪股恭哉／三田格

執筆　野田努／Nagi／島田嘉孝／DNG／Alex Prat／板谷曜子(mitokon)／Midori Aoyama／
Shhhhh／Alixkun／水越真紀／SISI／小林拓音／木津毅
装丁　真壁昂士
編集　野田努＋小林拓音（ele-king）
協力　栗原玲乃／松島広人

発行者　水谷聡男
発行所　株式会社Pヴァイン
〒150-0031
東京都渋谷区桜丘町21-2 池田ビル2F
編集部：TEL 03-5784-1256
営業部（レコード店）：
TEL　03-5784-1250
FAX　03-5784-1251
http://p-vine.jp

発売元　日販アイ・ピー・エス株式会社
〒113-0034
東京都文京区湯島1-3-4
TEL　03-5802-1859
FAX　03-5802-1891

印刷・製本　シナノ印刷株式会社

ISBN　978-4-910511-48-1

cover photograph by Bill Bernstein